职业教育现代物流管理专业系列教材　物流企业岗位培训系列教材

物流市场营销

（第2版）

叶　靖　刘徐方　主　编
丁丽芳　彭大成　副主编

清华大学出版社
北　京

内容简介

本书根据物流产业发展的新形势，结合物流市场营销操作规程，系统介绍物流市场营销概述、物流市场营销环境、物流市场营销调研和预测、物流目标市场营销、物流产品品牌策略、物流产品价格策略、物流产品渠道策略、物流产品促销策略、物流市场营销计划的实施与控制等物流市场营销基础理论知识，并通过实证案例分析，培养和提高读者的应用能力。

本书具有知识系统、案例丰富、注重创新、实用性强等特点，可作为高职高专及应用型本科院校物流管理专业的首选教材，也可作为物流、外贸与工商企业从业者及管理人员培训用书，还可为广大中小微企业创业者提供有益的参考和借鉴。

图书在版编目（CIP）数据

物流市场营销/叶靖，刘徐方主编．—2版．—北京：清华大学出版社，2018（2020.4重印）
（职业教育现代物流管理专业系列教材　物流企业岗位培训系列教材）
ISBN 978-7-302-49404-1

Ⅰ．①物…　Ⅱ．①叶…　②刘…　Ⅲ．①物资市场－市场营销－职业教育－教材　Ⅳ．①F252.2

中国版本图书馆CIP数据核字（2018）第012302号

责任编辑：田在儒
封面设计：傅瑞学
责任校对：李　梅
责任印制：丛怀宇

出版发行：清华大学出版社
　网　　址：http://www.tup.com.cn，http://www.wqbook.com
　地　　址：北京清华大学学研大厦A座　　**邮　　编**：100084
　社 总 机：010-62770175　　**邮　　购**：010-62786544
　投稿与读者服务：010-62776969，c-service@tup.tsinghua.edu.cn
　质量反馈：010-62772015，zhiliang@tup.tsinghua.edu.cn
印 装 者：三河市少明印务有限公司
经　　销：全国新华书店
开　　本：185mm×260mm　　**印　张**：14　　**字　　数**：287千字
版　　次：2008年11月第1版　2018年5月第2版　　**印　　次**：2020年4月第3次印刷
定　　价：36.00元

产品编号：072040-01

编审委员会

序言 Preface

物流是国民经济的重要组成部分，也是我国经济发展新的增长点。加快我国现代物流业发展，对于调整经济结构，促进产业升级，优化资源配置，改善投资环境，增强综合国力和企业竞争能力，提高经济运行质量与效益，实现可持续发展战略，推进我国经济体制与经济增长方式的根本性转变，具有非常重要且深远的意义。

为推动我国现代物流业的健康、快速发展，国务院连续下发《物流业调整和振兴规划的通知》(国发〔2009〕8 号)、《关于促进物流业健康发展政策措施的意见》(国办发〔2011〕38 号)、《关于促进内贸流通健康发展的若干意见》(国办发〔2014〕51 号)等多个文件，制定和完善相关配套政策、措施，以有序实施和促进物流企业加大整合、改造、提升、转型的力度，并逐步实现转型发展、集约发展、联动发展、融合发展，通过物流的组织创新、技术创新、服务创新，在保证我国物流总量平稳、较快增长的同时，加快供需结构、地区结构、行业结构、人力资源结构、企业组织结构的调整步伐，创新服务模式，提高服务能力，努力满足经济建设与社会发展的需要。

2015 年 3 月，经国务院授权，国家发展和改革委员会、外交部、商务部发布《推动共建丝绸之路经济带和 21 世纪海上丝绸之路的愿景与行动》。随着我国改革开放和社会主义市场经济的加速推进，随着国家"一带一路、互联互通"总体发展战略的制定和实施，我国迅速融入全球经济一体化的进程中，中国市场国际化的特征越发凸显。

物流既涉及国际贸易、国际商务活动等外向型经济领域，也涉及交通运输、仓储配送、通关报检等多个业务环节。当前面对世界经济的迅猛发展和国际市场激烈竞争的压力，加强物流科技知识的推广应用，加速物流专业技能型应用人才的培养，已成为我国经济转型发展亟待解决的问题。

需求促进专业建设,市场驱动人才培养,针对我国高等职业院校沿用多年的物流教材存在知识陈旧和老化而亟须更新的问题,为了适应国家经济发展和社会就业需求,为了满足物流行业规模发展对技能型人才的需求,在中国物流技术协会的支持下,我们组织北京物资学院、大连工业大学、北京城市学院、吉林工程技术师范学院、北京财贸职业学院、郑州大学、哈尔滨理工大学、燕山大学、浙江工业大学、河北理工大学、华北水利水电学院、江西财经大学、山东外贸职业学院、吉林财经大学、广东理工大学等全国20多个省市高职高专院校及应用型大学物流管理专业的主讲教师和物流企业经理,共同精心编写了此套教材,旨在迅速提高高职院校物流管理专业学生和物流行业从业者的专业技术素质,更好地服务于我国物流产业和物流经济。

本套教材作为高职高专院校物流管理专业的特色教材,融入了物流运营与管理的最新教学理念,坚持以科学发展观为统领,力求严谨,注重与时俱进,根据物流业发展的新形势和新特点,依照物流活动的基本过程和规律,全面贯彻国家"十二五"教育发展规划,参考物流企业用人的需求模式,结合解决学生就业、加强实践能力训练的要求,注重校企结合,贴近物流行业和企业业务实际,注重新设施、设备操作技术的掌握,强化实践技能与岗位应用的培养训练,并注重教学内容和教材结构的创新。

本套教材根据高等院校物流管理专业教学大纲和课程设置编写,对强化物流从业人员教育培训,提高经营管理能力,对帮助学生尽快熟悉物流操作规程与业务管理,毕业后能够顺利就业具有特殊意义。本套教材既可作为本科和高职院校物流管理专业教学的首选教材,也可作为物流、商务贸易等企业在职员工的培训教材。

中国物流技术协会理事长　牟惟仲

2015年5月于北京

再版前言

Foreword

物流是商品流通的命脉，也是国家经济建设的重要支撑。物流市场营销既是物流系统中的重要组成部分，也是物流运营的关键环节。物流市场营销是物流企业针对物流市场开发、服务、管理所进行的综合性活动，对促进生产、拉动消费、规范经营、完善服务、降低成本、减少损失、提高经济效益、提升物流品质、获取国内外客户满意度等方面具有积极的促进功能，对物流企业经济运行的质量和效益产生重大影响，并在国际大物流中发挥着衔接、协调、枢纽等极其重要的作用，因此越来越受到我国物流行业主管部门和物流企业的高度重视。

当前，随着国家“一带一路、互联互通”总体发展战略的制定和实施，市场对从事国际物流市场营销业务人员素质的要求越来越高，社会物资流通和物流产业发展急需大量具有扎实理论知识与操作技能的复合型专门人才。

加强现代物流市场营销运作与管理从业者的应用技能培训，强化专业综合业务素质培养，增强企业核心竞争力，加速推进物流产业化进程，提高我国国际物流市场营销管理水平，更好地为我国物流经济和物流教学实践服务，既是物流企业可持续快速发展的重要战略选择，也是本书出版的真正目的和意义。

本书第一版自 2008 年出版以来，因写作质量高、突出应用能力培养，深受全国各高等职业院校广大师生的欢迎，目前已经多次重印。此次再版，作者审慎地对原教材进行了反复论证、精心设计，包括结构调整、压缩篇幅、补充知识、增加技能训练等相应修改，以使其更贴近现代物流业发展实际，更好地为国家物流经济和教学服务。

本书共分九章，以学习者应用能力培养为主线，坚持科学发展观，根据物流市场营销的操作规程，系统介绍物流市场营销概述、物流市场营销环境、物流市场营销调研和预测、物流目标市场营销、物流产品品牌策略、物流产品价格策略、物流产品渠道策略、物流产品促销策略、物流市场营销计划的实施与控制等物流市场营销基础理论知识,并通过实证案例分析,培养和提高读者的应用能力。

本书融入了物流市场营销最新的教学理念,力求严谨,注重与时俱进,具有知识系统、内容翔实、案例鲜活、贴近实际等特点,并注重理论教学与实践应用相结合。本书可作为高职高专及应用型本科院校物流管理专业的首选教材,也可作为物流、外贸与工商企业从业者及管理人员培训用书,还可为广大中小微企业创业者提供有益的参考和借鉴。

本书由李大军筹划并具体组织,叶靖和刘徐方任主编,叶靖负责统稿,丁丽芳、彭大成任副主编;中国物流技术协会理事长牟惟仲教授审定。作者编写分工如下:牟惟仲编写序言,叶靖编写第一章和第四章,彭大成编写第二章、第三章和第九章,刘徐方编写第五章,丁丽芳编写第六章~八章,雷燕编写附录。华燕萍、李晓新负责文字修改、版式调整和制作课件。

在本书修订过程中,我们参考借鉴了国内有关物流市场营销等方面的最新书刊、网站资料以及国家颁布实施的相关法规和管理规定,并得到业界物流市场营销专家、教授的具体指导,在此一并致谢。为配合本书使用,我们提供了配套的电子教学课件,读者可以从清华大学出版社网站(www.tup.com.cn)免费下载。

因作者水平有限,书中难免有疏漏和不足,恳请同行和读者批评指正。

编 者

2018年2月

第一版前言 Foreword

随着我国改革开放的进程加快和社会主义市场经济体系逐步确立与完善，我国经济的发展正处于最活跃的时期，呈现出持续、高速增长的态势。随着我国加入WTO后各项条款的逐步兑现，我国流通市场已对外全面开放，越来越多的外资企业跨入我国国门，越来越多的中外投资者都将其注意力转移到物流领域，中国市场国际化的特征凸显，中国物流市场全球化的发展趋势加快，中外企业同台竞争也将越来越激烈。

市场竞争的焦点从表面看是市场份额的占用，关键实质则是对市场营销精英专业人才的争夺，市场营销是市场经济永恒的主题。社会发展提出新的需求，而需求又驱动着市场，国际化物流市场发展急需大量有知识、懂业务、能策划、会执行的技能型市场营销人才。《物流市场营销》一书的编写与出版正是顺应这一潮流，正是为培养大量物流市场营销专业人才，解决物流产业与企业发展对专门操作人才的急需。

全书共分九章，以学习者应用能力培养为主线，依照物流市场营销活动的基本过程和规律，围绕物流企业所涉及的营销问题，以及职业教育现代物流管理专业的教学需求，全面结合实际应用讲解知识内容，力争突出：淡理论、强案例、增阅读，既有利于教师教学，又可以增强学生的阅读兴趣。具体内容包括：物流市场营销概念、物流市场调查、物流客户分析、物流行业竞争者分析、物流营销环境分析、物流企业目标市场选择、物流市场定位、物流产品策略、物流企业价格策略、物流渠道策略、物流企业促销策略以及物流客户关系管理、物流企业绿色营销、物流关系营销、物流网络营销等基本知识与实务，在每章后还附有典型案例和课程实训，并通过分析加以说明，指导学生学以致用。

本书作为职业教育现代物流管理专业的特色教材，注重基础，注重知识体系完整，注重实践，注重操作技能和执行能力的培养，且全书采取新颖、统一的格式化设计。正是由于本书具有定位准确、理论适中、知识系统、内容翔实、案例丰富、贴近实际、突出实用性、适用范围宽泛及通俗易懂、便于学习和掌握等特点，因此本书既适用于物流管理、市场营销、工商管理等经济管理类相关专业的各层次职业教育与教学，又可作为物流企业从业人员的在岗培训教材，对广大社会读者也是一本非常有益的读物。

本书由李大军进行总体方案策划并具体组织，李祖武任主编并统稿，王军梅和周文胜任副主编；由原大田集团物流公司业务部主管李姝钰审定。参编人员有：周文胜(第一章、第三章、第四章)，李祖武(第二章、第五章)，王军梅(第六章、第七章)，朱凤仙(第八章、第九章)，马瑞奇(附录)；王艳、李作聚、赵茜、刘华协助以上人员进行有关章节的编写，李大军和王军梅对全书进行具体修改，李晓新负责本教材的课件制作。

在教材编写过程中，我们参阅借鉴、引用了大量国内外有关物流市场营销方面的书刊资料和业界的研究成果，并得到编审委员会：牟惟仲、翁心刚、李守林、冀俊杰、吴明等有关专家、教授的具体指导，在此一并致谢。由于编写时间紧、作者水平有限，书中难免有疏漏和不足之处，恳请同行和读者批评指正，以便再版时予以修正使其日臻完善。

编　者

2008年8月

目录 Contents

第一章 物流市场营销概述

学习目标

◆ 知识目标 ◆

(1) 正确理解市场营销核心概念和原理；

(2) 了解企业经营观念的发展及现代市场营销观念的中心思想；

(3) 掌握物流市场营销的概念及其地位和作用。

◆ 能力目标 ◆

培养分析物流企业营销活动和营销观念的能力。

◆ 引导案例 ◆

在“互联网＋”风口，邮政速递物流如何立足

在2015年“全国两会”政府工作报告中，李克强总理首次提出“互联网＋”的概念，在记者招待会上又特意为“互联网＋”推销，说道：“我想站在‘互联网＋’的风口上顺势而为，使中国经济飞起来。”

“互联网＋”代表一种新的经济形态，即运用互联网的思维改造企业的运营流程、管理及服务模式，提升企业生产服务效率，从而实现企业规模、效益的大幅提升。阿里巴巴、京东、小米俨然是运用“互联网＋”

的典范企业，只用了几年时间就达到传统企业二三十年发展的体量。

在"互联网+"引爆电商市场急剧发展的时代，我国快递业成为我国经济的一匹"黑马"。继2014年我国快递年业务量首次突破百亿件之后，2015年，我国快递业务量达到206亿件，继续稳居世界第一。当前，我国快递业走到了从数量增长向质量增长转变的一个拐点，这在我国快递发展史上具有里程碑意义。

说到底，快递行业是劳动密集型行业，门槛低、市场大、前景广，这决定了不可能有一家快递企业能做到一家独大的局面。国家邮政局数据显示，快递业六成业务是来自电商。电商催生了快递的繁荣，但也导致快递利润稀薄。在"2015中国快递论坛"上，"互联网+"正被快递业视为新机遇，有望继电商之后点燃快递业的"二次革命"。为此，在"互联网+"浪潮下邮政速递物流也应抓住机遇，找准定位，顺势而为。

• **坚持中高端的市场定位**

国有企业固有的刚性成本高于民营企业，且邮政物流的体质机制决定了其不可能以民营企业那样的方式来降低人工成本。为此，快递市场上"以价换量、低价竞争"的经营策略并不适合邮政速递物流。企业的运营成本决定了邮政速递物流只能去细分市场，选择差异化经营策略，去做那些附加值高、市场空间广、增量业务大的中高端业务。

从目前快递市场竞争格局来看，邮政速递物流在党政机关、国有企业、跨境电商寄递领域仍具有明显优势。邮政速递物流必须守住自身的优势市场，找准市场定位，积极拓展潜力巨大的商务、个人、电商中高端寄递市场，着力打造为客户提供优质服务的中高端价值品牌。

• **拓展市场、抢占先机**

对于快递业来说，想要获得量高质优的发展，除了稳住电商这一旧引擎外，更需要打造新引擎。对此，国家邮政局局长马军胜在论坛上表示，要"以'互联网+'为契机，抓紧配套实施'快递+'战略，加快快递与制造业的联动，强化快递与综合交通运输体系的衔接，促进快递与金融业的互动，扩大冷链快递网络的覆盖范围，引导市场主体细化产品层次、延长服务链条、提高附加价值，抢占市场先机"。"互联网+"的发展、互联网和各行各业的融合创新，会给快递业带来到各行各业去的机会。

• **创新环境、客户至上**

快递业因互联网而起，因电子商务而兴。为适应电商产品存储，解决仓储配送难，邮政打开视野，不断拓展服务范围，创新性地将仓配前移，为商户们构建"仓储+配送""项目管理+邮政网络""电商物流+供应链金融"等全产业链服务模式。邮政寄递业务的创新，都是围绕让快递更快而开展的。邮政以周到的服务，赢得了市场信誉和用户的肯定。大鱼吃小鱼、快鱼吃慢鱼，要真正赢得客户，优质、周到、创新服务是企业生存之根本。

• **建立平台、精准营销**

"互联网＋营销"的前提是要建立提供客户服务、获取服务数据和信息传递的平台与媒介，邮政速递物流要加大对微信平台、手机APP客户端的应用力度，引导客户通过移动互联网去下单、消费。这样不仅可以极大地方便客户用邮，而且可以积累足够的客户数据，进而分析出客户的消费行为习惯与潜在需求等，以增强邮政速递业务产品的针对性，通过大数据库的筛选分析，自动寻找目标客户，实现智能化的精准营销，提供营销的效率和成功率。

• **创新思路、品牌宣传**

在移动互联网引爆的信息冗余时代，民众和客户注意力稀缺，传统采用的广播、电视、报刊等广告宣传形式，不仅成本大，而且宣传效果也不理想。如何抓住互联网热点去营销和宣传自己，以客户和网民喜闻乐见的方式引爆宣传热点，以低廉的成本，达到业务宣传和品牌推广的目的，"互联网＋宣传"或是邮政速递品牌宣传应考虑的新途径。

站在"互联网＋"时代的风口上，大邮政编织的"互联网＋邮政"的"物流风帆"，相信快递业这支"国家队"一定能引领整个快递物流行业驶向创新发展的彼岸，让快递这匹中国经济的"黑马"变成"骏马"，在国际市场中驰骋。

（资料来源：吴新春，在"互联网＋"风口，邮政速递物流如何立足？中国邮政报，2015年9月1日，原文经过修改）

什么是市场？什么是营销？营销就是推销吗？物流市场营销具有哪些特点？本章将针对这些问题展开分析，介绍市场营销的核心概念、基本内容及现代营销理念，帮助理解物流市场营销的特点。

第一节　市场营销的核心概念和理论

市场营销是一种企业活动，是企业有意识、有目的的行为，要了解物流市场营销，必须先了解市场、市场营销和推销的概念。

一、市场

（一）市场的概念

关于市场，人们一般习惯把它看作买卖双方进行交换的场所。通常可以从经济学和营销学两个角度来理解。

经济学从宏观的角度来看市场。它看到市场上存在买方（需求方）和卖方（供给方）在价格需求上存在的客观矛盾关系，即卖方想高价卖，而买方想低价买。这种矛盾只有在市场上实现了统一,买卖双方各自的销售和购买愿望才能得以实现。因此,市场常常被表述为商品交换关系的总和,是体现供给与需求之间矛盾的统一体。

营销学则是站在企业这个微观主体的立场上来认识市场的。在营销学中,市场是指由一切有特定需求或欲求并且愿意和可能从事使需求和欲望得到满足的现实与潜在顾客所构成的集合。营销学通常把市场假定为买方,把企业自己假定为卖方。这样,对市场的认知虽然比经济学的含义窄,但是在企业的经营活动中却有较强的实用性,因为它找到了企业经营活动的重点,找到了营销工作的目标。

在市场营销中,卖方构成行业,买方构成市场。卖方把商品或服务以各种传播方式传送到市场;反过来,他们收到货币和反馈的信息。行业和市场的关系如图1-1所示。

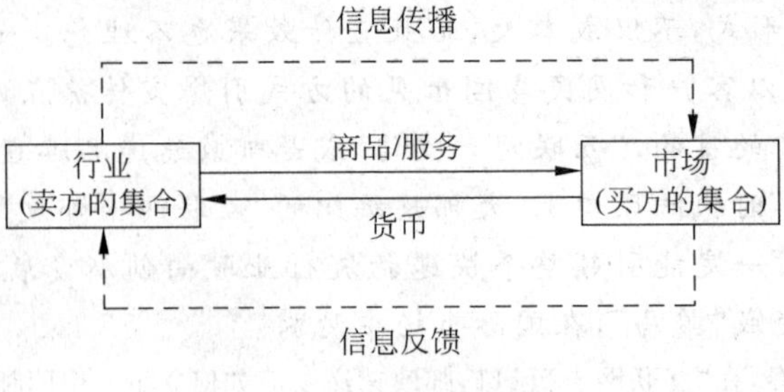

图1-1 行业与市场的关系

营销学中的市场概念适用于任何一个行业的市场,包括物流市场。也就是说,物流市场就是指可能与物流服务提供商交易的现实和潜在物流服务需求者构成的集合。

(二)市场的要素

企业面对承载自己所经营、所销售的各式有形商品或无形服务的市场,首先关注的应该是人。但如果这些人没有购买力和购买欲望,商品同样卖不出去。因此,企业眼里的市场是指"有人有钱并想购买你的商品"。一个市场的大小取决于表示有某种需要的人口数量及其购买能力和购买欲望。用公式来表示就是:市场=人口+购买力+购买欲望。

人口、购买力和购买欲望被称为市场构成三要素,这三个要素是相互制约、缺一不可的,只有三者结合起来才能构成现实的市场,才能决定市场的规模和容量。

(三)需要、欲望和需求

需要是指没有得到某些满足的感受状态。如饥饿时感到充饥的需要;口渴时感到解渴的需要。美国著名的心理学家马斯洛提出的需要层次理论把人类的"基本需要"概括为生理需要、安全需要、归属需要、自尊需要和自我实现需要五个层次,并指出一个人总是首先满足最基本、最重要的需要,然后才能向高级形式发展。这种需要应该说是客观存在、与生俱来的,是人类天性中的基本组成部分,市场营销者不能创造这种需要,而只能适应它。

欲望是指想得到某种具体满足物的愿望。如饥饿或口渴时想得到食品或水的欲望特别强烈。不同背景下的消费者对同一需求产生的欲望可能会有差异。例如,中国南方人需求食物时会想到米饭,北方人需求食物时往往会想到面食。因此,人的欲望会受社会因素及机构因素,诸如职业、团体、家庭、教会等影响,也会随社会条件的变化而变化。市场营销者能够通过一定的努力影响消费者的购买欲望。

需求是指对某个有能力购买并愿意购买的具体产品的欲望,它是有支付能力后,由欲望转化而成的。欲望可以是毫无边际的遐想,但需求的概念是指有明确具体的物品或服务、具备购买能力的购买意愿。

对需要、欲望和需求加以区分的重要意义在于阐明:市场营销者并不能创造需要,而只能影响人们的购买欲望,并试图向人们指出何种特定产品可以满足其特定需要,进而通过使产品富有吸引力、适应消费者的支付能力且使之容易得到来影响需求。

(四) 市场的类型

对于市场的类型,有着多种的划分方式和称谓。

1. 按市场的主体不同来分类

(1) 按企业的角色来划分:购买市场、销售市场。

(2) 按购买者的购买目的和身份来划分:消费者市场、生产商市场、转卖者市场、政府市场。

(3) 按产品或服务供给方的状况(即市场上的竞争状况)来划分:完全竞争市场、完全垄断市场、垄断竞争市场、寡头垄断市场。

2. 按消费客体的性质不同来分类

(1) 按地理标准来划分:国内市场、国际市场。

(2) 按交易对象是否具有物质实体来划分:有形产品市场、无形产品市场。

(3) 按人文标准来划分:妇女市场、儿童市场、老年市场。

(4) 按交易对象的最终用途来划分:生产资料市场、生活资料市场。

(5) 按市场的时间标准不同来划分:现货市场、期货市场。

(6) 按交易对象的具体内容不同来划分:商品市场、技术市场、劳动力市场、金融市场、信息市场。

二、市场营销

(一) 市场营销的概念

市场营销的概念产生于20世纪初的美国,并随着社会的发展不断完善。国内外的学者对市场营销的定义有很多种,企业界对营销的理解也是各有千秋。

2005年,美国市场营销协会(AMA)对市场营销的概念进行了完善。这一概念为:市场营销是组织的一种功能和一系列创造、交流并将价值观传递给顾客的过程和被用于管理顾客关系以让组织及其股东获利。

由此可见,市场营销是指以满足人类各种需求和欲望为目的,通过市场将潜在的可能的交换变为现实交换的一系列活动过程。市场营销概念可以归纳为下列几个要点。

1. 市场营销的本质是交换

市场营销的本质是一种产品和服务的交换过程,市场营销适用于存在交换的所有领域。人们(企业组织或自然人)为了满足自己的需要,必须获得能满足这种需要的产品或服务。而人们获得满足自己需要的产品和服务的方式,可以通过自己生产、强制取得、乞讨及交换。当人们决定以交换的方式来满足需要或欲望时,市场营销就产生了。

2. 市场营销的宗旨是满足消费者的需要

消费者的需要和欲望是企业营销工作的出发点。市场营销的一切经营策略技巧都应建立在掌握消费者需要和欲望的基础上。在激烈的市场竞争中,企业要赢得顾客,战胜竞争者,最根本的一条就是使自己的商品和服务满足顾客的需要,面对不同的需要采取不同的营销策略,从而更好地为消费者服务,使消费者满意。

3. 市场营销的手段是组织的整体性营销活动

整体性营销是指组织为了满足消费者或者用户的需要而开展的各项市场经营活动的总称,涵盖企业产品生产之前和售后的全过程。它不仅包括生产、经营之前的经济活动,如收集市场环境信息、分析市场机会和风险,进行市场细分、选择目标市场,设计开发新产品等,还包括生产过程完成之后进入销售过程的一系列具体的经济活动,如产品定价、选择分销渠道、开展促销活动以及销售过程之后的售后服务等一系列活动。

所有的活动协调统一,紧密配合,而且不断循环往复。因此营销活动是一个系统的活动过程。

(二) 推销与市场营销

由于市场营销是一个系统的活动过程,因此用营销活动的某一部分代替整个营销过程是营销的大忌。营销不等同于推销,而仅靠推销实现不了营销。那么推销和营销有什么差别呢?

◆ 小案例 ◆

卖　鞋[①]

据说有一家英国的跨国制鞋公司和一家美国的跨国制鞋公司为了开发同一个岛国的市场,分别派出了考察队。其中,英国的跨国制鞋公司派去的是一支由公司里最优秀的推销员组成的队伍。推销员们在岛上考察了半天,第二天就回来了。他们在述职报告中声称:岛上的居民没有穿鞋的习惯,岛上暂时也没有卖鞋的,所以存在巨大的市场空缺,公司可以把鞋大批量地运过去,而他们也有信心把鞋推销给这些岛国的居民使用。

而美国的跨国制鞋公司派去了一支由公司的营销经理组成的队伍。经理们在岛国上

① 赵越. 市场营销实训[M]. 北京:首都经济贸易大学出版社,2007.

待了5天，拜访了上至岛国酋长，下至普通老百姓的50多个不同的群体。他们了解到，岛国的居民一直都没有穿鞋的习惯。但是，他们很多人的脚都是有毛病的，他们想过很多办法去避免脚病，都不太奏效。他们非常渴望根除脚病。当他们了解到穿鞋可以帮他们的脚避免很多意外的伤害，更利于防治他们的脚病后，都表示非常渴望得到一双鞋。

通过拜访，经理们还了解到，岛国居民的脚普遍比美国同年龄人的脚大5.08厘米(2英寸)左右。因此，经理们建议公司针对岛上居民这种情况，重新设计鞋的种类。经理们还了解到，岛国居民比较贫穷，他们都听从酋长的。岛国盛产香蕉，这些香蕉又大又甜，在美国极具竞争力。

经理们跟酋长商谈过，也去岛上的香蕉园参观过，酋长已经答应：他将以每20千克到30千克的香蕉对应一双鞋的比例，换取美国公司专门为岛国生产的鞋，总数量为10万双左右，越快到货越好。酋长还决定给予该美国跨国制鞋公司独家卖鞋权。

从上面的卖鞋案例中，可以看出推销与市场营销的不同：英国公司是在搞推销，美国公司是在搞市场营销。二者的区别主要表现在以下方面。

(1) 起点不同。推销的起点是企业自身，而市场营销的起点是市场。

(2) 中心不同。推销的中心是产品，而市场营销的中心是顾客需求。

(3) 手段不同。推销的手段是促销，而市场营销的手段是企业的整体营销活动。

(4) 终点不同。推销的终点是通过销售获得利润，而市场营销的终点是通过满足顾客需求获得利润。

当产品处于供过于求的情况时，有些生产商认为，消费者普遍缺乏消费意识或对那些非渴求商品具有抗拒心理，如果不采取主动措施应对，消费者不会大量购买本企业的产品，因而开展持续的、积极的促销是非常必要的。从实质上说，推销观念还是站在生产者的立场而不是消费者的立场上思考问题，而形成于20世纪50年代的市场营销观念是一种“以消费者为中心”的核心思想的营销观念。

著名管理学家彼得·德鲁克曾经说过：“可以设想，某些推销工作总是需要的。然而，营销的目的就是要使推销成为多余。营销的目的在于深刻认识和了解顾客，从而使产品或服务完全适合顾客的需求而形成产品的自我销售。”

总之，营销是企业的一个职能，推销是这个职能中的一个环节；营销又是企业的一种经营哲学，营销过程中蕴涵着推销。

三、市场营销观念的发展变迁

营销观念是指企业在一定时期、一定生产经营技术和一定市场营销环境下进行全部市场营销活动的基本指导思想和根本行为准则，其核心是如何处理企业、顾客及社会之间的利益关系。现实中，企业、顾客及社会之间的利益经常发生冲突，各个企业无一不是在某一种观念的指导下从事其营销活动的。

(一)市场营销观念的内容

1. 生产观念

生产观念是一种重生产、轻营销的经营哲学,其典型表现就是"以产定销",强调"以量取胜",通过大量生产降低成本,提升利润。生产观念产生于20世纪20年代以前,在卖方市场条件下一直支配着企业的生产经营活动。

2. 产品观念

产品观念强调"以质取胜",盛行于20世纪20年代至30年代。认为企业应致力于生产高值产品,并不断加以改进,只要产品好,就不愁卖不出去,即所谓的"酒香不怕巷子深"。却易忽视顾客的需求变化和竞争者的市场行为。

3. 推销观念

推销观念往往发生在由"卖方市场"向"买方市场"的过渡阶段,盛行于20世纪30年代至40年代。推销观念认为由于购买惰性或抗衡心理,消费者不会自觉购买大量本企业的产品,因此企业管理的中心任务是积极推销和大力促销,以诱导消费者购买产品。在推销观念的指导下,企业相信产品是"卖出去的",而不是"被买去的"。

营销者只注重"推销企业所制造的产品",而不是"制造市场所需要的产品",其实是没有站在顾客的角度来看待自己的营销活动。

4. 市场营销观念

市场营销观念盛行于20世纪50年代,是企业进行市场营销活动时的指导思想和行为准则的总和。该观念认为,实现企业诸目标的关键在于正确确定目标市场的需要和欲望,一切以消费者为中心,并且比竞争对手更有效、更有力地传送目标市场所期望满足的东西。

市场营销观念的产生,是市场营销哲学的一种质的飞跃和革命,它不仅改变了传统的旧观念的逻辑思维方式,而且在经营策略和方法上也有很大突破。它要求企业营销管理贯彻"顾客至上"的原则,将管理重心放在善于发现和了解目标顾客的需要,并千方百计去满足它,从而实现企业目标。因此,企业在决定其生产经营时,必须进行市场调研,根据市场需求及企业本身条件选择目标市场,组织生产经营,最大限度地提高顾客满意程度。

市场营销观念所提出的4P组合,即指产品(Product)、价格(Price)、渠道(Place)和促销(Promotion)。

5. 社会营销观念

从20世纪70年代起,随着全球环境破坏、资源短缺、人口爆炸、通货膨胀和忽视社会服务等问题日益严重,要求企业顾及消费者整体利益与长远利益的呼声越来越高。

在西方市场营销学界提出了一系列新的理论及观念,如人类观念、理智消费观念、生态准则观念等;其共同点都是认为,企业生产经营不仅要考虑消费者需要,而且要考虑消费者和整个社会的长远利益。这类观念统称为社会营销观念。

社会营销观念要求企业将营销的主要任务定位在确定目标市场的需要、欲望和利益,比竞争者更有效地使顾客满意，同时维护与增进消费者和社会福利。

6. 大市场营销观念

随着现代世界经济迈向区域化和全球化，企业之间的竞争范围早已超越本土，形成了无国界竞争的态势。20 世纪 90 年代形成的大市场营销观念指出，为了成功地进入特定市场并从事业务经营，在战略上协调使用经济的、心理的、政治的和公共关系等手段，以获得各有关方面的合作及支持。大市场营销观念在 4P 的基础上加上 2P，即权力(Power)和公共关系(Public Relations)，从而进一步扩展了营销理论。

（二）市场营销观念的比较

人们常常将以上几种类型的营销观念划分为"以产定销"的传统营销观念和"以需定销"的现代营销观念两大类。其中，传统营销观念包括生产观念、产品观念和推销观念；现代营销观念包括市场营销观念、社会营销观念和大市场营销观念。

传统营销观念与现代营销观念在出发点、关注重点和实现途径与方法，以及目的含义等方面都有所不同，但后者都是在历史发展的过程中，不断对前者的修正和认识提高的基础上产生的。传统营销观念与现代营销观念的主要对比如表 1-1 所示。

表 1-1　传统营销观念与现代营销观念的主要对比

类　别	出发点	重　点	途径和方法	目　　的
传统营销观念	企业	产品	生产、推销	提高产品质量、扩大销售、获得利润
现代营销观念	顾客、环境、关系	顾客需要、有利环境	营销组合	通过顾客(参与者)满意获得利润

第二节　市场营销的活动内容

营销活动是企业的一个管理职能。营销活动与市场紧密相连，它是寻找市场、满足市场的过程。

一、市场分析与调研

企业要在市场中生存并发展，必须了解其生存环境，明确环境中有利因素和不利因素以及自身的优势和劣势，并通过科学有效的客户需求调研与分析，针对市场上潜在的且企业有能力满足的客户需求，提供相关的产品。因此，有效的市场分析与调研是企业营销得以成功的基础性活动。

市场分析与调研的对象主要包括营销环境、客户和竞争对手。其目的是了解市场环境中存在的机会和威胁，掌握客户需求状况，明确自己的竞争优势和劣势，以便及时准确地把握市场机会，有效规避市场风险。通过市场分析与调研搜集到顾客的需求信息也可以为以后的一系列营销活动提供客观依据,减少营销活动的盲目性。

二、营销战略

企业的市场营销战略规划是企业在分析市场环境和自身资源条件的基础上,从整个供应链的角度,挖掘企业内部及其服务在供应链中所创造的市场价值和企业的竞争优势,拟定企业中长期营销战略规划,选择和实施恰当的营销战略行动,从而保证企业可以持续获得长期市场竞争优势。营销战略代表了企业一致性的市场营销方向,贯穿于企业一切市场营销活动之中。

企业营销战略的制定主要包括市场细分、市场选择、市场定位、市场扩张等内容。

1. 市场细分(Segmentation)

市场细分是一个有力的营销工具,通过细分市场,帮助企业研究市场的差异性,以便于决策者更准确地制定营销目标,更好地分配资源,及时地了解和认识当前市场的竞争形势。企业往往可以根据对细分市场需求的满足程度的分析,发现那些需求未得到满足或满足不够的客户,不断地寻找市场机会,扩大市场占有率。

2. 市场选择(Targeting)

由于企业资源有限,任何一个企业都不可能满足所有的市场需求,而只能满足其中部分客户需求。企业制定营销战略的目的就是要基于细分市场对比,挑选出理想的目标市场。确定了目标市场,企业才能采取有针对性的战略。

3. 市场定位(Position)

市场定位是在商品经济高度发达的情况下产生的。随着生产力的不断提高,市场上的商品日益丰富,而市场上消费者的购买能力有限,同行业之间的竞争加剧。企业要想战胜竞争对手,唯一的办法就是占领消费者的心理位置,使自己的产品成为消费者钟情的首选对象。因为只有在某些方面做到第一,在市场上才会有地位,才具备拉动力。企业如何通过个性化的品牌设计与塑造,确定产品在消费者心目中的地位,营造产品的卖点,这正是市场定位要解决的问题。

以上三个方面被称为营销战略中的"STP过程"。配合恰当的营销组合战略就可以获得一定的市场份额。

4. 市场扩张(Expansion)

企业在获得一定的市场份额后,如何做大做强,这是属于企业市场扩张的内容。企业要在准确分析市场环境和自身资源条件的基础上,借助自身竞争优势进行扩张。但同时也应该注意到,市场扩张是把双刃剑,既有可能给企业带来巨大的市场份额,也有可能使企业受到重挫。

市场竞争无处不在,在参与竞争时,是要把竞争对手全部打败,还是在适度的竞争中寻找可合作的利益共同点,是企业在市场竞争过程中需注入的新理念。

三、营销组合战略

当营销者有了明确的目标市场以后，就要制定与目标市场相适应的营销要素组合。营销组合战略一般包括产品策划、定价策划、分销渠道策划和促销策划等。

1. 产品策划

产品的整体认识在市场交换中可以理解为能被市场接受的所有有形和无形的东西。由于产品具有市场生命周期，所以企业应重视新产品开发，只有产品常新，企业才能长青。品牌作为企业连接和拉动顾客的纽带，它既是策略问题，也是战略问题。

2. 定价策划

价格直接关系到市场对产品的接受程度，影响市场需求和企业利润的多少，涉及生产者、经营者、消费者等各方面的利益。价格是市场营销组合因素中十分敏感而又难以控制的因素。同时，影响价格的因素也很复杂，价格的确定需要一定的方法和技巧。

3. 分销渠道策划

在激烈的市场竞争中，企业的竞争优势不仅取决于企业能否以低成本为客户提供优质的产品，还取决于企业所占有的渠道资源。企业通过合理的渠道网络将本企业的产品便利、快捷地送达客户手里，可有效提高客户的满意度，增加企业竞争优势。

4. 促销策划

企业要取得市场营销活动的成功，不仅要建立和开发先进优质的产品、制定合理灵活的价格、设计成功有效的分销渠道，还需采取适当的促销方式来拓展业务。

为了进一步了解营销战略实施的效果，企业还要不断地开展营销调研，以监控整个营销过程。由于整个营销活动的过程是环环相扣、紧密相连、不能够脱节的综合性商务活动，所以企业的营销活动又被称作全过程营销。具体营销过程如图 1-2 所示，其中实线表示营销过程，虚线表示信息反馈。

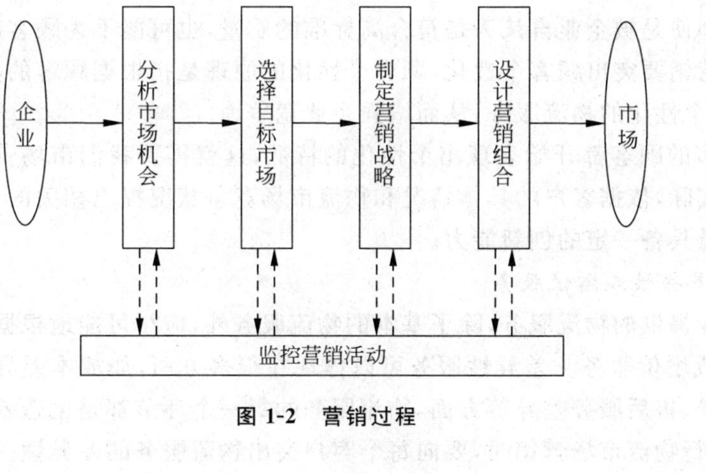

图 1-2　营销过程

第三节 物流市场营销

一、物流市场营销的概念

(一) 物流市场营销的含义

物流市场营销,即物流企业通过对物流服务市场的研究,开发出能够满足客户需求的物流产品,并通过采取整体营销行为使顾客的需求和欲望得到满足,同时实现物流企业利益目标的活动过程。

在市场经济条件下,物流企业与其他企业一样,为了谋求长期的生存与发展,需要根据外部环境和内部条件的变化,对企业进行长期性、全局性的营销战略,并纳入企业的整体战略中去。

(二) 物流市场营销的特点

在市场经济条件下,物流企业是一种独特的服务性经济组织,它通过为顾客提供物流服务而实现自己的产品价值。物流企业开展市场营销,与一般企业开展市场营销相同,都包含产品、顾客、渠道、促销、价格等因素,但是这些因素具体的内容则有所不同,具体如下。

物流市场营销与产品市场营销有着很大的差别,物流市场营销的本质特征是服务,物流企业开展市场营销,必须考虑物流服务的特点,即物流服务的无形性、不一致性、不可分性以及易逝性等特点。

1. 提供系列化、个性化的物流服务

物流企业所提供的服务质量水平并不是完全由企业自身决定,而是同顾客的感受有很大关系。即使是被企业自认为是符合高标准的质量,也可能不为顾客所喜爱和接受,所以物流市场营销要突出顾客个性化,顾客个性化的原理是指根据顾客的具体情况,设计和提供系列化、个性化的物流服务,从而增强企业竞争力。

越来越多的顾客都开始表现出个性化的特征,这就需要我们市场营销人员充分了解物流操作的实际,依据客户的具体情况和物流市场竞争状况提出相关的可行性建议,要求市场营销人员具备一定的创新能力。

2. 提供差异性或增值服务

物流企业提供的物流服务,除了基本的物流服务外,应尽可能地根据顾客的不同需要提供差异性或增值服务。差异性服务可以体现在很多方面,如成本差异、服务过程差异、服务功能差异、售后服务差异等方面,物流服务的每一个环节都是创造差异性服务的可行点,所以在进行物流市场营销时,要向每个客户突出物流服务的差异性。

注重细分市场、关注顾客满意度，是检测物流市场营销绩效指标体系中的重要指标。

3. 提供无形服务营销

物流市场营销提供的是无形的服务产品，但是物流服务大多数时候依赖于有形产品的流动，与一般的商品营销区别很大，同时也不同于服务营销重点研究的生活性服务营销，所以既不是典型的有形服务产品营销，又不是典型的无形服务产品营销，是没有脱离商品实体的无形服务产品营销。

4. 拓展业务

物流市场营销的目的除了推广企业的物流服务之外，还包括寻求与其他企业的战略联合和扩展关系，发展对自己有利的客户和客户群，并自始至终实现价值的最大化。通过物流企业的营销工作，特别是第三方物流企业的业务拓展，打造与客户以及上游供应商的合作关系，为供应链的顺利实施做出应有的贡献。

二、物流市场营销的任务

物流市场营销的任务，就是根据需求状况和营销任务的不同，对物流市场需求进行管理。具体分类如下。

（一）转化性营销

转化性营销是针对负需求的情况进行的。负需求是指全部或大部分的潜在购买者对某种产品或服务不仅不喜欢，没有需求，甚至是厌恶情绪。在负需求的情况下，市场营销管理者的主要任务就是扭转人们的抵制态度，变负需求为正需求。

转化性营销要求市场营销管理者首先要调查了解、研究分析导致人们对某种产品或服务产生负需求的原因，然后采取有针对性的措施加以扭转。

（二）刺激性营销

刺激性需求是在无需求的情况下实行的。无需求是指市场消费者对某种产品或服务不否定、不厌恶，只是漠不关心、没有兴趣的一种需求状态。无需求状况下的产品或服务通常是那些新产品或新服务，消费者因不熟悉、不了解而没有需求迹象。

因此，实行刺激性营销，就是要设法引起消费者的兴趣，刺激其对这些新产品或服务的需求，变无需求为有需求。

（三）开发性营销

开发性营销是与潜在需求相联系的市场营销方式。潜在需求是指消费者对现实市场上还不存在的某种产品或服务的强烈需求。例如，随着国际物流的不断发展，消费者对于“国际快递送货”的服务存在潜在需求，物流公司需要对此做出认真调研，市场的规模有多大，消费者可以接受的价格水平，消费者希望得到的协助服务内容等，然后开发出能够满足这种需求的快递产品，将市场上的潜在需求变成现实需求。

(四) 再生性营销

再生性营销是指在人们对某种产品或服务的需求和兴趣发生动摇与衰退时需要实施的营销管理方法。这时,营销管理的任务是设法使已衰退的需求重新兴起,但实行再生性营销的前提是处于衰退期的产品或服务有出现新的生命周期的可能性,否则将劳而无功。

(五) 同步性营销

同步性营销是指为了同步不规则需求需要实施的营销管理。不规则需求即在不同时间、季节需求量不同,因而与供给量不协调。此时,营销管理的任务就是设法调节需求与供给的矛盾,使二者达到协调同步。例如,澳大利亚地铁的票价在同一天的不同时段有不同的价格,早晚高峰时价格比较高,而其他非高峰时间段的票价则低很多。

(六) 维护性营销

维护性营销是和饱和需求情况相联系的一种营销管理方式。饱和需求是指当前的需求在数量和时间上同预期需求已达到一致,但将来也会随着消费者偏好和兴趣的改变或者是同业者之间的竞争而发生变化。对于这种情况,营销管理的任务是维护需求,即设法维护现有的销售水平,防止出现下降趋势。

(七) 抑制性营销

抑制性营销和过剩需求或者供不应求的情况相联系。过剩需求是指需求量超过了卖方所能供给或所愿供给的水平,这种情况可能是由于暂时性的缺货,也可能是由于产品特别受欢迎所致。对于这种情况,营销管理的任务是限制需求,通常采取提高价格、减少服务项目和供应网点、劝导节约等措施。

(八) 抵制性营销

抵制性营销是针对无益需求实行的。有些产品或服务对消费者、社会公众等有害无益,对于这些产品或服务的需求就是有害需求。此种情况下,市场营销管理的任务就是强调这些产品或服务的有害性,从而抵制这种产品或服务的生产和经营,消除这些需求。

◆ 背景资料 ◆

现如今,越来越多的网络电子商务出现在我们的视野当中,它的发展可以说是逐日递增的。淘宝等网络购物的增长更是这个领域最集中的体现。那么随之而来的,就是快递行业。电子商务的发展带动了快递行业的发展,而顺丰速运作为其中发展最好的快递公司之一,用质量奠定了公司的品牌基础。

顺丰的优势主要有几大点,首先是快捷的时效服务。自有专机和 400 余条航线的强大航空资源以及庞大的地面运输网络,保障客户的快递在各环节最快发运,在正常情况下可实现快件“今天收,明天到”。这是让很多客户纷纷选择顺丰的主要原因。用速度成就品牌。顺丰速运的快捷时效服务让更多的客户体验到了速度所带来的方便之感。而顺丰速运也表示,快件的运营速度是客户选择快递公司的最主要的原因,因此只有把速度提上来,才能满足客户的选择需求。

其次是安全的运输服务。顺丰速运自营的运输网络,给消费者提供标准、高质、安全的服务。顺丰的快捷空运采用先进的信息监控系统,其中 HHT 手持终端设备和 GPS 技术全程监控快件运送过程,保证快件准时、安全送达。严格的质量管控体系:设立四大类 98 项质量管理标准,严格管控。这给消费者提供了快件的安全保障。安全的运输是所有快件运输的前提。客户寄快递都希望能既快速又有安全的保障,而不是还要担心其在途中丢失。

最后是高效的便捷服务也是顺丰成为第一品牌的主要原因。先进的呼叫中心,采用 CTI 综合信息服务系统,客户可以通过呼叫中心快速实现人工、自助式下单、快件查询等功能。除此之外,方便快捷的网上自助服务,让客户可以随时登录顺丰网站享受网上自助下单和查询服务。而且其支付结算方式灵活方便。客户可以通过寄方支付、到方支付、第三方支付,现金结算、月度结算、转账结算、支票结算等方式进行方便快捷的自助结算。

(资料来源:http://tieba.baidu.com/p/2375298227)

三、物流市场营销的地位和作用

(一)物流市场营销的地位

对于物流企业来说,物流市场营销的地位应该提升到足够的高度,因为它既涉及战略问题,同时也涉及战术问题。

在战略问题上,业务构成战略规定了企业在未来将要提供的产品业务组合战略,目标市场战略是企业在认真仔细分析市场的基础上做出的选择,市场营销组合战略关系到营销的效果和成败。这些战略的选择成功与否,关系到企业能否抓住发展机遇,战略制定失误,严重者可能使企业走向衰败。

在战术问题上,比如如何管理落实物流企业的市场营销计划,涉及具体的时间、地点和人员安排等,需要企业在营销过程中时刻关注顾客的需求变化,及时做出调整,以便实现整体营销目标。

在激烈的市场竞争中,物流企业能否获得顾客认可,顾客是否会持续使用其物流服务,企业能否不断地开拓新的目标客户,这些问题都关系到物流企业的生存与发展。因此,物流企业必须特别重视物流市场营销问题。

(二)物流市场营销的作用

1. 物流市场营销是市场经济的必然要求

在市场经济条件下,物流企业重视营销管理既是市场发展的客观要求,也是物流企业应对竞争环境提高自身的生存和发展能力的实际需要。物流行业的特点之一就是竞争激烈,特别是我国加入世界贸易组织(WTO)之后,对外贸易快速发展,包括外资在内的各种投资主体所设立的物流企业逐年增多。

作为以营利为目的的经济组织,物流企业必须以市场为导向,深入研究环境变化,分析市场机会,寻找目标市场,拓展物流服务业务,扩大市场份额,才能使自己在竞争中立于不败之地。

2. 物流市场营销有助于企业实现差别化经营

在传统的竞争模式中,价格战是企业参与竞争时采取的主要方式。物流行业也是如此,企业之间往往以低价的方式吸引客户,有时会出现报价低于成本的情况,极端的时候甚至以"负报价"的方式,即物流企业"倒贴钱"来提供某种物流服务。

根据美国竞争战略之父迈克尔·波特的理论,三种卓有成效的竞争战略为总成本领先战略、差异化战略、目标集中战略或目标聚集战略。企业在选择市场营销战略时,其中包括目标市场选择、目标客户分析等内容,根据企业资源和能力情况,发展独具特色的有别于市场上其他同类型企业提供的产品和服务,特别是在物流服务上实现差异化,是物流企业长期生存和发展的重要保障。

3. 物流市场营销的水平关系到企业绩效

营销管理是物流企业的核心职能之一,与企业中财务、信息管理等其他职能部门相比,营销部门具有重要而独特的职能。营销管理通过市场调查和销售预测,开发新的产品和服务,推广宣传和回答客户咨询,负责企业形象的传播和公共关系事务等,所有这些内容对企业的业务拓展和经营绩效都会造成比较重大的影响。

越来越多的物流企业,在组织架构中提升了市场营销部门的层次和地位,这也印证了物流市场营销在实战中的重要性。

(三) 物流市场营销的原则

物流市场营销应遵循以下原则。

1. 注重规模原则

物流活动具有规模效益,所以进行市场营销时,首先要确定客户物流需求的规模,再去为他们设计有特色的物流服务。

2. 注重合作原则

现代物流要求在更大的范围内进行资源的合理配置,因此某一物流企业并非必须拥有全部物流功能。某一物流企业可集中发展自身的核心物流业务,而将其他物流业务交给别的物流企业。所以,物流市场营销还应包括与其他物流企业合作。

3. 注重回报原则

对企业来说,市场营销的真正价值在于其为企业带来短期或长期的收入和利润的能力。一方面,追求回报是营销发展的动力;另一方面,回报是维持市场关系的必要条件。物流企业要满足客户物流需求,为客户提供价值。因此,物流市场营销目标必须注重产出，注重物流企业在营销活动中的回报。

◆ 背景资料 ◆

上海通用：打倒存货“魔鬼”，降低物流成本

上海通用现有四种车型。不包括其中的一种刚刚上市的车型，另外三种车型零部件总量有5400多种。上海通用在国内外拥有180家供应商，还有北美和巴西两大进口零部件基地。面对激烈的市场竞争，上海通用如何提高供应链效率，减少新产品的导入和上市时间并降低库存成本呢？

为了把库存这个“魔鬼”赶出自己的供应链，通用的部分零件，例如，有些是本地供应商所生产的，会根据生产的要求，在指定的时间直接送到生产线上去生产，以此来实现这些原材料的“零”库存，省去大量的资金占用。有些用量很少的零部件，为了不浪费运输车辆的运能，充分节约运输成本，上海通用使用了叫作“牛奶圈”的小小技巧：每天早晨，上海通用的汽车从厂家出发，依次到各家供应商那里装上准备的原材料，直到装上所有的材料再返回，因此省去了所有供应商空车返回的浪费。

传统的汽车厂的做法是，要么有自己的运输队，要么找运输公司把零件送到公司。这种方式并不是根据需要来供给，有几个方面的缺点：有的零件根据体积或数量的不同，并不一定正好能装满一卡车。但为了节省物流成本，他们经常装满一卡车才送货，这样就造成了库存高、占地面积大。而且，不同供应商的送货缺乏统一的标准化管理，在信息交流、运输安全等方面，都会带来各种各样的问题，要想管好它，必须花费很多的时间和很大的人力资源。

所以上海通用改变了这种做法，聘请一家第三方物流供应商，由他们来设计配送路线，然后到不同的供应商处取货，再直接送到上海通用，利用“牛奶取货”或者叫循环取货的方式解决了这些难题。通过循环取货，上海通用的零部件运输成本可以下降30%以上。

这种做法的优点非常显而易见，同时也体现了上海通用的一贯思想：把低附加值的东西外包出去，集中精力做好制造、销售汽车的主营业务，即精干主业。

（资料来源：http://wenku.baidu.com/view/7b8919c14028915f804dc2b2.html）

本章小结

一、知识点

市场是买卖双方进行交换的场所。人口、购买力和购买欲望被称为市场构成三要素，这三个要素相互制约、缺一不可，只有三者结合起来才能构成现实的市场，才能决定市场的规模和容量。

市场营销是指以满足人类各种需求和欲望为目的,通过市场将潜在的可能的交换变为现实交换的一系列活动过程。企业在市场营销管理过程中主要包括五个相互紧密联系的步骤:分析市场机会,选择目标市场,确定市场营销战略,制定市场营销组合策略,组织、实施和控制市场营销活动。

物流市场营销是物流企业通过对物流服务市场的研究,开发出能够满足客户需求的物流产品,并通过采取整体营销行为使顾客的需求和欲望得到满足,同时实现物流企业利益目标的活动过程。物流市场营销的特点为物流服务的无形性、不一致性、不可分性以及易逝性等特点。

物流市场营销对于物流企业来说,具有极其重要的战略意义,关系到物流企业的生存和发展等重大问题。物流市场营销也是市场经济发展的必然要求,有利于企业实现差别化经营和提高物流企业的绩效。

二、关键概念

市场、市场三要素、全过程营销、物流服务、物流市场营销

思考题

1. 物流企业有哪些不同的类型?与同学讨论你所知道的物流企业。
2. 如何正确看待市场营销观念的变迁?
3. 如何正确理解物流市场营销的特点?
4. 物流市场营销的任务有哪些?

案例分析

中国速递服务公司简介

中国速递服务公司为中国邮政集团公司直属全资公司,主要经营国际、国内EMS特快专递业务,是中国速递服务的最早供应商,也是目前中国速递行业的最大运营商和领导者。公司拥有员工20 000多人,EMS业务通达全球200多个国家和地区以及国内近2000个城市。

EMS特快专递业务自1980年开办以来,业务量逐年增长,业务种类不断丰富,服务质量不断提高。除提供国内、国际特快专递服务外,EMS相继推出国内"次晨达"和"次日递"、国际承诺服务和"限时递"等高端服务,同时提供代收货款、收件人付费、鲜花礼仪速递等增值服务。

EMS拥有首屈一指的航空和陆路运输网络。依托中国邮政航空公司,建立了以上海

为集散中心的全夜航航空集散网，现有专用速递揽收、投递车辆20 000余部。覆盖最广的网络体系为EMS，实现国内300多个城市间“次晨达”“次日递”提供了有力的支撑。

EMS具有高效发达的邮件处理中心。全国共有200多个处理中心，其中北京、上海和广州处理中心分别达到30 000平方米、20 000余平方米和37 000平方米，同时，各处理中心配备了先进的自动分拣设备。亚洲地区规模最大、技术装备先进的中国邮政航空速递物流集散中心也已于2008年在南京建成并投入使用。

EMS还具备领先的信息处理能力。建立了以国内300多个城市为核心的信息处理平台，与万国邮政联盟（UPU）查询系统链接，可实现EMS邮件的全球跟踪查询。建立了以网站（www.ems.com.cn）、短信（10665185）、客服电话（11185）三位一体的实时信息查询系统。

EMS一贯秉承“全心、全速、全球”的核心服务理念，为客户提供快捷、可靠的门到门速递服务，最大限度地满足客户和社会的多层次需求。2005年先后荣获“中国消费者十大满意品牌”“全国名优产品售后服务十佳”和“中国货运业快递信息系统和服务规范金奖”等奖项。

（资料来源：http://www.ems.com.cn/）

【案例讨论题】

1. 中国速递服务公司提供的产品和服务有哪些？
2. 结合市场营销观念的变迁，谈谈你对中国速递行业发展的看法。

第二章

物流市场营销环境

学习目标

◆ 知识目标 ◆

(1) 掌握物流市场营销环境的概念和特点；

(2) 掌握物流市场营销宏观环境和微观环境；

(3) 了解物流市场营销环境分析方法。

◆ 能力目标 ◆

培养分析物流市场营销环境的能力。

◆ 引导案例 ◆

“一带一路”大战略为中国物流产业转型升级带来机遇

融入“一带一路”大战略，加快物流产业转型升级大会暨远成集团战略发布盛典18日在人民大会堂举行。本次大会以“创新、论道、共赢”为主题，基于“一带一路”国家战略，展开物流产业转型升级、行业发展趋势和战略投资方向的研讨与思考。

中国物流与采购联合会会长何黎明指出，“一带一路”战略的提出和实施，得到了国际社会的高度关注，也为我国物流业发展带来了新的机遇和挑战。“一带一路”以及我国产业、产品和投资“走出去”，物流企业加快提升自身实力、强化服务能力“走出去”。大规模、通道化和多向辐射的国际物流需求，无疑为我国物流企业规模发展带来重大机遇。但是，我国多数物流企业对“走出去”既缺乏认识，更缺乏实战经验，无疑面临重大挑战。

远成集团董事长黄远成先生指出，习主席倡导的“一带一路”大战略实施以来，为中国物流业的发展带来了新的契机和希望。远成集团将以创新、协调、绿色、开放、共享的发展理念来推动物流业转型升级，共同迈向命运共同体。

远成集团经过近三十年的拼搏发展，在物流领域积淀了深厚的业务基础与丰富的运营经验。据介绍，远成集团在“一带一路”、长江经济带、京津冀区域都有长远的发展规划布局，目前已在西南的成都、遂宁，西北的西安、西宁、兰州，华东的上海，东北的沈阳，华南等物流区域枢纽节点都有物流设施和物流业务的布局。

（资料来源：http://news.ifeng.com/a/20151220/46756993_0.shtml）

物流企业的市场营销行为既受企业内部条件的影响，同时也受外部环境的制约。任何企业都是在一定的外部营销环境中从事营销活动，外部营销环境必然会影响和制约着物流企业的营销战略和营销活动。目前，我国物流业正呈现出良好的发展态势。

物流企业应能正确认识自身所处外部环境，客观、冷静地做出营销决策，准确地开展营销活动，关注并研究物流企业外部营销环境的变化，根据企业的实际环境与行业发展趋势，制定相应的营销策略并不断调整，充分利用各种市场机会，防范可能出现的风险，扬长避短，如此才能确保企业在竞争中立于不败之地。

第一节　物流市场营销环境概述

物流市场营销环境的内容既广泛又复杂。不同的因素对营销活动各个方面的影响和制约也不尽相同，同样的环境因素对不同的物流企业所产生的影响和形成的制约也大小不一。

一、市场营销环境的含义

市场营销环境泛指一切影响和制约企业市场营销决策与实施的内部条件及外部环境的总和。市场营销环境是指影响物流企业市场营销活动及其目标实现的各种因素和动向。如供应商、顾客、文化与法律环境等。

市场营销环境包括微观环境和宏观环境。微观环境是指与物流企业紧密相连，直接影响物流企业营销能力的各种参与者,包括物流企业本身、顾客、竞争者以及社会公众。微观环境直接影响与制约物流企业的营销活动,多半与物流企业具有或多或少的经济联系,也称直接营销环境,又称作业环境。

宏观环境是指影响物流企业营销活动的社会性力量和因素,主要是经济、政治、法律、科学技术、社会文化及自然生态等因素。宏观环境一般以微观环境为媒介去影响和制约物流企业的营销活动,因此宏观环境又被称作间接营销环境。当然在特定场合,宏观环境也可直接影响物流企业的营销活动。宏观环境因素与微观环境因素共同构成多因素、多层次、多变的物流企业市场营销环境的综合体。

营销环境的内容比较广泛,可以根据不同标志加以分类。基于不同观点,营销学者提出了各具特色的对环境分析的方法,美国营销学之父菲利普·科特勒则采用划分为微观环境和宏观环境的方法。他认为,微观环境与宏观环境之间不是并列关系,而是主从关系,微观环境受制于宏观环境,微观环境因素都要受宏观环境中各种力量的影响。

二、市场营销环境的特征

(一) 客观性

物流企业总是在特定的社会、市场环境中生存、发展的。市场营销环境作为一种客观存在,是不以企业的意志为转移的,有着自己的运行规律和发展趋势,对营销环境变化的主观臆断必然会导致营销决策的盲目与失误。也就是说,企业营销管理者虽然能认识、利用营销环境,但无法摆脱环境的制约,也无法控制营销环境,特别是间接的社会力量,更难以把握。营销管理者的任务在于适当安排营销组合,使之与客观存在的外部环境相适应。

物流企业不能改变政治法律因素、社会文化因素等,但物流企业可以主动适应环境的变化和要求,制定并不断调整市场营销策略。事物发展与环境变化的关系,适者生存,优胜劣汰,就物流企业与环境的关系而言,也完全适用。有的物流企业善于适应环境就能生存和发展,有的物流企业不能适应环境的变化,就难免被淘汰。

(二) 差异性

不同的国家或地区之间,宏观环境存在着广泛的差异,不同的物流企业,微观环境也千差万别。正因为营销环境的差异,物流企业为适应不同的环境及其变化,必须采用各有特点和针对性的营销策略。

环境的差异性也表现为同一环境的变化对不同物流企业的影响不同。例如,中国加入世界贸易组织,意味着大多数中国物流企业要面对来自外资物流企业的竞争,进行“国际性较量”,而这一经济环境的变化,对不同行业所造成的冲击并不相同。物流企业应根据环境变化的趋势和行业的特点,采取相应的营销策略。

（三）动态性

构成营销环境的诸因素都受众多因素的影响，每一环境因素都随着社会经济的发展而不断变化。外界环境随着时间的推移经常处于变化之中，市场营销环境是一个动态系统。

营销环境的变化，既给物流企业提供机会，也对物流企业造成威胁，虽然物流企业难以准确无误地预见未来环境的变化，但可以通过市场调研和预测，追踪不断变化的环境，及时调整营销策略。

（四）相关性

营销环境的相关性是指各环境因素间的相互影响和相互制约。某一环境因素的变化会引起其他因素的互动变化，物流企业营销活动受多种环境因素的共同制约。例如，竞争者是物流企业重要的微观环境因素之一，而宏观环境中的政治、法律因素或经济政策的变动，均能影响一个行业竞争者加入的多少，从而形成不同的竞争格局。

（五）层次性

从空间上看，营销环境因素是个多层次的集合。第一层次是企业所在的地区环境，例如当地的市场条件和地理位置。第二层次是整个国家的政策法规、社会经济因素，包括国情特点、全国性市场条件等。第三层次是国际环境因素。这几个层次的外界环境因素与企业发生联系的紧密程度是不相同的。

三、分析市场营销环境的意义

(1) 营销环境对物流企业营销管理职能来说是外部因素，但对企业营销管理的能力、对开展和保持与目标顾客之间的成功交易却有着重大的影响。

微观环境直接影响物流企业营销能力的各种参与者。物流企业内部其他部门与营销部门利益的一致性显而易见，但物流企业营销活动的成功，还应为顾客、供应商和营销中间商带来利益，实现多方共赢并造福于社会公众。即使是竞争者，也存在互相学习、互相促进的因素，在竞争中，有时也可采取联合行动，甚至成为合作者。

(2) 分析营销环境的目的，在于寻求营销机会和避免环境威胁，重视市场营销环境的动态性和企业营销环境的适应性。

虽然物流企业营销活动必须与其所处的外部环境和内部环境相适应，但营销活动绝非只能被动地接受环境的影响，营销管理者应采取积极、主动的态度能动地去适应营销环境。就宏观环境而言，物流企业可以以不同的方式增强适应环境的能力，避免来自环境的威胁，有效地把握市场机会。在一定条件下，也可运用自身的资源，积极影响和改变环境因素，创造更有利于物流企业营销活动的空间。

(3) 营销管理者应密切注意市场环境的变化和营销策略的配合。

营销管理者虽可控制物流企业的大部分营销活动,但必须注意营销决策对环境的影响,不得超越环境的限制;营销管理者虽能分析、认识营销环境提供的机会,但无法控制所有有利因素的变化,更无法有效地控制竞争对手;由于营销决策与环境之间的关系复杂多变,营销管理者无法直接把握物流企业营销决策实施的最终结果。

(4) 物流企业市场营销环境包含的内容既广泛复杂,同时又表现在因果之间存在着交叉作用,存在着矛盾关系。

市场环境因素经常处于不断变化之中。环境的变化既有环境因素主次地位的互换,也有可控性质的变化,还有矛盾关系的协调。随着我国社会主义市场经济体制的建立与完善,市场营销宏观环境的变化也将日益显著。

第二节 物流市场营销宏观环境

市场营销宏观环境是指那些作用于微观营销环境,并因而给物流企业造成市场机会和环境威胁的主要社会力量,包括政治、经济、自然、科学技术以及社会文化等因素。这些因素代表物流企业不可控制的变量,物流企业及其微观环境的参与者,均处于这些宏观环境因素的影响与制约之中。

一、政治环境

政治环境泛指一个国家的社会制度,执政党的性质,政府的方针、政策,以及国家制定的有关法令法规等。目前,世界格局处于和平时代,我国政局也处于历史上最稳定时期,因此,物流企业的政治环境主要应关注国家经济政策和与物流业发展有关的法律和法规。

其中,国家经济政策主要表现为产业、能源、价格、环保以及财政与货币政策等。如国际规则、行业惯例、国民经济和社会发展计划纲要、《关于加快我国现代物流发展的若干意见》《关于促进运输企业发展综合物流服务的若干意见》、全面削减关税,开放农产品市场,开放批发、零售、运输市场政策、《中华人民共和国水路运输服务业管理规定》《汽车货物运输规则》《国内水路货物运输规则》《港口货物作业规则》《中华人民共和国水上安全监督行政处罚规定》《中华人民共和国国际海运条例》《道路零担货物运输管理办法》《上海航运交易所管理规定》等法律法规在不同方面、不同程度地影响着物流业的发展。

目前,尽管有些国际规则对我国物流企业的发展提出了较高的要求,但总的来说,国内外政治环境对我国物流企业的营销活动具有巨大的促进作用。

从事国际市场营销的物流企业,必须对相关国家的法律制度和有关的国际法规、国际惯例和准则进行深入的学习研究并在实践中遵循。

◆ 背景资料 ◆

国际快递巨头在中国的变化

UPS、FedEx、DHL、TNT 四大快递公司在 20 世纪 80 年代陆续来到中国，但短短十几年，这四大快递公司已经占据了中国国际快递业务 80% 的市场份额。

四大快递巨头刚进入中国时，由于政策限制，只能选择原外经贸部下属的中国最大的物流企业——中外运集团作为合作伙伴。因此，包括 TNT 在内，四大快递巨头的快递业务无一例外地都与中外运集团有着密切的关系。但是随着政策的解禁，FedEx 已转投入大田公司怀抱，成立了大田—联邦快递公司；而 TNT 在 15 年约期期满后，也离中外运而去，与名不见经传的超马赫公司合资。所有这一切，在 TNT 首脑们看来是顺应中国市场的发展要求做出的必然选择。

（资料来源：节选自 http://www.examw.com/huoyun/anli/189888/）

二、经济环境

经济环境是继政治环境之后、对物流企业营销活动的影响最直接，也是最主要的环境因素。经济环境包括消费者收入因素、消费结构、经济体制、经济发展阶段、地区发展状况、产业结构、货币流通状况七个方面。

从消费者收入因素来说，目前，我国经济正处于快速发展时期，国民收入和人均国民收入、居民收入水平呈快速增长之势，个人可任意支配的收入也出现快速增加；从消费结构来说，我国消费呈现出多层次性，少数家庭的消费已经达到富裕型或比较富裕型，一部分家庭达到小康型，多数为温饱型，还有一部分家庭为贫困型；从经济体制来说，我国已逐步建立社会主义市场经济体制；从经济发展阶段来说，我国既有一部分现代化工业、经济比较发达地区，同时又有大部分手工和半手工劳动、生产力总体水平相对落后的经济不发达地区；从地区发展状况来说，我国各地区经济发展不平衡，在东、中、西部三大地带之间，其经济发展水平客观上存在着东高西低的总体区域趋势。

同时，在各地带的不同省市，还呈现着多极化发展趋势：从产业结构来说，第一产业国民生产总值和就业人口比重将逐渐下降；第二产业国民生产总值略有上升，但就业人口可能不变；而第三产业无论是就业人口还是国民生产总值都将逐步上升；从货币流通状况来说，我国目前正从 2007—2009 年环球金融危机的阴影中走出来，并有从通货紧缩向通货膨胀发展之势。当前，处于我国不同地区的物流企业应根据自己所处的不同的经济环境做出不同的营销决策。

三、自然环境和科技环境

（一）自然环境

自然环境因素是人类最基本的活动空间和物质来源，包括国家或地区的自然地理位置、气候、资源分布、海岸带及其资源开发利用等。地理位置是制约物流企业营销活动的一个重要因素,中国人向来重视"天时、地利、人和",其中,"地利"则主要与地理位置、气候条件以及资源状况等自然因素相关。

天然的深水港口往往会成为航运类物流企业必选的物流基地。如上海作为东部沿海的最大港口,地理位置优越,交通发达、海陆空联系便捷,再加上正在建设成为国际经济、金融、贸易以及航运中心,众多的国内外物流企业纷纷进驻上海,从事物流活动。

气候条件及其变化会影响到物流企业的营销活动,如很多物品季节性强、对气候的变化非常敏感,这都会影响到物流企业的营销组合(如运输工具、运输线路等)的设计。某些自然资源短缺或即将短缺,如石油短缺将会影响到交通工具的选择和交通运输成本的大小,也可推动沼气等资源开发,从而导致管道运输物流方式的进一步发展。环境污染日益严重将会要求物流企业充分考虑生态保护问题而进行绿色物流。

因此,物流企业从事市场营销活动万万不可忽视自然环境的影响,而应在不同时机根据不同自然环境进行灵活变通。

(二)科技环境

科学技术是社会生产力的新的和最活跃的因素。作为营销环境的一部分,科技环境不仅直接影响物流企业内部的生产和经营,还同时与其他环境因素相互依赖、相互作用,特别是与经济环境、文化环境的关系更紧密,尤其是新技术革命,给物流企业市场营销活动既造就了机会,又带来了威胁。

随着科学技术的发展,各种现代化交通工具和高科技产品层出不穷,它们既为物流企业提高服务水平和质量提供了技术支撑,也为物流企业进行市场营销活动的创新提供了更为先进的物质技术基础。以信息技术为例,很多企业应用了全球卫星定位系统、条形码技术、射频技术、EDI(电子数据交换)、POS(销售时点信息管理系统)、ECR(有效客户信息反馈)、ACEP(自动连续补货)、QR(快速响应)。以管理信息系统为例,有MIS(管理信息系统)、ERP(企业资源计划)、DRP(分销资源计划)、CRM(客户关系管理)、SCM(供应链管理)等。

在实际工作中,以电子技术、信息技术、网络技术为一体的电子商务平台,实现了数据的快速、准确传递,提高了仓库管理、装卸运输、采购、订货、配送发运、订单处理的自动化水平,使包装、保管、运输、流通、加工实现一体化以及提高了进行结算、需求预测、物流系统设计咨询、物流教育与培训方面的服务能力。

在海运方面,船舶的大型化,装卸机械的高速化、自动化,运输方式的集装箱化,大宗货物的散装化,前所未有地提高了远洋运输能力。总之,科学技术为物流企业从事市场营销活动提供了强力支持,也大大提高了物流企业面向客户提供全面、准确、高效、经济的综合物流服务能力。

四、社会文化环境

社会文化环境是由价值观念、宗教信仰、伦理道德、风俗习惯、审美观念等构成的，它影响着人们的欲望与行为。物流企业不能忽视社会文化环境影响的分析，这对开辟新的目标市场非常重要。

例如，价值观念不仅会影响人们对物流企业的认识，而且会影响顾客的兴趣与偏好，导致需求差异的形成，催生特色物流服务；宗教信仰和风俗习惯则会禁止或抵制某些行为和活动的进行，从而对物流营销活动产生影响；伦理道德和审美观念也会影响物流客户对物流企业的态度和认识，从而影响他们的购买活动。因此，物流企业营销人员在进行目标市场营销时，一定要对目标市场的社会文化环境进行深入的调查、了解，进而采取相应的营销决策。

◆ 背景资料 ◆

新加坡物流业的发展环境

新加坡位于马来西亚半岛南端，地处印度洋与南中国海的分界处。西部、南部和东部，分别是印度尼西亚、马来西亚的沙捞越和文莱。北隔柔佛海峡，以1056米的长堤与马来西亚半岛通连，居太平洋和印度洋航运要道马六甲海峡的出入口，是世界海运的十字路口之一。

随着世界经济的发展，新加坡较好地利用了良好的地理条件，积极发展现代物流业，在亚洲国家中占得了先机，物流规模特别是国际贸易物流位居亚洲前列，物流管理技术在亚洲具有优势，成为亚洲乃至国际性的区域物流中心。

一、物流产业具有支柱地位

目前，在人口仅有400多万的城市国家新加坡，物流业对GDP贡献在9.4%左右，物流相关公司8000多家，物流业从业人员达18万人。

新加坡的物流业较为发达，较突出地反映在专业物流企业发展环境较好，规模较大，3PL成为在新加坡较具影响力的企业，从而奠定了其在新加坡经济中的支柱地位。

据2012年的一项调查显示，新加坡工业及商业企业运用物流组织管理技术和运用专业化的3PL服务非常普遍，约60%的新加坡企业使用3PL服务，其中有83%已经是3年以上的3PL服务客户。超过90%的使用者认为，3PL的服务能帮助他们降低成本，并对3PL提供的物流服务十分满意，这是新加坡3PL服务产业化发展的重要基础。

此外，世界知名物流企业如敦豪、联邦快递、辛克等都在新加坡设立了区域总部。再加上与互联网结合，新加坡物流业更以电子物流的全新经营模式，发展出一套独具特色的网络供应链管理系统(ISCM)，吸引跨国企业利用新加坡物流业的优势，构建亚太地区的外包供应网，让跨国企业专注于产品研发及市场营销，提高国际竞争力，从而更加巩固了新加坡物流业的支柱地位。

二、物流效率高,技术先进

新加坡物流业的发展,得益于较高的物流运作效率。新加坡港务集团是世界上效率最高的集装箱码头经营管理机构之一,在该机构的合理、高效运作下,新加坡全国集装箱年吞吐量超过6763万TEU(标准箱),多年来一直位居全球前两位(与香港在规模上相当)。

新加坡的3PL服务业广泛采用高效率的仓库设施和合理使用仓库储存空间,并运用信息技术,积极发展即时网上存货搜寻、货物跟踪及管理系统,为港口间、港口与内陆物流企业间、物流企业与服务对象间进行信息共享和及时传递物流信息创造了条件。此外,新加坡还建设了一批具有世界一流水准的配送中心,使其成为高效物流服务的基础。

新加坡在物流信息技术上的优势,还表现在其技术和人才的输出上,我国的深圳、广州、上海、大连、青岛、苏州等重要港口和工业、商业城市,在物流企业经营、人才引进上均有新加坡企业的参与。其中,广州港、大连港已吸收新加坡资本和技术参与建设和经营,深圳的新科安达等已成为我国较为知名的3PL服务企业。

三、政府积极支持物流业的发展

新加坡政府干预经济的发展在世界上既具有知名度,也是较为成功的。新加坡物流业的快速发展即得益于政府的大力支持。政府支持物流行业发展的政策,主要包括地税优惠、研究发展的资助和提供各项教育与在职培训计划。如新加坡国立大学与以工业和制造工程著名的美国佐治亚州科技学院携手合作,设立了“物流学院”,该学院的发展基金来自不同的公营团体和私营企业的拨款。

由于得到政府的大力支持,新加坡的物流行业投资规模较大,且有强大的推动力和持续性。1996年,新加坡物流行业的固定资产就达到了11亿新元,比上一年增长了70%。

新加坡物流业的发展,还在于其在政策上对物流业进驻新加坡投资没有限制,其良好的物流服务环境还吸引了大批国际著名企业在新加坡设置企业及物流运作基地,如汽车业巨头戴姆勒—克莱斯勒公司最近宣布投资8000万美元,由卡特彼勒物流公司负责,在新加坡建立其除北美和西欧之外最大的区域物流中心,负责向亚太及日本约20个国家和地区的市场供应零部件,以加强回应客户需求,减少运输时间,并提供更好的服务。预计该物流中心明年启用后,将创造6亿美元的年销售额。

此外,在机械制造业方面,知名的轴承制造商SKF也与新加坡Accord物流公司签订了15年、总额达4000万美元的物流服务合约,由Accord物流公司为其新建物流中心,向其提供物流配送服务。

四、大力发展电子化物流

现代物流业与传统物流业的重要区别在于信息技术的广泛应用,包括计算机技术、网络技术、条形码及扫描技术、GPS技术等。新加坡作为一个开放的自由贸易城市,具有发达且完善的交通信息和电信通信网络，以此为基础，新加坡物流业近年来成长迅速。

借助新加坡CWT物流公司建立的ISCM，DuPontCorian公司及其经销商能方便地进行在线物流管理与库存控制作业，并在其B2B门户平台上传输即时物流信息，整合仓储、运输管理以及电子计划与配置系统，成为一个在线、可读取且易操作的信息平台。ISCM的构建，使DuPontCorian的经营成本降低了15%。

此外，新加坡政府还计划将新加坡的化学工业以电子商务为重点，发展产业供应链管理体系，让面临利润趋薄且激烈竞争的化学工业，凭借物流外包，得以降低成本和实现高效经营。美国通用旗下的GE Plastics公司选择新加坡作为在亚太地区的电子商务中心，成立了一个电子商务专责小组，新加坡国家贸易发展局配合推动产业推广，引进整合型的物流系统，连接化学工业上下游的厂商，并对化学工业人员提供在线培训，构建以网络为基础的生产、销售、物流运作体系。随着企业信息化的不断演进，新加坡物流业充分展现出它在产业供应链管理体系中担当的重要角色，促进了物流业的不断发展。

五、积极发挥物流协会的作用

在物流业发达国家，行业协会在物流业发展中的作用较大。在现代物流技术的发展中，传统的物流行业协会并未抱残守缺，而是纷纷调整结构和功能，适应发展需要。在新加坡，航空货运业协会曾在其物流业发展中扮演了重要角色，但为了适应现代物流业的发展，现已正式改名为新加坡物流协会（SLA），反映出货运业发展的大趋势。

新加坡航空货运业协会成立于1973年，改名为新加坡物流协会（SLA）以后，其宗旨也随即发生了改变，目的是要将新加坡建成世界级的枢纽港，为客户提供物流解决方案的专业知识和管理经验。目前，该协会有会员公司212家，协会将制定一套物流行业标准，积极组织职业培训，担当政府联系企业的桥梁。

（资料来源：http://www.chinawuliu.com.cn/xsyj/201303/07/212562.shtml）

第三节　物流市场营销微观环境

物流市场营销微观环境是指对物流企业服务其目标市场的营销能力构成直接影响的各种因素的集合。包括物流企业现有竞争者的竞争、潜在进入者的威胁、替代品的压力、顾客讨价还价能力、供方讨价还价能力等。

一、现有竞争者的竞争

物流企业的营销活动是在一群竞争者的包围和制约下进行的，现有竞争者是指已在物流行业中的现有物流企业。作为物流企业，不仅要分析整个物流行业的竞争格局，还要找出主要竞争对手，分析其主要竞争对手的战略动向、发展方向，研究其竞争实力。目前，我国物流企业的竞争者不仅有国内竞争者,还有实力非常强大的国外竞争者。

据中国物流与采购联合会组织通告:2014年度我国前50强物流企业物流业务收入共达8233亿元,其中第1位的中国远洋运输(集团)总公司,物流业务收入为1441.5亿元,第50位是新时代国际运输服务有限公司,物流业务收入为22.4亿元。这些公司相互之间对我国其他物流公司构成了巨大的竞争威胁。

此外,从国际咨询机构 Armstrong & Associates 根据全球第三方物流2014年营业收入得出50强排名,其中 DHL(德国邮政)力压群雄排行第1名、K&N(德迅)第2名、DB(辛克)第3名、日本通运第4名、罗宾逊第5名、CEVA第6名、DSV第7名、中外运第8名、泛亚班拿第9名、SDV第10名。中国唯一一家进入10强的中外运从去年第10名前进到第8名。DHL、日本通运公司、TNT等渗透我国物流市场的外资企业都位于排行榜前列,它们不仅对我国进入世界50强的两家公司构成了竞争威胁,更使我国其他物流企业面临巨大的竞争压力。

二、潜在进入者的威胁

潜在进入者是指可能参加竞争的物流企业,即可能加入物流行业的新企业。任何一种物流产品的生产经营,只要有利可图都将招来新的进入者。这些潜在进入者进入物流市场后即成为新进入者,它们怀有强烈的占有市场份额的欲望,通常具备丰富的资金实力等资源,其竞争力往往不容小觑。它们一方面将促进物流市场的发展;另一方面也为原有物流企业带来了挑战和压力,威胁着同行其他企业的市场地位。

潜在进入者进入威胁的大小是由进入壁垒和现有物流企业的反击所决定的。其中,进入障碍包括规模经济、整合成本、产品差异、资本需要、转换成本的能力、接近分销渠道的程度、与规模无关的成本等。

潜在进入者对于现有物流企业的反击预期也将影响其进入行为。近几年,我国物流业得以蓬勃发展,潜在进入者越来越多。因此,现有物流企业想要保有或拓展市场份额,就必须加大营销力度,在进入壁垒上多下功夫,提升自身的竞争力。

三、替代品的压力

在物流行业中,替代品是指同样的物流业务可采用成本较低的物流方案来实现。各种运输方式在不同情况下可以相互取代,如随着我国2009年高速铁路的出现,其经济、安全、快速的特性就迅速取代了许多800里以内的航空业务,也同时取代了部分普通铁路客运卧铺的市场份额。

事实上,替代品设置了物流业务可谋取利润的定价上限,从而限制了物流行业的收益。物流企业在营销活动中,既要考虑现有竞争对手和潜在竞争对手,还应多多观察替代品的竞争情况,否则会产生"营销近视症",不利于物流市场营销。

四、顾客讨价还价能力

顾客讨价还价能力是指物流客户向物流企业施加的压力。顾客是物流企业服务的对象,同时也是产品销售的市场和物流企业利润的来源。每一顾客市场都有其自身的特点,物流企业必须研究影响每一个顾客市场的各种因素,如研究其购买欲望、购买需求、购买能力和购买方式,从而对它们进行细分,在细分的基础上,进行物流企业目标市场的选择和定位。

顾客对物流公司施加压力的手段主要有三种:压低价格、要求较高的物流产品质量、要求更多的物流服务项目。此种能力的强弱取决于众多物流企业的特点和顾客要求的此种服务对物流企业的重要程度。当出现大批量、集中购买、购买产品占其成本很大、购买标准服务产品、买方转换成本低、买方盈利低、服务对客户产品的质量无重大影响、买方掌握了充分信息等情况时,顾客讨价还价能力就会增强。因此,物流企业在进行营销时,应善于识别物流市场上不同顾客的购买特征,并进行区别对待,为顾客提供优质、高效、便捷的物流服务。

五、供方讨价还价能力

供方即供应商,是指物流企业从事物流活动所需各类资源和服务的供应者。包括为物流企业提供设备、工具、能源及土地和房产的供应商;提供信贷资金的金融机构;为物流企业提供人力资源的中介机构;为物流企业生产经营过程提供各种劳务和服务的机构等。

供应商对物流企业营销活动的影响主要表现在三个方面,一是供应的可靠性,即资源供应的保证程度,这将直接影响物流企业的服务能力和交货期;二是资源供应的价格及其变动趋势,这将影响到物流企业服务的成本;三是供应资源的质量水平,这将直接影响到物流企业提供的服务质量。

供方向物流公司施加压力的手段主要有两种方式:提价、维持原价但降低产品的质量和服务。当供方集中化程度高、物流公司并非供方的主要客户、供方产品成为物流公司的主要投入资源、供方产品已采用差异化营销、供方采用前向一体化策略时,供方讨价还价能力将会大大增强。这将会直接影响到物流企业提供的服务质量及其盈利空间。因此,物流企业不能一味追求与大供应商合作,而应根据自身实际情况来选择供应商,与其建立彼此间的信任、互惠互利关系,在质量得到保证的情况下降低营销成本,实现营销目标。

任何物流企业都不可能单独服务于某一顾客市场,完全垄断的情况在现实中很不容易见到。而且,即使是高度垄断的市场,只要存在可能的满足需求的替代品,就可能出现潜在的竞争对手。所以,物流企业在某一顾客市场上的营销努力总会遇到其他物流企业的包围或影响,这些和物流企业争夺同一目标顾客的力量就是物流企业的竞争者。

市场营销观念告诉我们,物流企业要在激烈的市场竞争中获得成功,就必须充分了解自己的竞争对手,并比竞争对手能更有效地满足目标顾客的需求。因此,识别自己的竞争对手、时刻关注竞争对手并随时做出相应的对策也是关系物流企业成败的关键。

◆ 背景资料 ◆

"猫狗大战"再升级　天猫抄底京东拼物流

近日,阿里宣布进军北京市场,直捣京东主阵地,"猫狗大战"再次升级。《2015 年上半年中国网络零售市场监测报告》显示,天猫以压倒性的 57.7% 市场份额稳居第一宝座,京东只圈走 25.1% 份额。然而奇怪的是,一直保持市场领导者地位的天猫却开始四处狙击仍处在亏损状态的京东,为什么?

2015 年年初,马云曾断言:京东将来会成为悲剧,并对京东供应链的自营模式与自建物流的重资产模式嗤之以鼻,然而短短不到一年的时间内,京东的物流体系已经让阿里忌惮。

相对于大家普遍看好的轻资产模式,京东却执意采取"自建物流+自营"模式,反其道而行背后的逻辑是什么?京东集团 CEO 刘强东认为,这背后真正的商业价值,不仅是考虑用户体验,而是京东看到了一个机会,中国社会化物流成本奇高无比。据他介绍,2014 年,国家公布的社会化物流成本占 GDP 总值 17.8%,而整个中国制造业的利润都没有 17.8%。

于是京东坚定地走在自建物流路上。通过这几年的不断拓展,目前京东已进入中国 2106 个区县,2 万个乡镇,覆盖了 46 000 多个村庄,并已有超过 166 个库房。为"211 限时达""次日达""晚间配送""预约配送""货到付款"等服务提供了强有力的保障。

而阿里虽然也一直在扶持"菜鸟"网络,但其在线下网点布局上依然存在较大的短板,这也是阿里苏宁"世纪联姻"的主因之一。通过与苏宁的互补,阿里不仅收获了一个在 3C 家电市场上有话语权的大家电商户,也为其物流的发展找到了一个得力帮手。

(资料来源:http://www.56products.com/News/2015-10-15/EK8ED05G5F127EG351.html)

第四节　市场营销环境分析

市场营销环境分析即监测跟踪市场营销环境发展趋势,发现市场机会和威胁,从而调整营销策略以适应环境变化。

一、物流市场微观环境分析

物流市场微观环境分析主要从两方面进行,即:①市场机会:指对企业营销活动富有吸引力的领域，在该领域该企业拥有竞争优势。②环境威胁：指环境中不利于企业营销的因素的发展趋势，对企业形成挑战，对企业市场地位构成威胁。

常用的分析方法：矩阵分析法(见图 2-1～图 2-3)，具体分析步骤如下。

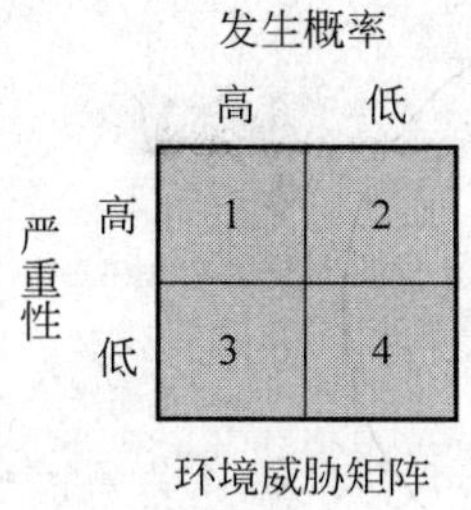

图 2-1 环境威胁矩阵分析

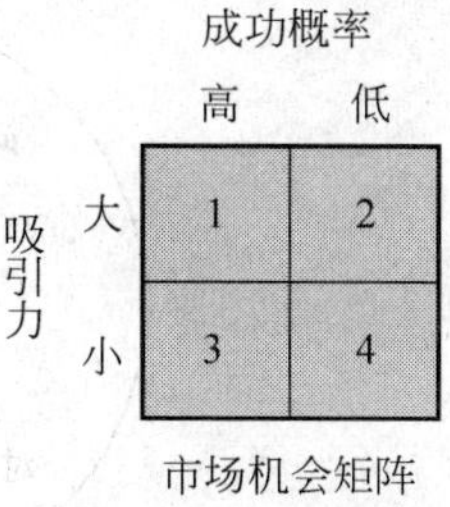

图 2-2 市场机会矩阵分析

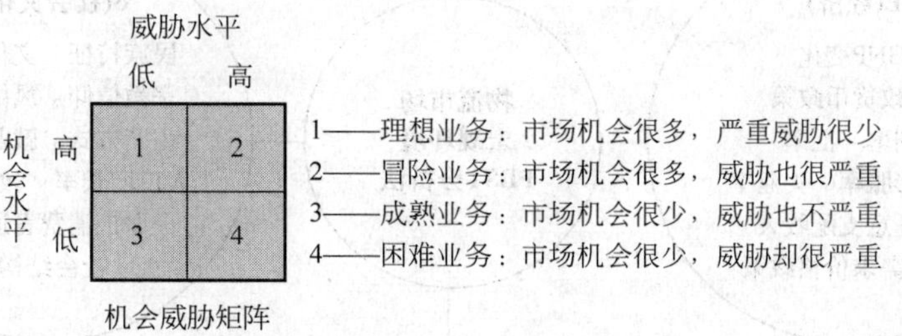

图 2-3 机会威胁矩阵分析

1. 环境威胁矩阵分析

图 2-1 中，1 为关键性的威胁，会严重危害公司利益且出现可能性大，应准备应变计划。2 和 3 为无须准备应变计划，但需密切关注，可能发展成严重威胁。4 为威胁较小，可不加理会。

2. 市场机会矩阵分析

图 2-2 中，1 为最佳机会，应准备若干计划以追求其中一个或几个机会。2 和 3 为应密切注视，可能成为最佳机会。4 为机会太小，可不予考虑。

3. 机会威胁矩阵分析

企业市场对不同的业务应采取不同的营销对策。

(1) 对理想业务：必须抓住机遇，迅速行动；

(2) 对冒险业务：不宜盲目冒进，也不应迟疑不决，坐失良机；

(3) 对成熟业务：可作企业常规业务，用以维持企业的正常运转；

(4) 对困难业务：要么努力改变环境走出困境、减轻威胁；要么立即转移，摆脱困境。

二、物流市场宏观环境分析

物流市场宏观环境分析常用 PEST 分析法，如图 2-4 所示。

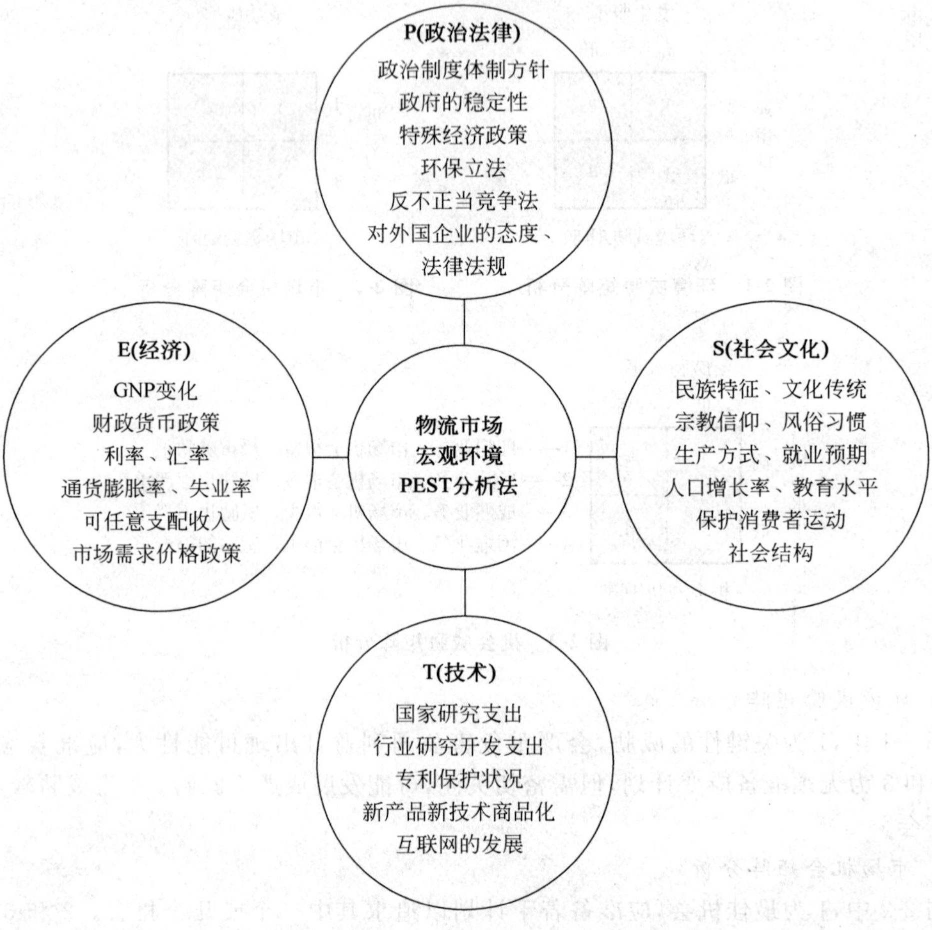

图 2-4　PEST 分析法

PEST 分析法主要从四个方面对物流市场宏观环境进行分析。

(1) P(政治法律)：政治制度体制方针、政府的稳定性、特殊经济政策、环保立法、反不正当竞争法、对外国企业的态度、法律法规。

(2) E(经济)：GNP 变化、财政货币政策、利率、汇率、通货膨胀率、失业率、可任意支配收入、市场需求价格政策。

(3) S(社会文化)：民族特征、文化传统、宗教信仰、风俗习惯、生产方式、就业预期、人口增长率、教育水平、保护消费者运动、社会结构。

(4) T(技术)：国家研究支出、行业研究开发支出、专利保护状况、新产品新技术商品化、互联网的发展。

◆ 背景资料 ◆

国内货运 APP 之路：一半海水　一半火焰

"滴滴""快的"的风行为货运业抛出一个问题：货物能不能像人一样，通过类似"滴滴打车"的 APP 平台找个车把自己送至目的地？货运 APP 借此而生。借助"互联网＋"的东风，2015 年 6 月 19 日，罗计物流牵手北京福田戴姆勒汽车达成战略合作伙伴。据了解，罗计物流智慧平台有"罗计找车""罗计找货"APP，通过信息匹配撮合货源方与司机方交易，2014 年 12 月该 APP 上线，现有司机端客户 125 万，货主端客户 112 万，日货源数达到 12 万条。

且不论罗计这一成果究竟如何，最近一段时间，国内车货匹配平台不胜枚举，货运 APP 尤其活跃，据不完全统计，目前市场上各种类型、功能不一的物流信息平台达上百个之多。那么，如此之多的货运 APP 其发展之路到底怎样呢？

一、被热炒的货运 APP

据交通部运输司最新数据显示，物流行业有 700 多万户小微物流公司和 2000 多万货运司机，由于信息不对称，每年有高达 600 多亿元的信息费支出，并且车辆有效利用率不足 50%，回程空放严重。"欧美国家货车司机平均每天行驶里程在 1000 千米左右，而中国的货车司机只有 300 千米。"大量时间浪费在等货、配货上，过高的物流空载率对中国 3000 万货车司机来说，是心中无法言说的伤痛。目前，充斥市场的 200 多款货运 APP 的涌现似乎为国内这一物流顽疾开出一味良药。与此同时，货运 APP 之盛行在一定程度上预示着公路物流运输在车货匹配发展之路上迈出了拥抱互联网的第一步，但从当前现状来看，这一步走得显然有点乱象丛生。

2014 年以来热度不减的货运 APP 从其构建主体来看就有着繁复的背景与出处。不难看出，无论是车企还是物流园区或者网络公司都针对货运市场货找不到车、车找不到货的矛盾用尽全力出招。

从目前市场上推出的货运 APP 来看，一类是由车企依托运输车辆推出，陕汽的"车轮滚滚"，东风汽车推出的"快召货车"是较为典型案例；另一类是由物流园区方推出的车货匹配软件，这类 APP 主要依托园区资源优势将线下信息优化转移到网络，典型代表为传化的"易配货"、林安的"我要物流"、天地汇整合物流园区推出的"i 配货"等；还有一类是由快递物流公司打通线上线下推出的货运 APP，汇通天下发布的"G7 货运人"等；此外，由网络科技公司推出的货运 APP，比如"货车帮""运满满""好多车""物流小秘"等，罗计物流智慧平台的 APP 由最初的"骡迹物流"衍生而来，也是典型的由网络科技公司运营的货运 APP 之一。

那么,在国内公路物流领域货运APP缘何被一再热炒?理论上来说,通过网络快速有效对接传统意义上的空车与货源的匹配是货运APP最具吸引力的一点。罗计物流CEO宋睿在接受中国卡车网记者采访时表示,从司机和货主的体验看,罗计从四个方面改变了传统的物流体验:借助移动互联网提高了供需信息匹配的效率;绕过信息"黄牛"从而降低了司机的成本;提前订好返程运输的货物,因此降低了货车空驶率,也提高了司机的收入;通过软件的司机评价体系,建立了完善的信用保障机制。而这些也正是目前困扰整个物流产业链上的顽疾。

二、遇冷终端的尴尬

一路热炒的货运APP在终端推广应用中却一再遇冷。由不同构建主体推出的货运APP运营侧重点也有所不同。有以车联网综合服务为重点,也有偏向于车货匹配,还有提出多维度货运匹配服务。虽然由构建主体来看,从互联网跨界者,到物流园区经营者,再到快递物流运输人、车企,不同的主体对货运APP具备带有各自特色的管理运营思路,但是目前市场上"看上去很美"的货运APP在实际应用中均收获遇冷终端的尴尬处境。

以小有斩获的货运APP为例。"货车帮"在2014年9月底交出的答卷为:16.7万家物流企业用户,65万台中长途货运车辆。"物流小秘"截至2015年1月,积累注册认证用户超过8万,日均用车订单超过4000单。开篇提及的罗计物流APP平台现有司机端客户125万,货主端客户112万,日货源数达到12万条。由此可见,市面现有的货运APP收罗的用户数还是远远低于全国范围内3000万的货车司机数量。

货运APP至今未能出现一款如"滴滴""快的"一样市场占有率非常高的软件有着多重原因。物流沙龙创始人潘永刚认为,这与货运行业的特质有关,出租车属于政府管控的行业,是用牌照制固化下来的市场,格局非常稳定,它的流程短且规范化,所以出现一种新的模式,可以迅速颠覆性抢占市场。对比而言,物流行业范畴广,市场格局分散程度非常高,再加上整个流程比较长,流程的规范化程度不够,而且传统的物流企业信息化程度非常低,对于这么庞大的行业来讲,APP的发展需要非常漫长的培育周期。

三、未来出路在哪里

移动互联网是时下最具潜力,也是最具影响力的网络技术,其便利与高效毋庸置疑。货运APP正是"互联网+物流"的探究性推广案例。

如何推广?如何吸引更多车与货的资源?如何拥有主导市场的话语权?这是困扰市场上众多货运APP发展的最主要问题。实现车与货之间的真正匹配,绝不是实现一台车和一批货的匹配那么简单,但或许正是从一台车和一批货的匹配开始的。要赢得用户,吸引更多车货资源,拥有市场主导权,需要解决的不外乎是诚信与支付体系两个层面。

物流诚信,包括多个方面,从货源真实、车辆真实到交易确认。只有从这些环节保证真实有效的诚信度才能赢得用户的信赖并提升黏着度。在支付层面,应该说这是用户最根本的利益层面。目前的物流最为常见的支付交易有打卡、头付30%、尾结清,那么货运

APP 如何确保支付安全，选择线上交易还是线下交易是关键，究其根本，为终端用户提供一套合理、安全、可靠的支付交易体系才是王道。

按照宋睿以及众多货运 APP 构建方的想法，利用移动互联网技术改造传统物流行业，让物流行业重新焕发活力，释放市场存量的货运 APP 显然是一场多方收益的非零和博弈。从车主到货源方再到整个物流行业、互联网行业，甚至对于货运 APP 自身都是一种优化和提升。

在一半是海水一半是火焰的货运 APP 之路上，众多前行者中的一员罗计物流以期通过与国内领先的重卡生产企业福田戴姆勒汽车的战略合作来作为其站稳市场的又一落脚点。依托欧曼品牌重卡拥有超过 80 万的市场保有量，800 多家经销商，3400 多家服务商与 2000 多家配件店的“车”资源来布局未来的下一步棋，罗计或许也为货运 APP 行业提供了一个可供参考与借鉴的发展思路。

有业内人士分析说，在货运 APP 领域，一家独大基本上不大可能，未来市场或许会趋于细分化，至 2020 年，或将有部分货运 APP 从竞争中优胜劣汰冒出来。笔者以为，这也许和快递公司曾经的发展状况有些相似，在无数雨后春笋般涌现的快递物流公司中，最终形成顺丰、“四通一达”的快递物流合理并存局面。道路是曲折的，前途是美好的。我们期待不久的将来可以有一个更为合理与完善的货运 APP 发展局面。

（资料来源：http://mt.sohu.com/20150629/n415829971.shtml）

本章小结

一、知识点

物流市场营销环境是指物流企业营销职能外部的不可控制的因素和力量，是与物流企业营销活动有潜在关系的所有外部力量和相关因素的集合，它是影响物流企业生存和发展的各种外部条件。环境是物流企业不可控制的因素，物流企业市场营销活动要以环境为依据，主动地去适应环境，重视研究市场营销环境及其变化，是物流企业市场营销活动的最基本的课题。

物流市场营销环境包括微观环境和宏观环境。微观环境是指与物流企业紧密相连，直接影响物流企业营销能力的各种参与者，包括物流企业本身、顾客、竞争者以及社会公众。宏观环境是指影响微观环境的一系列巨大的社会力量，主要是经济、政治、法律、科学技术、社会文化及自然生态等因素。宏观环境因素与微观环境因素共同构成多因素、多层次、多变的物流企业市场营销环境的综合体。

物流市场营销环境分析，主要采用 PEST 分析法和矩阵分析法分别对宏观环境和微观环境进行分析，从而有利于物流企业做出科学的营销决策。

二、关键概念

物流市场营销环境、宏观环境、微观环境、物流市场营销环境分析

思考题

1. 如何理解物流市场营销环境的特征?
2. 物流市场营销环境包括哪些具体的方面?
3. 如何看待物流市场营销环境对于营销策略和效果的影响?
4. 谈谈你对传统货运企业或仓储企业营销环境的分析。

案例分析

阿里巴巴以约283亿元战略投资苏宁云商

中国经济网南京2015年8月10日讯　今天下午,阿里巴巴集团与苏宁云商集团股份有限公司共同宣布达成全面战略合作,共启商业未来。根据协议,阿里巴巴集团将投资约283亿元人民币参与苏宁云商的非公开发行,占发行后总股本的19.99%,成为苏宁云商的第二大股东。与此同时,苏宁云商将以140亿元人民币认购不超过2780万股的阿里巴巴新发行股份。双方未来将展开全面合作,为中国乃至全球消费者提供更加完善的商业服务,引领中国零售行业变革提效。

一、电子商务将无处不在

中国经济网获悉,公开资料显示,2000—2014年,我国社会消费品零售总额增长了541.50%,年复合增长率12.82%。中国网购交易规模在2009—2013年的复合增长率达65%,远高于同期社会消费品零售总额15%的增长水平。上述数据均显示,这是一个充满活力并且开放的市场。

阿里巴巴此次与苏宁云商战略合作,被视为落实国家"互联网+"战略,线上与线下商业全面融合的一个标志性事件。双方的用户将成为直接受益者,享受到线上线下融合的便捷购物体验。过去数十年企业积累的能力和资源,将能够真正实现社会化开放,打造真正的社会企业。

当日下午,阿里巴巴与苏宁云商共同召开主题为"认真做梦　踏实做事　始于坚持　成于开放"的新闻发布会。

阿里巴巴集团董事局主席马云出席了双方战略合作发布会并表示,十几年的时间,电子商务迅速从无到有,从小到大,未来三十年,电子商务必将从大到小,从有到无。在这样一个时代,我们不能追求做一家赚钱的大公司,垄断的心态将会丧失历史给予我们这代人

的机遇。基于互联网“开放、透明、分享、利他”的精神，我们必须参与和推动新的商业服务，新的商业合作，新的商业生态，打造未来社会的经济基础设施。只有这样才能确保长江后浪推前浪，才能确保创造、创新、创意无处无时不在，绵绵不绝。

据了解，签署战略协议后的阿里巴巴和苏宁云商，将携手整合双方优势资源，利用大数据、物联网、移动应用、金融支付等先进手段打造O2O移动应用产品，创新O2O运营模式；双方将尝试打通线上线下渠道，苏宁云商辐射全国的1600多家线下门店、5000个售后服务网点以及下沉到四五线城市的服务站，将与阿里巴巴强大的线上体系实现无缝对接。

截至目前，苏宁物流拥有452万平方米仓储面积，8个全国航空枢纽、49个区域物流中心，未来苏宁物流将成为“菜鸟”网络的合作伙伴，合作后的物流几乎覆盖全国所有2800个区县，服务阿里巴巴和苏宁，未来也有望向第三方开放。

二、消费者享受全新购物体验

阿里巴巴集团CEO张勇表示，对这个时代我们要心存感恩和敬畏，真心实意地感谢、拥抱和服务选择阿里巴巴的每一个用户。从今天起，商业不会因为市场竞争有新旧之分，而是你中有我，我中有你，无商不电，无电不商，是传统经济与新经济的相互拥抱，这就是“互联网＋”，这也是“＋互联网”。

可以想见，通过双方的优势互补，越来越多的消费者将能够获得前所未有的购物体验，既能享受到网上购物的便利和乐趣，也能获得实体店的体验与服务，鱼与熊掌皆可兼得。

消费者不但在线上零售平台有海量商品可供选择，而且可以在线下实体店进行亲身体验。下单后，消费者无须排队，便可方便地付款，而且能享受零利率分期等各种消费金融服务。

在随后的商品配送O2O环节，效率将明显提升。网络完善的菜鸟物流在苏宁自有配送体系的配合下，利用阿里巴巴大数据和云计算的优势，能够智能化定制最佳配送方案，商品最快两小时之内就能送达。上门安装、维修、退换等售后服务也将变得便利，依托苏宁遍布全国的1600多家门店等资源，消费者无论在线上或是线下购物，都可以就近获得相应的售后服务。

三、新商业形态打破场景限制

苏宁云商副董事长孙为民表示，“我们一致认为，大家可以优势互补，一起探索O2O的标杆和典范，力求能够为中国的消费者做一些事情。”从今年上半年的情况来看，苏宁云商的互联网零售发展已经进入了收获阶段。创新的云店模式得到了消费者极大的认同，可比门店同比增长8.92%；互联网增长远超行业，线上增速超过了100%。苏宁的供应链和物流能力也在不断提升，仓储面积达到500万平方米，在中国90%的城市实现“次日达”。

苏宁云商和阿里巴巴的合作,将打破场景限制、优化消费路径、提升配送效率、完善售后服务,而消费者将享受这一系列的服务变革。对于合作双方来说,改变的不仅仅是零售平台,而且将形成包括大数据、云计算等环节在内的更加丰富的商业生态,以数字时代新商业的全新面貌实现合作共赢。站在中国商业史的角度,此次合作具有里程碑式的意义。

"我们今天所做出的决定或将开启中国商业零售的新篇章,更好地推动'传统企业+互联网',推动'互联网+传统企业'。"苏宁云商董事长张近东出席发布会时,认为此次合作具有全球性意义,并表示,"阿里志在全球,苏宁也已经在海外落地。我们今天开创的合作模式在全球范围来讲也是领先的,一旦我们在中国成功实践,也将可以进行全球复制,从而把'互联网+'的模式带向全球、助推中国品牌畅销全球。"

(资料来源:http://business.sohu.com/20150810/n418537693.shtml)

【案例讨论题】

1. 如何理解阿里巴巴与苏宁云商联合的重要作用?
2. 结合你使用淘宝网的感受,谈谈你对目前物流企业竞争环境的看法。

第三章

物流市场营销调研和预测

学习目标

◆ 知识目标 ◆

(1) 掌握物流市场营销调研概念和特点；

(2) 学习物流市场营销调研步骤；

(3) 掌握物流市场营销调研和预测的方法。

◆ 能力目标 ◆

培养利用市场调研信息进行分析和研判市场的能力。

◆ 引导案例 ◆

网络时代物流企业的变化

物流，即物品从供应地向接收地的实体流动过程，根据需要，将运输、储存、装卸、搬运、包装、流通加工、配送、信息处理等基本功能实施有机结合。物流企业即提供上述服务的实体或组织。

在网络时代，物流企业发生了很大的变化。

1. 信息化的普及

著名物流专家王之泰教授曾经说过，"物流的灵魂在系统，物流的关键在管理”,可见信息技术在物流行业的应用不同一般,而以信息技术为主的电子商务部门已经成为现代物流企业中不可缺少的核心力量,为实施网络营销提供了技术基础。

2. 竞争对手多样化

由于网络使海量的商业信息透明化、全面化、实时化,使自己的竞争优势非常容易被竞争对手所熟知、模仿并超越;物流行业技术壁垒也较低,也使物流企业面临着众多其他类似企业的竞争。

3. 客户需求多样化

在电子商务环境下,企业与客户间存在比传统商务环境下更多的接触点:电子邮件、呼叫中心、网站留言、专用的支付手段和合作伙伴的内部网或外部网,等等,方便了客户对企业行为的反馈,也增加了客户对企业的期望,客户要求享受快速、及时、便利和快速响应的服务,增加了物流企业的管理难度。

(资料来源:节选自 http://blog.tianya.cn/post-3866140-52747965-1.shtml)

以现代市场营销的理念看,营销管理者的任务就是在满足消费者的需求和欲望的前提下达成企业的利润目标。物流企业营销管理人员为完成上述任务,需要对企业的可控因素,如产品、定价、分销和促销等策略进行综合运用,制定有效的整合市场营销策略,做好这项任务的前提就是收集全面和可靠的市场信息,并且进行科学的分析,为市场营销决策提供依据。

因此,开展市场营销调研,建立市场背景资料系统,对企业的信息资源进行全面科学的管理是物流企业制定市场营销决策的前提与基础。管理者必须重视对市场营销调研的管理和研究。

第一节 物流市场营销调研

一、物流市场营销调研概述

(一)物流市场营销调研的定义

物流市场营销调研是物流市场营销调查研究的简称,也被称为市场调研、营销调研或市场研究等。它是指物流企业为了提高市场营销决策质量,采用科学的调查方法和技术,系统地开展营销信息收集、整理、分析和研究,并得出一定的营销结论的活动和过程。通过物流市场营销调研,物流企业可以掌握市场的发展变化现状和趋势,为市场预测提供科学依据。物流市场营销调研是物流企业市场营销活动的起点,同时也贯穿于整个营销活动的始终。

物流市场营销调研具有三个基本功能，即描述、诊断与预测。其作用表现在以下三个方面。

(1) 物流市场营销调研是企业制定正确的物流市场营销决策的基础；

(2) 开展物流市场营销调研有利于发现物流市场机会，开拓新市场；

(3) 物流市场营销调研有利于物流企业改善经营管理，提高企业竞争力。

物流市场营销调研具有以下几个特征。

1. 目的性

物流市场营销调研是个人或组织的一种有目的的活动，是各类物流企业解决市场营销问题，提供营销决策支持的一系列活动。

2. 系统性

物流市场营销调研是一个系统的过程。物流市场营销调研不是单个的资料记录、整理分析活动，而是一个周密策划、精心组织、科学实施，由一系列工作环节、步骤、活动和成果组成的过程。

3. 社会性

物流市场营销调研主体、客体、内容均具有社会性。物流市场营销调研的主体是具有丰富物流行业知识的专业人员，客体是具有丰富内涵的各类企业，包括农业生产企业、制造企业、商贸企业等。物流市场营销调研的内容也具有社会性，往往是为了解决社会性问题。比如，针对运输企业成本的市场调研，是为了解决运输企业成本太高、效率低下的问题，为全社会提高物流运输效率，降低社会物流总成本挖掘原因，寻找解决办法。

4. 科学性

物流市场营销调研必须采用科学合理的技术、方法、手段，在时间和经费有限的前提下，合理安排整个调研分析过程，获取尽可能多的、准确的物流信息，并对信息进行科学的分析，为企业的科学经营决策提供依据。

5. 不确定性

物流市场营销调研受多种因素的影响，其中很多因素具有不确定性。

6. 时效性

物流市场营销调研应及时捕捉市场上任何有用的情报、信息，及时分析、及时反馈，为物流企业的经营管理适时地制定与调研营销策略创造条件。

7. 准确性

物流市场营销调研的收集、整理、分析过程必须实事求是，尊重客观事实，切记用主观臆断代替科学的分析。资料收集时的造假行为、数据分析时的主观臆断都可能造成信息的失真。

8. 效益性

物流市场营销调研是一项费时、费力、费钱的工作，不仅需要人的体力、脑力支出，还要利用一定的物质手段,如租赁一些统计设备,提供答谢礼品等,这些花费可多可少。在进行物流市场营销调研时,必须讲究经济效益,争取以最少的投入取得最好的效果。

上述特征说明,物流市场营销调研本身不是目的,既服从于物流市场营销活动,同时也是其重要的有机组成部分。物流市场营销调研是一项复杂的工作,需要科学的理论和方法指导,同时也需要科学的组织和管理。

(二)物流市场营销调研的基本内容

物流市场营销调研的基本内容从识别市场机会和问题、制定营销决策到评估营销活动的效果,涉及物流企业市场营销活动的各个方面。主要包括:物流市场竞争调研、宏观环境(经济、交通、人口等)调研、物流市场需求和客户行业变化趋势调研、客户购买动机调研、物流细分市场调研、产品定位调研、物流市场价格行情调研、物流分销调研、广告调研、客户满意度调研等。

(三)物流市场营销调研的类型

根据研究的问题、目的、性质和形式的不同,物流市场营销调研一般分为如下四种类型。

1. 探测性调研

探测性调研又叫探索性调研、初步调研,它是市场营销调研人员在研究之初对所欲研究的问题或范围还不很清楚,不能确定到底要研究些什么问题而进行的简单调研。其目的是针对市场营销所关注的问题,探寻关键的变量和主要的联系,为探寻解决问题的途径而获取数据资料,为正式深入调研做好准备。

探测性调研往往要求方法简单,时间简短,关键是发现问题所在。因此主要是通过查阅和依据现有的历史资料与类似案例,或是通过向熟悉调研对象的有关业务人员、专家进行请教,或是召开有关顾客代表的座谈会。

例如,某个物流企业的运营收入近期一直下降,但为何下降?是运输质量出现问题?还是市场上出现更新的运输线路,还是竞争对手抢占了市场?对这些问题,物流企业可以通过探测性调研来查找产生问题的原因。

2. 描述性调研

描述性调研是通过详细的市场调研和分析,对市场营销活动的某个方面进行客观的描述。大多数的市场营销调研都属于描述性调研。例如,市场潜力和市场占有率、客户结构、竞争企业状况的描述等。

描述性调研所要了解的是有关问题的相关因素和相关联系,回答"什么""何时""如何"等问题,并不回答"为什么"的问题。描述性调研的结果通常说明事物的表征,并不涉及事物的本质及影响事物发展变化的内在原因。

与探测性调研相比,描述性调研的目的更加明确,研究的问题更加具体。由于这种调研注重于事实资料记录,所以大多采用问卷调查法和观察法来收集资料。

3. 因果性调研

因果性调研的目的是为了挖掘市场某一问题的关联现象或变量之间的因果关系而进行的专题调研。描述性调研可以说明某些现象或变量之间相互关联，但要说明某个变量是否引起或决定着其他变量的变化，就需要用到因果性调研。因果性调研的目的就是寻找足够的证据来验证这一假设。

因果性调研强调调研方法的科学性，有关市场变量的选择要考虑它们的相关性、出现时间的先后顺序及量化的因果关系模式，较常采用的方法是实验法。比如，物流企业不但要了解市场占有率，还要了解市场占有率上升或下降的原因。

4. 预测性调研

预测性调研是对市场未来可能出现的情况所做的调研。这类市场调研事实上是调研方法在市场预测中的应用，它将市场调研与市场预测有机地结合起来。预测性调研必须在说明目前市场状况的基础上，充分考虑影响市场的各种因素及影响程度，进一步说明市场将来可能是怎样的。它所获取的数据资料具有较高的实用价值，是物流企业进行市场营销决策的重要依据。

二、物流市场营销调研的步骤

物流市场营销调研是一项十分复杂的工作，要顺利地完成调研任务，必须有计划、有组织、有步骤地进行。但是，物流市场营销调研并没有一个固定的程序可循。一般而言，根据调研活动中各项工作的自然顺序和逻辑关系，物流市场营销调研包括五个步骤：确定调研主题、制订调研方案、收集信息、分析信息和撰写调研报告，如图 3-1 所示。

（一）确定调研主题

在很多情况下，企业针对市场营销中出现的或要解决的问题，只是提出一个大致的调研范围或意图。为了保证调研结果与预期目标的一致性，首先必须确定调研的主题，弄清：为什么要调研？调研中要了解什么？调研结果会有什么用处？谁想知道调研的结果等问题。

为此，通常需要做以下几项准备工作。

(1) 查阅资料：收集整理物流市场营销相关的历史记录与二手资料。

(2) 专家咨询：访问企业内外的专业人员或行业专家。

(3) 试点调研：在物流客户中做非正式调研。

通过对调研主题进行一些初步的探测性调研，为确定调研主题寻找方向，为制订调研方案提供可靠的客观依据。

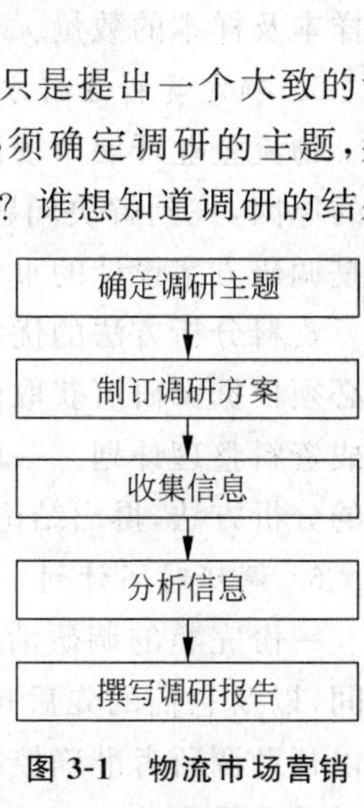

图 3-1 物流市场营销调研的步骤

（二）制订调研方案

市场调研方案是指导调研工作顺利执行的详细蓝图，对调研高效、顺利进行至关重要,它往往决定着市场调研的成败。市场调研方案涉及市场调研活动多个方面,通常包括以下内容。

1. 明确市场调研的目的

市场调研方案设计的第一步是在确定调研主题的前提下明确调研目的。调研目的不同,调研项目的方法、对象、时间、地点等一系列内容也往往不同;而且一旦调研工作正式开始,调研目的就是评价调研工作必要性与价值的标准。

2. 确定市场调研内容

在确定调研目的的基础上,我们就可以进一步地明确具体的研究内容,即确定市场调研内容。调研内容是调研目的的细化,具有可操作性,是调研目的能否实现的标志;同时,调研内容中设计的调研问卷提纲和范围,决定了调研问卷是否能收集到本次调研所需要的信息,决定了调研工作的成败和成果的正确性。

3. 确定收集资料方法

收集资料方法是指资料获取的方法,一般包括二手资料收集文献法、网络调研法、焦点小组访谈法、深度访谈法、问卷调研法、观察法和实验法等。各种资料收集方法有各自不同的优缺点,我们应根据调研内容的具体情况选择一种或多种结合使用,一般来说会综合两种以上的调研方法。

4. 确定抽样方法

根据调研范围的不同,市场调研分为普查和抽样调研。普查涉及范围广、工作量大、耗费人力物力多。通常情况下考虑到可行性和成本等因素,物流市场调研常采用抽样调研方法。抽样调研就是确定调研单位(总体)和调研对象(样本)的过程,要确定资料来源的样本及样本的数量。

5. 确定资料分析方法

物流企业开展市场调研的主要目的是通过分析调研活动收集的资料发现当前面临问题的原因,找到解决问题的方法。因此,如何处理收集到的资料是调研活动的重要内容,也是调研方案设计的重要内容。

资料分析方法的优劣直接决定了调研活动最后的价值和调研目的的实现。因此,我们必须根据调研可获取信息与资料性质的不同,预先对资料的处理和分析方法进行设计,形成资料整理计划。一般的资料整理计划包括资料处理的基本目标和要求,资料处理采取的分析方法,得出结论的形式等。

6. 调研时间计划

一份完整的调研活动方案还应包括调研工作的时间计划,即各项工作开始和完成的时间,以及它们的先后顺序,也就是我们调研工作进度表。通过设计调研工作的进度表,可以帮助调研者准确控制调研活动的开展,保证任务如期完成。进度表也能让管理者了解活动的进展情况,以此作为考核调研工作的一项标准。

制定进度表一般需要考虑整个调研活动安排中不同工作的特点、难易度、重要性、逻辑顺序，以及调研人员的能力等一系列的主客观因素，突出关键任务及其时间节点，进行科学的设计。

此外，还应考虑各种意外情况发生的可能性，使工作期限的安排留有一定的弹性和余地，以应付突发事件。

7. 调研组织计划

调研组织计划是调研活动顺利开展的保障，应根据调研工作的特点和对调研人员的要求确定。调研组织计划一般包括以下三个内容。

(1) 调研组织领导、机构设置。大型的调研活动往往需要很多人员的参与，因此需要成立相应组织机构来对调研人员进行分工、管理和监督，从而提高调研活动的效率，保证调研活动的顺利开展。

(2) 人员的配备情况。这是对调研活动工作分配的进一步细化，即落实每位调研人员的工作，如安排日常主持、配合人员、访问员等。预先对调研活动进行人员配备，能保证日后调研工作的顺利开展，避免出现部分工作无人承担或部分人员无事可干的现象。在进行人员配备时应注意运用一般人事管理的原则，根据工作的性质和人员能力进行有效匹配，并注意责、权、利的对等等问题。

(3) 人员的培训。调研人员的素质对调研活动的结果有一定影响，因此，需要对调研人员开展培训，如访问员的访问技巧培训、数据处理人员数据分析软件培训等。

8. 确定费用计划

开展市场调研活动必然会有一定的费用支出，因此在调研方案设计过程中应该编制费用预算。一般可以通过两种分类方式预算调研活动的费用。

(1) 通过估算调研各阶段的支出来分别计算。分别通过方案设计费用、调研表制作印刷成本、调查实施费用(包括调研咨询费、礼品费、访问员的劳务费、培训费用)、资料整理费用(计算机处理、分析产生的费用)、报告撰写费用、外地出差与专家会议费用六方面预算总费用。

(2) 通过估算调研各活动所需费用来分别计算。分别通过问卷设计费、调研管理费、人员培训费、购买资料、专家咨询费、调研员工资、差旅费、被访问者奖励费用、打印及印刷费、计算机处理费、统计分析与报告费及其他不可预见费用十二个方面费用预算总费用。

虽然这两种方法计算费用的形式不同，也可能还有其他形式的预算方法，但无论如何，进行预算费用时应尽量做到以下几点：

(1) 全面性，将可能出现的必要费用尽量全面地考虑在内，避免调研活动中出现不必要的麻烦；

(2) 节约性，保证实现调研目的的前提下，尽量节约调研费用；

(3) 准确性，预算的编制要求合理、公正，不随意多报、乱报或漏报。

（三）收集信息

获取第一手资料的方法有询问法、观察法和实验法等。每种方法都有各自的优缺点和适用范围，物流企业可以根据调研的实际需要进行选择。第二手资料来源有内部资料与外部资料之分。

内部资料是物流企业内部市场营销活动中记录与积累的资料，如客户订单、销售资料、库存情况、产品成本、销售损益等；外部资料是从官方统计机构、行业组织、专业市场调研机构、科研情报机构、金融机构、文献报刊等获得的资料。

（四）分析信息

分析信息的主要内容包括分析得到信息的渠道是否可靠准确，分析信息间的相互关系和变化规律。分析信息的一般程序为：对收集到的信息进行汇总、归纳和整理，对信息资料进行分类编号，然后对资料进行初步加工，再根据调研计划采用合适的统计分析方法进行定性分析与定量分析。

（五）撰写调研报告

在这个阶段，调研人员需将调研结果形成书面成果。物流市场营销调研报告虽然没有统一格式，但一般应包括引言、正文、结论与附件等部分。

根据使用对象的不同，调研报告一般分两种类型：一种是专业性报告，使用对象是市场研究人员，这类报告要求内容详尽，并介绍调研的全过程，说明采用何种调研方式、方法，对信息资料怎样进行取舍，怎样得到调研结果等；另一种是一般性调研报告，使用对象包括经济管理部门、职能部门的管理人员、企业的领导者等，这种调研报告要求重点突出，介绍情况客观、准确、简明扼要，避免使用市场调研专门性术语。这两类报告均可附上必要的图表，以直观地说明市场调研成果。

三、物流市场营销调研的方法

在营销调研的设计和执行阶段，要根据调研的目的和具体的研究目标，选择合适的调研对象，采用适当的调研方法和技术，获取完整可靠的信息。这些在实践中发展起来的方法和技术，既包含一些基本的操作程序，又涉及研究者的运用技巧，各自都有其适用的范围和优缺点。

（一）信息收集方法

信息收集方法通常有二手资料收集、深度访谈法、观察法、问卷调研法与实验法等。

1. 二手资料收集

二手资料又称现成资料、次级资料，是经他人收集、记录、整理的各种数据和资料的总称。对调研者而言，二手资料是已经存在的资料。任何一种营销调研问题都不可能是从未有过的，以前很可能有人做过同样或类似的调研。二手资料和调研者当前要研究的问题不一定完全吻合，只要相关适用即可。

2. 深度访谈法

深度访谈法是一种一对一、面对面的访谈，即市场调研人员和一名被调研者在轻松自如的气氛中，围绕某一问题进行深入的探讨。其目的是让被调研者自由发言，充分表达自己的观点和情感，逐步深入了解被调研者的想法，以发现其对特定问题的真正动机、信念、态度和感受。深度访谈法有结构式访谈和非结构式访谈两种类型。

结构式访谈通常采用开放式问卷，使被调研者能够根据自己对问题的理解作答，而不受事先设计好的答案限制。非结构式访谈则是市场调研人员没有事先设计好调查问卷，只准备有一个大致的访谈提纲。

深度访谈法的优点：消除群体压力，使被调研者感到受重视；可深入探查被调研者，揭示隐藏的感受和动机；近距离接触使被调研者对非语言的反馈更加敏感。

深度访谈法的缺点：比焦点小组访谈法成本高；焦点小组群体动力无法实现；访谈的无限制性，增加了分析的难度；容易受调研人员素质与偏好的影响。

3. 观察法

观察法是由调研人员用自己的感官或辅助工具直接地、有针对性地在现场观察调研对象的行为动态并加以记录而获取信息的一种方法。观察法分人工观察和非人工观察，在市场调研中用途很广。比如，研究人员可以通过观察消费者的行为来测定品牌偏好和促销的效果。随着现代科学技术的发展，人们设计了一些专门的工具来观察消费者的行为。

观察法可以观察到消费者的真实行为特征，其结果是客观的，是正在发生的市场现象，不带有任何人为的痕迹，它与实验条件下的观察结果不同，更能够反映动态的市场状态。但是观察法只能观察到外部现象，无法观察到调研对象的一些动机、意向及态度等内在因素。

4. 问卷调研法

问卷调研法以询问回答者为基础，向被调研者询问各种各样涉及他们的行为、意向、态度、感知以及生活方式等问题而获得资料的方法。根据访问形式不同，问卷调研法分为面谈访问、电话访谈、邮寄访问、网上访问等。

5. 实验法

实验法是指在一定的人工设计条件下，对所研究的现象的一个或多个市场影响因素进行操纵，以测定这些因素之间的关系，它是因果关系调研中经常使用的一种行之有效的方法。实验法来源于自然科学的实验求证，现在广泛应用于营销调研，是市场营销学走向科学化的标志。

实验法的优点是方法科学，能够获得较真实的资料。但是，大规模的现场实验往往很难控制市场变量，影响实验结果的内部有效性。实验室实验法正好相反，内部效度易于保持但难以维持外部有效度。此外,实验法实验周期较长,研究费用昂贵,严重影响了实验方法的广泛使用。

(二)抽样方法

大多数的市场调研采用抽样调研的方法。抽样调研是一种从全体调研对象(称为总体)中抽取部分对象(称为样本)进行调研研究,用所得样本结果推断总体情况的调研方式。抽样调研按照调研对象总体中每一个样本单位被抽取的机会(概率)是否相等的原则,可以分为随机抽样调研和非随机抽样调研两类。

1. 随机抽样调研

随机抽样也叫概率抽样,就是按照随机原则从总体中抽取部分单位来构成样本,以此推断总体数量特征。调研总体中每一个个体被抽到的可能性都是一样的,是一种客观的抽样方法。随机抽样方法主要有简单随机抽样法、等距抽样法、分层抽样法和分群抽样法。

(1)简单随机抽样法/单纯随机抽样法。就是在总体单位中不进行任何有目的的选择,完全按随机原则抽选调研单位。简单随机抽样法是随机抽样中最简单的一种。由于市场调研的总体范围较广,总体内部各单位之间的差异程度较大,一般不直接使用这种方法抽样,而是与其他抽样方法结合使用,只有在市场调研对象情况不明,难以划分组类或总体内各单位差异小的情况下才直接采用这种方法抽取样本。

(2)等距抽样法,又称系统抽样法。这种抽样是把总体各单位按一定标志顺序排序,然后按固定的顺序与间隔抽取调研单位。排列顺序可以用与调研项目无关的标志为依据,叫作无关标志排队。例如,按户口册、姓名笔画、地名、地理位置等排列;也可以用与调研项目直接或间接有关的标志为依据,叫作有关标志排队。在市场调研中,抽样间隔(或称抽样距离)可以依据总体单位总数和样本单位数计算确定。

(3)分层抽样法,也叫类型抽样或分类抽样。就是将总体单位按一定标准(调研对象的属性、特征等)分组,然后在各类小组中用纯随机抽样方法或其他抽样方法抽取样本单位,而不是在总体中直接抽取样本单位。

(4)整群抽样法/分群抽样法。整群抽样指将市场调研的总体按一定的标准(如地区、单位)分为若干群,然后在其中随机抽取部分群体单位进行普查的方法。此法与分层抽样的区别在于:分层抽样法分成的各层彼此之间差异明显,而每层内部差异很小,分群抽样正好相反,分成的各群彼此差异不大,而每群内部差异明显。从抽取样本方式上看,分层抽样每层都要按一定数目抽取样本,而分群抽样是抽取总群中的若干群,被抽出的群全部作为样本。

采用分群抽样法可以避免简单随机抽样可能遇到的一些问题。简单随机抽样抽取的样本可能极为分散,在各地都有,从而增加了调研往返的时间和费用。分群抽样法最主要的优点是:样本单位比较集中,进行起来比较方便,可以减少调研人员往返的时间,节省费用。其缺点在于样本只能集中在若干群中,不能均匀地分布在总体的各个部分,用以推断总体的准确性较差，但当群体内各单位间的差异性大，而群与群之间差异性小时，采用此法可以提高样本的代表性。

2. 非随机抽样调研

从调研对象总体中按调研者主观设定的某个标准抽取样本单位的调研方式，称为非随机抽样调研。这种抽样方法虽在样本的抽取方法上带有主观性，并会对总体推断的可靠程度产生影响，但由于它简单易行，可及时获取所需的信息资料，因此，在市场调研中常被采用。常用的非随机抽样主要有任意抽样法、判断抽样法、配额抽样法和滚雪球抽样法。

(1) 任意抽样法，也称便利抽样法或偶遇抽样法，是一种随意选取样本的方法，通常没有严格的抽样标准。例如，一些大城市做流动购买力调研，往往无法采取随机抽样法，而是在车站、码头、机场、旅馆或大商场，碰到外地旅客就随便进行询问调研。任意抽样法的基本理论根据，就是认为总体中每一样本都是“同质”的。

事实上，虽然有些总体的样本基本是“同质”的，但绝大多数总体中的样本是“异质”的。这种调研方式一般用于非正式的探测性调研。在总体中各样本的同质程度较大的情况下，运用任意抽样法也有可能获得具有代表性的调研结果。

(2) 判断抽样法，也叫目的抽样法。是按照调研者的主观经验判断选定调研单位的一种抽样方法。判断抽样有两种做法：一种是由专家判断决定所选样本，一般选取“多数型”或“平均型”的样本为调研单位。“多数型”是在调研总体占多数的单位中挑选出来的样本，“平均型”是在调研总体中挑选代表平均水平的单位；另一种是利用统计判断选取样本，即利用调研对象(总体)的全面统计资料，按照一定标准选取样本。判断抽样的样本代表性大小如何，完全凭调研者本身的知识、经验和判断能力而定。

如果总体中调研单位比较少，调研者对调研对象的特征了解得比较清楚，那么运用判断抽样所选择的样本也会有较大的代表性。判断抽样具有挑选样本简单快速的优点，在精确度要求不高的情况下，企业为了迅速获得解决日常经营决策问题的客观依据资料，常常使用判断抽样法。

(3) 配额抽样法，又称定额抽样法。具体做法是：先依据调研总体中的某些属性特征(控制特性)将总体划分成若干类型，再按分类控制特性将各类总体分成若干子体，依据各子体在总体中的比重分配样本数额，然后由抽样者主观选定样本单位。

(4) 滚雪球抽样法。在滚雪球抽样中，先选择一组调查对象。访问这些被调研者之后，再请他们提供另外一些属于所研究目标总体的调研对象，根据所提供的线索，选择此后的调研对象。这一过程会继续下去，形成滚雪球的效果。

滚雪球抽样法主要是用于估计十分稀有的人物特征，例如，名字不能公开的，可利用政府或社会服务的人员；特别的群体，如私家车的车主等。滚雪球抽样法的主要优点是可以大大地增加接触总体中所需群体的可能性。

(三) 问卷设计

在市场调研过程中，大多数原始信息是通过调研问卷为载体而获得的。因此，调研问卷的设计是一项十分重要的工作,它直接关系到调研工作的成效。

1. 问卷基本格式

一份完整的调研问卷通常是由问卷标题、调研说明、问卷填写说明、调研内容、致谢五个部分组成。

(1) 问卷标题。问卷标题主要是向被调研者表明本调研问卷的主题是什么。

(2) 调研说明。调研说明一般是在调研问卷的开头,这部分包括两个方面的内容:

一是向被调研者说明进行此项调研的目的、意义,让被调研者了解调研的意义,引起重视和兴趣,争取支持与合作;

二是请求被调研者的合作这一点很重要,因为市场调研是一项协商性调研,只有真诚地合作才能取得最佳效果,为此需用婉转请求的方式,取得对方的配合。

(3) 问卷填写说明。填写说明内容包括填写问卷的要求、调研项目必要的解释说明、填写的方法、填写注意事项、调研人员应遵循事项等的说明,其中一些内容简单明了的条目也可省略,或者只列出上述内容中的若干项。

(4) 调研内容。调研内容是调研问卷的主体.也是一份调研问卷的核心部分。这部分内容通常是由一系列问题组成,这部分内容的设计直接关系到这项调研所能获得资料的数量和质量,因而对调研内容本身的设计需要花较大的精力。有关设计过程中应遵循的原则和设计步骤将在后面介绍。

(5) 致谢。调研结束后,应向被调研者表示感谢。通常在问卷内容后面有一句感谢的话。

以上是问卷的基本结构,在有些问卷上除了这五部分内容外还有编码和作业记载等。

2. 问卷设计步骤

问卷设计没有统一的、固定的格式和程序,一般来说有以下几个步骤。

(1) 确定需要的信息。在问卷设计之初,市场调研人员首先要考虑的就是要达到研究目的、检验研究假设所需要的信息,从而在问卷中提出一些必要的问题以获取这些信息。

(2) 确定问题的内容。确定了需要的信息之后,再确定在问卷中要提出哪些问题或包含哪些调研项目。在保证能够获取所需信息的前提下,要尽量减少问题的数量,降低回答问题的难度。

(3) 确定问题的类型。问题的类型一般分为三类:①开放式问题。这种回答问题的方式可以获得较多的、较真实的信息。但是被调研人因受不同因素的影响,各抒己见,使资料难以整理。②多项选择题。这种问题应答者回答简单,资料和结果也便于整理。需要注意的问题是选择题要包含所有可能的答案,又要避免过多和重复。③是非问题。是非问题回答简单,易于整理,但有时可能不能完全表达出应答者的意见。

(4) 确定问题的词句。问题的词句或字眼对应答者的影响很大,有些表面上看差异不大的问题,由于字眼不同应答者就会做出不同的反应。因此问题的字眼或词句必须斟酌使用,以免误导或造成不正确的回答。

(5) 确定问题的顺序。问题的顺序会对应答者产生影响,因此,在问卷设计时问题的顺序也必须加以考虑。原则上开始的问题应该容易回答并具有趣味性,以提高应答者的兴趣。涉及应答者个人的资料应在最后提出。

(6) 问卷的试答和定稿。一般在正式调查之前,设计好的问卷应该选择小样本进行预试,其目的是发现问卷的缺点,改善提高问卷的质量。

◆ 背景资料 ◆

达州市委调研四川双龙物流园项目建设情况

日前,达州市委相关负责人带队到通川区调研四川双龙物流园项目建设情况。调研组一行实地察看了四川双龙物流园项目基地,现场听取了有关部门、企业代表关于项目建设情况的工作汇报。

双龙物流园以双龙铁路货运枢纽为中心,形成铁路—公路联合运输体系,主要服务和联动马踏洞片区、达州市农产品加工集中区、服务复兴商贸物流区、东岳新型建材园区,充分利用辖区各高速公路出入口及铁路货运站资源,形成以铁路货运为仓储龙头,以汽柴油、硫黄、煤炭、矿石、粮油等为主的现代化仓储区。力争通过五年的努力,到 2018 年将其打造成为立足川东、面向全国,集铁路货运作业、装卸、包装、保管、仓储、配送等为一体的配套完善、服务优质、运行高效、安全环保、管理先进、保障有效的物流中心区。

调研组指出,双龙铁路货运仓储物流区项目的实施对促进全市经济社会的发展具有重要作用,从达州市的整个产业规划全局来看项目规划,要做到定位明确,调查研究到位,科学制定和完善好项目规划。市级各相关部门要加强协作,整合区域内部资源,找准深挖发展潜力,对规划进行进一步修改完善,使之更符合实际,更具有指导性和操作性。要富有前瞻性和超前性规划设计,使双龙铁路货运仓储物流区项目成为通川的一张重要名片,为加快建设新通川、率先全面达小康奠定坚实基础。

(资料来源:http://www.scswl.cn/html/13/2015-10-09/content-119809.html)

第二节　物流市场营销预测

一、物流市场营销预测概述

(一) 物流市场营销预测的定义

物流市场营销预测是指物流企业依据历史统计资料和市场调研获得的分析研究结

果,运用科学的方法或技术,对市场营销活动及其影响因素的发展趋势进行预计与推测,得出符合逻辑的结论的活动和过程。

物流企业在市场调研的基础上,通过准确的市场预测,能够了解市场的总体动态和各种营销环境因素的变动趋势。市场营销预测是提高企业竞争能力的重要手段。物流企业要想在市场竞争中占据有利地位,必须在产品、价格、分销渠道、促销方式等方面制定有效的营销策略,使物流企业扬长避短,挖掘潜力,适应市场变化,提高竞争力和应变力。

(二)物流市场营销预测的原则

长期以来,人们从市场变化规律中总结出了市场预测的基本原则,并以此作为指导预测工作的重要准则。

1. 连续性原则

连续性原则要求预测对象的发展变化具有连续性。市场营销预测就是利用市场调研获得的过去与现在的资料,找出市场未来发展趋势的信息。

2. 系统性原则

预测对象的发展变化往往受许多因素的影响,所以物流企业在对某个预测对象进行预测时,必须对企业内外部因素作系统分析,这样才能克服预测的片面性,保证预测结果的准确性。

3. 类推性原则

类推性原则就是根据市场活动中的许多现象在结构、模式、性质、发展趋势等方面客观上存在的相似性,在已知市场上某一事物发展变化过程的基础上,通过类推的方法推演出相似事物未来可能的发展变动趋势。例如,根据发达国家的经验,当人均 GDP 达到或超过 6000 美元时,冷链物流将得到重视和快速发展。

我国沿海发达城市人均 GDP 已经远超这一标准,由此可以断定,冷链物流投资将得到重视,冷链物流产业将快速发展。

4. 概率性原则

概率性原则指的是市场的发展过程存在必然性和偶然性,而且在偶然性中隐藏着必然性,通过对市场发展偶然性的分析,提示其内部隐藏的必然性,可以凭此推测市场发展的未来。人们认为,任何一种事物的发展都有一个被认识的过程,在充分认识事物之前,人们只知道其中有些因素是确定的,有些因素是不确定的,即存在着偶然性因素。通过概率论与数理统计方法,人们可以从偶然性中发现必然性,以事物各种状态的随机概率,推算预测其未来的状态。

二、物流市场营销预测程序

为保证市场营销预测工作顺利进行,必须有组织、有计划地安排其工作进程,以期取得应有的成效。无论哪一种类型的预测,采取什么样的预测方法,其程序基本上是相同的。预测程序主要包括：确定预测目标、制订预测计划、搜集整理资料、数据处理与预测、评价预测结果、撰写预测报告六个步骤，如图 3-2 所示。

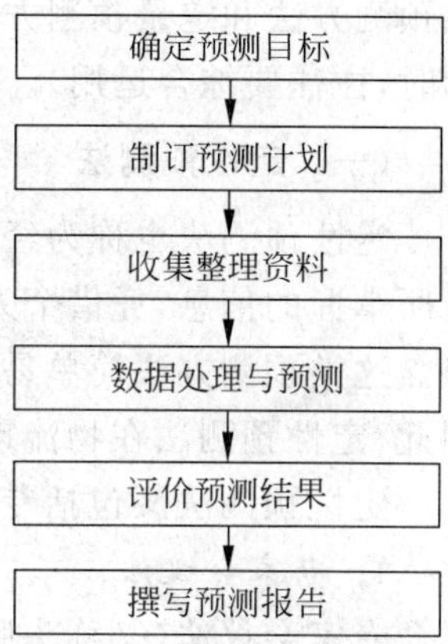

图 3-2　物流市场营销预测的步骤

（一）确定预测目标

物流市场营销预测首先要确定预测目标，明确目标之后，根据预测的目标去选择合适的预测方法、决定收集资料的范围与内容，做到有的放矢。

（二）制订预测计划

预测计划是根据预测目标制订的预测方案，包括预测的内容、项目、预测所需要的资料、准备选用的预测方法、预测的进程和完成时间、编制预测的预算、调配力量、组织实施等。预测的方法很多，各种方法都有其优点和缺点，有各自的适用场合，因此必须在预测开始根据预测的目标和目的，根据企业的人力、财力及物力，确定预测的方法。

（三）收集整理资料

按照预测方法的不同确定要收集的资料，这是物流市场营销预测的一个重要阶段。资料的收集和整理力求准确、全面、及时、适用，剔除偶然性因素造成的不正常情况，保证预测能顺利开展，提高预测质量。

（四）数据处理与预测

按照选定的预测方法，对已经获得的数据资料进行科学加工处理，计算预测结果。在选择预测方法之后，即可进行预测。如果是定性预测方法，就要对相关的调研资料进行编辑、汇总、分类、制表，并进行分析解释；若采用定量预测方法，就要将收集到的数据输入模型，进行运算并求出结果。由于存在随机性，还要对预测结果设置一定的置信区间。

（五）评价预测结果

得到预测结果以后，还要通过对预测数字与实际数字的差距分析比较以及对预测模型进行理论分析，对预测结果的准确和可靠程度给出评价。

（六）撰写预测报告

预测报告要准确记载预测目的、预测方法和参数、资料分析过程、最后结果以及建议等内容，做到数据充分、论证可靠、建议可行。预测报告也是对每一次预测工作的总结，在总结中认真分析不足，找出经验，以便提高预测者的预测水平。

三、物流市场营销预测方法

物流市场营销预测的方法很多，但不同的方法有不同的适用范围，有时也可以同时使用几种方法来对同一个预测对象进行预测。按方法性质的不同,可以将预测方法分为定性预测方法和定量预测方法两大类,而这两类方法并不是孤立的,在进行物流市场营销预测时,往往要综合运用。

(一) 定性预测法

定性预测法也称为经验判断法,是市场预测中经常使用的方法,它是根据依靠预测人员所掌握的信息,凭借个人的经验、知识和分析判断能力,预测市场未来的状况和发展趋势。这类预测方法简单易行,特别适用于那些难以获取全面资料进行统计分析的问题。因此,定性预测法在物流市场营销预测中得到广泛的应用。

定性预测法又包括专家会议法、德尔菲法、销售人员意见法、管理人员预测法。

1. 专家会议法

专家会议法(又称头脑风暴法)在一个时期里曾是使用最多的一种预测方法。这种方法的特点是采用开调查会的方式,将有关专家召集在一起,向他们提出要预测的题目,让他们通过讨论做出判断。

这种方法有它的优点和不足,优点包括效率高,费用较低,一般能很快取得一定的结论。其不足就是由于大家面对面的讨论,使一些与会者常常因迷信权威而不能讲出自己的观点,这很可能会使一些更好的想法被遗漏或被忽视。此外,若每一位专家都固执己见,不肯放弃自己的观点,则会难以统一意见,也会导致效率降低。

2. 德尔菲法

鉴于传统的专家会议法的局限性,在20世纪40年代由美国的兰德公司发展的一种新型的专家预测方法,即德尔菲法,所谓专家预测法通常特指德尔菲法。德尔菲是古希腊传说中的神谕之地,城中有座阿波罗神殿可以预测未来,故借用其名。

德尔菲法的特点是通过寄发调研表的形式征求专家的意见,专家在提出意见后以不记名的方式反馈回来,组织者将得到的初步结果进行综合整理,然后随表格反馈给各位专家,请他们重新考虑后再次提出建议。经过几轮的匿名反馈过程,专家意见基本趋向一致,并依此得出预测结果。其进行的步骤如下。

(1) 选择专家。选择与预测课题有关的在年龄、地区、专业知识、工作经验、预见分析能力以及学术观点上有代表性的专家参与预测。参加预测专家的数量可以根据企业的预测课题和本次预测预算确定。

(2) 拟定调研表。确定预测课题,并据此设计调研表,准备可供专家参考和使用的背景资料。

(3) 通信调研。将调研表和背景资料寄给选定的专家,要求他们在规定的时间里寄还调研人员。第一轮调研表收回后,要进行综合整理,分析出不同的预测意见,然后将这种初步结果反馈给每位专家,要求他们修改和完善自己的意见,再次预测。这样,经过几轮预测和反复,取得基本一致的预测结果。

(4) 预测结果的处理。在预测过程的每一阶段,对收集的专家意见都要利用科学的方法进行整理、判断、分析、归纳和分类等工作,以求对下一轮预测提供有用的信息。

专家预测法具有以下优势。

(1) 由于参加预测的专家较多,又采用通信的方式,具有一定的代表性。

(2) 从第二轮开始,每位专家都从背后资料了解别人的观点,这时是否还坚持自己的意见和先期预测,需要做出选择和准确的判断,要不断修改自己的意见,因此,最终得出的预测结果可能是比较科学合理的。

(3) 由于采用匿名的方式,专家之间的相互干扰和影响较小,预测结果容易反映未来发展的趋势。

(4) 节约费用。

德尔菲法也有不足,一方面,此方法花费时间较长,有时信函不能收回;另一方面,由于大家可能对一些不是主导因素的问题或不明确的问题过分敏感,分散注意力,而影响了结果的可靠性。这些情况都需要调研人员在提出问题和设计每一轮的问卷时特别注意。

3. 销售人员意见法

销售人员意见法是指预测者召集有经验的销售人员对顾客的购买量、市场需求变化的趋势、竞争对手动向等问题进行预测,然后对预测结果进行综合的一种预测方法。由于销售人员常年与顾客打交道,因此他们对市场需求以及竞争情况有比较清楚的了解,尤其对自己负责范围内的情况更加熟悉,利用他们的经验对市场未来的发展趋势进行预测,可能会有更准确的结果。

这种方法的优点是简单易行,节省时间和费用,效率较高。但销售人员对市场走向的预测容易受个人对市场的偏见以及主观因素的影响:一是往往受近期销售成败的影响而过于乐观或悲观;二是对企业市场营销整体情况以及经济社会发展大环境的把握不够而使其显得片面;三是为使上级制定较低的任务定额,还有可能有隐瞒实情的情况。由于受到以上不利因素的影响,预测结果往往会出现偏差,因此必须给予一定的修正。

尽管销售人员意见法有许多不足,但仍常被企业使用。在对产品价格、需求量、市场需求变动趋势以及竞争对手动向等方面进行预测时,将此方法配合其他方法,可使预测结果更准确。

4. 管理人员预测法

管理人员预测法有两种形式:一种是管理人员根据自己的知识、经验和已掌握的信息,凭借逻辑推理或直觉进行预测;另一种是高级管理者召集下级有关管理人员举行会议,听取他们对预测问题的看法,在此基础上,高级管理人员对大家提出的意见进行综合、分析,然后依据自己的判断得出预测结果。

管理人员预测法在物流企业管理工作中应用非常广泛。此法简单易行,对时间和费用的要求较少,若能发挥管理人员的集体智慧,预测结果也有一定的可靠性。日常性的预测大都可以采用这种方法进行。但由于此法过于依赖管理人员的主观判断,极易受管理人员的知识、经验和主观因素影响,若使用不当,易造成重大决策失误。

(二) 定量预测法

定量预测法是预测人员用历史统计资料,运用一定的数学模型,通过计算与分析来确定市场的未来发展以及数量方面的变动趋势而进行的预测方法。常用的有时间序列分析法和回归分析法(因果分析法)。

1. 时间序列分析法

按时间顺序(如年、季、月)加以排列,构成数列,从而寻求规律,用来推测同样条件下、同一问题的未来发展状况,这种方法叫时间序列分析法,也叫外推法。比较适合于客观情况变化不大的定量分析。主要有简单平均法、移动平均法、指数平滑法等。

(1) 简单平均法。即依据简单平均数的原理,把预测对象各个时期的实际值相加后平均,以平均数作为预测值。此法忽略了近期数值的作用,因而只适用于没有较大波动或变动趋势不明显的事物的预测。简单平均法的计算公式为

$$y_{n+1}=\frac{y_1+y_2+\cdots+y_n}{n}=\frac{\sum_{i=1}^{n}y_i}{n} \tag{3-1}$$

式中:y_{n+1}表示下一期预测值;

y_i 表示第 i 期的实际值;

n 表示期数。

例如,某物流公司1～5月的货运量(单位:T)如下:100、105、110、170、120。预测6月的货运量,则根据式(3-1),有

$$y_7=\frac{y_1+y_2+y_3+y_4+y_5+}{5}=\frac{100+105+110+150+125}{5}=118$$

计算表明:物流公司6月的货运量预计为118T。

(2) 移动平均法。简单平均法不能很好地反映事物变动趋势,如上例中,从前几个月的情况看,货运量呈上升趋势,但采用简单平均法预测的结果却是118T,根本看不出上升趋势。移动平均法可以消除这种不足。移动平均法就是通过计算不断移动的 m 个数据的平均值来进行预测的方法。它通过不断引进最近期的新数据来修改平均值作为预测值。

由于所计算的平均值随着时间的推移而逐期向后移动,因而可以反映数值的变动趋势。移动平均法分为一次移动平均法和二次移动平均法两种。

① 一次移动平均法。这种预测方法是一种简单易行的方法,可用于具有明显线性趋势的时间序列数据的预测。其计算公式如下:

$$y'_t=\frac{\sum_{i=1}^{n}y_{t-i+1}}{n} \tag{3-2}$$

式中：y_t 表示第 t 期的移动平均值。该值可作为下一期的预测值；

y_{t-i+1} 表示移动跨期内各期的实际值；

n 表示移动平均的跨越期数；

t 表示时序数。

一次移动平均法一般用于近期预测，其预测公式为

$$y_{t+1} = y'_t$$

在上一例中，若取移动期数 $n=3$，则一次移动平均的预测值为

$$y'_t = \frac{\sum_{i=1}^{n} y_{t-i+1}}{n} = \frac{110+150+125}{3} \approx 128.33$$

即 6 月的货运量预计为 128.33T。

② 二次移动平均法。二次移动平均法是在一次移动平均法的基础上发展起来的。它是在一次移动平均的基础上进行再移动平均。一般不用二次移动平均值直接作为预测值，而是通过建立二次移动平均预测模型进行预测。

(3) 指数平滑法。指数平滑法就是根据本期的实际值和预测值，来预测下一期数值的方法。指数平滑法是在移动平均法的基础上发展而成的一种特殊的加权平均法，它特别重视最近时期事件的数值的影响。设观测对象的第 t 期观测值为 y_t，令第 t 期的一次指数平滑值为 $s_t^{(1)}$，则一次指数平滑值的计算公式如下：

$$s_t^{(1)} = \alpha y_t + (1-\alpha) s_{t-1} \tag{3-3}$$

式中：α 表示平滑系数，$0<\alpha<1$，一般在 0.01～0.3。

平滑系数代表新旧数据在平滑过程中的分配比例，其取值大小反映不同时期的数据在预测中的作用大小。平滑系数越大，则下期预测值越接近本期的实际值，例如，平滑系数等于 1 时，下期预测值就等于本期实际值；反之，平滑系数越小，下期预测值就偏离本期实际值越远。由此可以看出，采用指数平滑法进行预测时，关键在于确定“平滑系数”的值。确定“平滑系数”的值时应注意几点：①当时间序列表现出明显的变动趋势时，宜取较大值，使预测值反映这种趋势。②若时间序列呈水平变化且变动幅度不大时，宜取较小值。③当时间序列摇摆不定或波动很厉害，而且看不出有何种变动趋势时，取较小的值，以便将随机干扰过滤掉。

指数平滑法一般用于近期预测，其预测公式为

$$y_{t+1} = s_t^{(1)}$$

例如，某物流企业 2 月的货运量预测值为 52T，而该月的实际发生值为 54T。如果平滑系数 α 取 0.3，试用指数平滑法预测 3 月的货运量。

根据公式有

$$s_t^{(1)} = \alpha y_t + (1-\alpha) s_{t-1} = 0.3 \times 54 + (1-0.3) \times 52 = 52.6$$

即利用指数平滑法求得 3 月的预测值为 52.6T。

2. 回归分析法

采用时间序列分析法进行预测,不管是简单平均法,还是移动平均法或指数平滑法,都只是对一些表面的数据进行统计学的简单处理,是仅凭数据说话,并未反映事物间的因果关系,因而只是一种形式上的预测,准确性不高。

客观事物之间普遍存在着一种联系,即因果关系,如货运量与国内生产总值、员工劳动生产率与产品成本之间都存在一定的因果关系。通过寻找这种变量间的因果关系并将其定量化,就可以根据定量关系来预测某一变量的未来值。回归分析法就是利用预测对象与影响因素之间的因果关系,通过建立回归方程式来进行预测的方法。

回归分析法的基本步骤:①进行定性分析,以确定与预测对象有因果关系的因素;②收集、整理有关因素的资料;③计算变量间的相关系数并确定回归方程;④利用回归方程进行预测。

回归分析法有两种情况,凡是求一个变量对另外一个变量的回归问题分析,即为一元回归分析法;而求一个变量对多个变量的回归问题分析,即为多元回归分析法。

(1) 一元回归分析法。如果预测对象 y 与相关变量 x 之间存在线性关系,那么这种关系可以用以下公式表示。

$$y_t = a + bx_t \tag{3-4}$$

式中:x 表示自变量;y 表示因变量;b 表示回归系数。

通过最小平方法可以计算回归系数 a、b,其计算公式如下。

$$b = \frac{\sum_{i=1}^{n} x_i y_i - \bar{x}\sum_{i=1}^{n} y_i}{\sum_{i-1}^{n} x_i^2 - \bar{x}\sum_{i-1}^{n} x_i} \tag{3-5}$$

$$a = \bar{y} - b\bar{x} \tag{3-6}$$

式中:x_i 表示自变量第 i 期的实际值;

y_i 表示因变量第 i 期的实际值;

n 表示时间序列的项数;

$\bar{x}$、$\bar{y}$表示分别是 x_i、y_i 的平均数。

(2) 多元回归分析法。如果预测对象 y 与一组相关变量之间存在线性关系,那么这种关系可以用以下公式表示。

$$y = a + b_1 x_1 + b_2 x_2 + \cdots + b_m x_m \tag{3-7}$$

式中:a、b_i 表示未知参数;

m 表示自变量的个数。

公式中的参数可用最小二乘法求得,在此不再赘述。

本章小结

一、知识点

物流市场营销调研是指物流企业为了提高市场营销决策质量，采用科学的调研方法和技术，系统地开展营销信息收集、整理、分析和研究，并得出一定的营销结论的活动和过程。

物流市场营销调研是物流企业制定正确的物流市场营销决策的基础；有利于发现物流市场机会，开拓新市场；有利于物流企业改善经营管理，提高企业竞争力。

物流市场营销调研收集资料方法主要有二手资料收集和原始资料收集。二手资料，又称现成资料、次级资料，经他人收集、记录、整理的各种数据和资料的总称。原始资料收集有焦点小组访谈法、深度访谈法、观察法、问卷调研法、实验法等。

抽样调研是一种从全体调研对象中抽取部分对象进行调研研究，用所得样本结果推断总体情况的调研方式。抽样调研按照调研对象总体中每一个样本单位被抽取的机会（概率）是否相等的原则，可以分为随机抽样调研和非随机抽样调研两类。

随机抽样就是按照随机原则进行抽样，即调研总体中每一个个体被抽到的可能性都是一样的，是一种客观的抽样方法。随机抽样方法主要有简单随机抽样法、等距抽样法、分层抽样法和分群抽样法。从调研对象总体中按调研者主观设定的某个标准抽取样本单位的调研方式，称为非随机抽样调研。常用的非随机抽样主要有任意抽样法、判断抽样法、配额抽样法和滚雪球抽样法。

物流市场营销预测就是物流企业依据历史统计资料和市场调研获得的分析研究结果，运用科学的方法或技术，对市场营销活动及其影响因素的发展趋势进行预计与推测，得出符合逻辑的结论的活动和过程。

按方法性质的不同，可以将预测方法分为定性预测法和定量预测法两大类。定性预测主要是根据依靠预测人员所掌握的信息，凭借个人的经验、知识和分析判断能力，预测市场未来的状况和发展趋势。定性预测法又包括专家会议法、德尔菲法、销售人员意见法、管理人员预测法。定量预测法是预测人员用历史统计资料，运用一定的数学模型，通过计算与分析来确定市场的未来发展以及数量方面的变动趋势而进行的预测方法。它可分为时间序列分析法和回归分析法（因果分析法）。

二、关键概念

物流市场营销调研、二手资料收集、焦点小组访谈法、深度访谈法、问卷调研法、随机抽样、非随机抽样、物流市场营销预测、专家会议法、德尔菲法、销售人员预测法、管理人员预测法、移动平均法、指数平滑法、回归分析法

思考题

1. 如何理解物流市场营销调研的重要性?
2. 物流市场营销调研有哪些主要的方法?
3. 物流市场营销预测的原则和程序是什么?

案例分析

顺丰、阿里杀入医药物流,"新老势力"各有烦恼

顺丰等快递企业的到来,让原本"宁静"的医药物流配送市场迎来"新老势力"的角逐:一边是国药、上药以及九州通等传统的医药物流分销企业;另一边则是顺丰、"菜鸟"网络等新近介入该领域的快递新锐。它们的战场则是方兴未艾的医药电商大潮与处方药网售蓝海。

对于医药物流领域的"新老势力",业内人士对中国经济网记者分析称,行业前景可观,但眼下医药物流领域的新老企业却各有各的烦恼。"顺丰、菜鸟等快递企业具有配送网点优势,但市场增量则是有限的,很多的药品流通仍控制在医药巨头手中;传统的医药物流企业则面临从传统医药物流向电商物流转型的困境。"

一、医药物流领域密集"迎新"

2015年5月11日,阿里巴巴集团与全球十大药企之一的默沙东宣布达成多方面战略合作。双方将携手探讨在广泛的医疗领域的合作,包括专业医疗仓储、慢病管理云端数据存储,以及健康数据分析等云计算业务的合作。相关报道指出,"医疗仓储物流是阿里巴巴旗下'菜鸟'网络的全国物流体系的一部分,这一合作成为'菜鸟'搭建医药物流体系的重要一步"。

同日,"菜鸟"网络对媒体透露,5月10日母亲节当天,"菜鸟"网络正式推出了名为"极速达"的快递服务,这一服务将在3小时内将货物送达用户。目前,北京、上海、广州、杭州、天津五个城市消费者已经可以在天猫上享受这一服务,年内成都、武汉、深圳、南京等14个城市也将陆续开通,部分城市和区域"极速达"服务会向1小时内提速。

值得注意的是,目前"菜鸟"网络的该项服务主要服务于天猫医药馆,第一阶段已经打通了1500家线下药房。

有观点认为,这一服务将加快阿里在医药物流领域的布局,进一步帮助其推进医药电商和移动医疗等业务的发展。

无独有偶,近期"顺丰有意介入医药领域"的传闻也甚嚣尘上。今年4月,顺丰官方的相关负责人证实了这一消息。他透露,"在2014年年初顺丰就正式成立专门事业部,专注于医药物流领域,为医疗行业提供定制的物流服务,通过近一年来的发展和探索,顺丰医

药已实现'仓干配'一体化。目前,顺丰已开通广州—厦门—上海的医药冷运干线,服务范围覆盖佛山、东莞、中山、深圳、惠州、漳州、泉州"。

与此同时,有媒体报道称,近日顺丰已经接连挖走了国药集团医药物流方面的负责人以及广州国控相关的管理人士。

4月30日,《南方都市报》则详细披露了顺丰的"诚意":在冷藏车发展方面,顺丰已投入运行的冷藏车近百辆,配备医药温控箱500多个,在配送过程中可实时进行温度监控,而且顺丰还为此专门研发了一系列一次性泡沫包装以及可回收的中转箱,在保障快件运输安全的同时实现了温度控制。

而快递行业除了顺丰、"菜鸟"网络外,还有德邦、新邦等快运公司也在介入药品配送。不过,它们主要是做常温药品城市配送,血液制品、疫苗等必须冷链的药物则未见涉及。

从这几年的趋势看,第三方医药物流处于快速发展时期,国家也在密集批复第三方医药物流企业落地,如山东的大舜医药物流、四川的成都医药、云南的昊邦医药。

这些企业扎堆医药物流领域,与未来相当可观的市场前景不无关系。今年4月以来,有报道称,业界最期待的医药电商政策利好《互联网食品药品经营监督管理办法》(以下简称《办法》)目前已经制定完毕。在国家力推"互联网+"战略东风吹拂下,该政策有望加速落地。《办法》中关于处方药解禁、配送条件放宽等具体细则一旦出炉,医药电商黄金时代或将随之而至。有业内人士预测:一旦网售处方药放开,或将有价值3000亿元的处方药登录线上销售。

二、"新老势力"各有各的烦恼

据不完全统计,截至目前,我国的药品批发企业有1.65万家,零售企业有14万家。然而,95%以上的相关企业都是中小型规模的。

对于这一现状背后的原因,卓创资讯医药行业分析师赵镇认为成本是一大影响因素:"医药物流的投建成本高,主要体现在运输配送投入的成本和仓库建设成本很高。"

在高昂的成本之下,医药物流领域少数龙头企业的现状也不容乐观。据悉,目前国内医药物流分销领军企业为国药、上药以及九州通,然而三家企业所占份额也分别仅占市场销售总额的3%~5%。

而在医药电商大潮、处方药放开预期下,这些企业又将面临怎样的命运呢?

赵镇对中国经济网记者表示,九州通等本身就属医药流通企业,在上游药企资源、配送资质、经营经验等方面都具备先天的优势,但其缺乏的则是"互联网基因"。"触网不易,医药流通企业的转型都面临着如何把传统优势资源与新技术、新模式结合,线上与线下结合的困惑。"

北京鼎臣医药咨询负责人史立臣则认为,九州通等企业的医药物流是B2B模式,是企业向医疗机构、药店供货,而电商物流是B2C模式,是需要企业把药品直接送到消费者手中,这一领域恰恰是其短板。

史立臣表示:"传统医药物流企业投建电商物流的成本会很高,而目前处方药网上销售的政策尚未落地,整个行业很难放量增长,盈利压力大。"

那么,作为医药物流企业的新兵,顺丰、菜鸟等快递企业又将面临怎样的问题呢?

中国经济网记者了解到,根据《关于加强互联网药品销售管理的通知》,医药电商物流配送需要符合《药品经营质量管理规范(GSP)》的有关要求,即要进行GSP认证。即便顺丰无须担心国家对第三方医药物流企业的信息技术、物流设备、营销管理等软硬件的要求,那么挡在顺丰前进路上的还有相关医药物流的配送资质认定。

"目前,医药电商的GSP证都是在省级食药监部门审批,顺丰等想做医药第三方配送的GSP牌照是否在省级食药监部门审批就可以全国通用?出了广东又如何认证?"一位不愿透露姓名的业内人士曾提出疑虑。

史立臣也认为,快递企业发展医药物流主要面临两大问题,其一是成本高、投入大,而行业并未放量,难以盈利;其二是快递企业在现有体系中组建医药物流很容易四不像,未必能轻易获得相关配送资质。

而在赵镇看来,专业的物流公司具有网点优势,然而市场增量却是有限的。"很多的药品流通仍控制在医药巨头手中。物流公司要入局医药物流,还是要经过竞合的方式和药企实现互利共赢。"

(资料来源:http://www.phoncom.cn/Industry/show/155.html)

【案例讨论题】

1. 案例中应用到了哪些统计数据?
2. 谈谈你对医药物流的看法。

第四章

物流目标市场营销

学习目标

◆ 知识目标 ◆

(1) 掌握物流目标市场选择策略;

(2) 学习物流市场营销组合的内容和策略;

(3) 掌握物流企业市场定位的思路和方法。

◆ 能力目标 ◆

具备按照市场细分的程序和方法对物流市场进行细分的能力。

◆ 引导案例 ◆

民航快递成功的秘密

一、创新按照不同时间划分服务层次

首创国内快递时效服务品牌,国际货件通达全球。民航快递公司在全国民航快递网络范围率先向社会公司推出12小时、24小时、36小时、48小时四个时间档次的门到门服务,并向社会承诺"超时送达、退还运费"。同时,组建了广州(香港)、上海、北京、厦门、珠海(澳门)、青岛六个国际快递业务通道,在广州等地建立了海关快件监管中心,在广州与香港之间开通了直通车,使国际业务通达全球。

该公司又推出了8小时时效服务,并建立起适应客户不同需求的民航快递8小时、12小时、24小时、36小时、48小时、72小时门到门的航空快递服务品牌系列,成为国内第一家,也是唯一一家郑重承诺"服务超时,运费退还"准时送达保证的快递公司。

二、充分发挥独家优势

民航快递主要通过航空和陆路运输完成快件与物流运输,航空运输主要依托中国航空、南航、东航三大航空集团的航线飞机和全国各大机场全面支持的优势,确保民航快递有充足的运力和舱位保障。同时,利用遍布全国的200多个服务网点和拥有760多部各类运输车辆的强大地面运输车队的优势,能为客户提供全天候24小时的快件和物流配送服务。

由于植根民航系统,该公司具有得天独厚的优势:在各大机场货站均开辟有民航快递专用通道,各航线均有预留舱位,优先配载、装机;所有货物都由民航快递人员通过特别通道直接在机坪实现货物的配运与监装,确保每件货物走得及时、准确、安全;货物的配载时间可推迟到飞机起飞前30分钟,而其他货运代理人的配载时间一般为180分钟;工作人员可直接将货件运入机坪,参与货物的装机和监装,真正实现货件配运的"一条龙"运作。

遇到因天气等原因造成航班取消而不能航空运输时,民航快递公司可利用全国各大机场和民航快递的网络优势,通过从广州、北京、西安等航线密度大的机场进行货物中转;对于运输距离较短的城市货件则可通过民航快递网络公司的运输车队专程派送,或通过与民航快递合作的长途高速大巴网及铁路运输网,解决航空不能运达的货物运输问题,从而能最大限度地满足边远地区客户货物运送的时效需求;持有《国际货运代理报关资格证书》和《进出境快件监管人证书》,可缩短进出口代理报关、仓储、配送的时限。

民航快递的这些优势,是目前国内任何一家运输公司都无法实现的。

三、不拘一格,利用陆空联运提高效率

民航快递公司成立以来,不断完善运输和配送功能,拥有各种运输车辆及海关监管运输车辆,可提供空运、陆运运输服务,基本形成航空—陆路物流运输能力。目前,已建成珠江三角洲、长江三角洲及华北地区的地面运输网络中心。各省(区、市)间及相邻省、市间地面运输网络也基本形成。

四、利用网络化管理压缩时耗

1997年,民航快递就启动了综合管理信息系统。目前,民航快递建立了功能强大、使用容易,能满足电子商务和物流供应链解决方案的CAEMIS计算机信息网络系统。该系统实现了业务运作、营销管理、财务管理、状态跟踪、异常查询、货物仓储、配送管理、

数据交换、决策支持、客户关系管理等功能。民航快递各服务网点所有发运货物，均能通过 CAEMIS 系统实现实时全程跟踪与监控，对大客户货物则实行专人、专组操作与跟踪反馈，发现问题及时处理，确保票票有跟踪，单单有反馈。

五、充分认清市场定位，建立服务高端市场客户路线

民航快递充分认清市场定位基于价格相对较高的特点，从建立之初就走起了"服务高端市场客户"的路线。

递送物品种类繁多，可大致划分为贵重类，如黄金、首饰、名表、精密仪器、珠宝等；礼品类，如荔枝、月饼、鲜花、玩具等；样品类，如手机、电子产品等；生物类，如汗血宝马、大象、海鲜等。在市场开发上，民航快递公司主要以集团客户为主，不断拓展国内外知名企业的物流服务市场。

目前，其客户囊括了宝洁、雅芳、TCL、三星手机、戴尔、华为、英特尔等多家国内外知名公司。他们在对集团用户的服务上，可以突破常规，实行"特事特办"。为了给 TCL 做好配送服务，民航快递广州分公司专门在贵州省成立了一家分支机构，其对集团用户服务的到位由此可见一斑。

（资料来源：http://www.chinawuliu.com.cn/xsyj/200409/13/132171.shtml）

任何一个企业，无论规模有多大都无法满足整个市场的需要。物流企业如果决定进入市场，就存在市场选择的问题。准确地选择目标市场，有针对性地满足某一消费层次的特定需要，是企业成功进入市场的关键。

现代物流市场营销的核心和关键可称为物流目标市场营销，即物流 STP 营销，分为三个步骤：物流市场细分（Segmenting）、物流目标市场选择（Targeting）和物流市场定位（Positioning）。物流企业只有正确地细分市场，才能选好目标市场，从而为企业营销策略的制定提供依据。

第一节 物流市场细分

一、物流市场细分的含义

市场是一个极其庞大和复杂的整体，而企业的资源总是有限的。通过市场细分，物流企业可以认识到每个细分市场上物流需求的差异、物流需求被满足的程度以及物流市场竞争状况，并据此确定企业今后的发展道路。

（一）物流市场细分的概念

物流市场细分是指物流企业通过市场调研，根据客户需求的不同特征将整个物流市场划分为若干个客户群的过程，每个客户群是一个具有相同特征的细分市场或子市场。

在理解物流市场细分的时候，我们应把握以下几个问题：

(1) 物流市场细分的理论依据是消费者需求的差异性；

(2) 物流市场细分的实质是细分消费者，而不是细分产品或服务；

(3) 物流市场细分的目的是使物流企业有效地确定目标市场。

（二）物流市场细分的意义

物流市场细分的意义如下。

(1) 有利于选择目标市场和制定市场营销策略。物流市场细分后的子市场比较具体，较易把握消费者需求及其变动趋势，企业可以根据自己的经营思想、方针及生产技术和营销力量，确定目标市场，制定有针对性的营销策略，有利于提高企业的应变能力和竞争力。

(2) 有利于发掘市场机会，开拓新市场。通过物流市场细分，企业可以对每一个细分市场的购买潜力、满足程度、竞争情况等进行分析对比，探索出有利于本企业的市场机会，进行必要的产品技术储备，掌握产品更新换代的主动权，进而开拓新市场。

(3) 有利于集中资源投入目标市场。任何一个企业的资源都是有限的。通过细分市场，有利于企业选择目标市场，集中资源，争取竞争优势，进而占领目标市场。

(4) 有利于企业提高经济效益。通过物流市场细分和目标市场选择，企业有利于生产出适销对路的产品，既能满足市场需要，又可加速商品流转，加大生产批量，降低生产销售成本，提高劳动熟练程度，提高产品质量，全面提高企业的经济效益。

二、物流市场细分的标准

物流市场细分的前提是差异性，企业要区分不同消费群体的差异性，重要的是找到造成差异性的原因，这些原因构成了物流市场细分的依据。物流市场细分通用的标准有地理因素、人口因素、心理因素、行为因素。物流市场细分通用标准与示例如表4-1所示。

此外，物流市场细分也通常采用以下细分标准。

(1) 基于行业的细分。目前，大多数物流企业按行业标准来细分市场，选择进入其中的一个或几个行业，成为相关行业的物流专家。例如，UPS主要从事汽车业和电信业的物流服务；EXEL主要从事食品、汽车和零售业的物流服务；FedEx主要从事电子产品的物流服务；宝供物流主要从事快速消费品行业的物流服务；安吉天地主要从事汽车行业的物流服务等。

表 4-1　物流市场细分通用标准与示例

划分标准	基础变量	举　例
地理因素	地区	东北、华北、华东、华中、华南、西北、西南
	城市规模	特大型、大型、中型、小型城市、农村
	属性	南方、北方
	气候	寒冷气候、干燥气候、湿润气候
	经济发达程度	东部地区、中部地区、西部地区
人口因素	年龄	婴幼儿、青少年、中年、老年
	性别	男、女
	婚姻状况	独身、已婚
	家庭规模	1 人、2 人、3 人
	家庭收入	1000 元以下、1000～3000 元、3000 元以上
	职业	专业技术人员、管理人员、普通职员、学生
	教育程度	初中以下、高中、中专、大学及以上
	接触媒体	电视、广播、互联网、报纸、杂志
心理因素	社会阶层	下、中、上
	生活方式	简朴、时尚、奢华
	个性	内向型、外向型、果断型
	消费偏好	随意、实用、追求品牌
行为因素	使用率	从未使用、偶尔使用、经常使用
	追求的利益	质量、服务、经济
	态度	肯定、否定、无所谓
	品牌忠诚度	无、一般、较强、非常强
	购买时机	淡季、旺季

(2) 基于地域的细分。物流需求属于派生性需求，它直接受到产业布局、区域经济和城市化的影响。例如，城市物流和农村物流需求有别、经济发达地区和经济落后地区的物流需求也有较大区别。此外，各地区物流产业发展、市场需求、竞争状况、各项政策、行业标准等各有特点，这些对物流企业的发展都会带来较大影响。

(3) 基于客户价值的细分。客户是物流企业最重要的资产，营销人员根据当前盈利能力和未来盈利能力对客户企业打分，根据分值高低划分物流市场，并制定不同的客户保持策略。

(4) 基于忠诚度的细分。物流企业通过对客户忠诚度的衡量，确定不同的细分市场，把营销的重点放在急需改进的因素上，而不是把各个细分市场平均化。它体现了营销战略的优先顺序法则。

(5) 基于外包动因的细分。客户的外包动因能有效地反映客户的需求。根据外包动因的不同，物流市场具体分为关注成本市场、关注能力市场、关注资金型市场和复合关注型市场。

(6) 基于需求的细分。物流企业可根据需求的差异性进行细分市场,把需求特点类似的客户群划作一个细分市场。如根据客户需求内容不同,可分为运输市场、仓储市场、配送市场、流通加工市场、物流信息服务市场等;根据客户需求层次不同,可分为基础物流服务市场、高端物流服务市场、一体化物流服务市场等。

◆ 小知识 ◆

中邮物流的市场细分

中邮物流充分发挥邮政特色和优势,立足城市、农村两个市场,以一体化物流业务为核心,积极发展区域配送、货运代理与零担货运、分销与邮购业务,满足不同类型的客户需求,并稳定开拓国际物流市场。中铁快运发挥铁路长距离、大运能、全天候的优势,逐步向公路和航空延伸,通过多式联运的方式,加大对中小客户开发力度。

(资料来源:杨穗萍.物流营销实务[M].北京:中国物资出版社,2006)

三、物流市场细分的方法

(一) 市场细分的条件

从营销角度看,并非所有的市场细分都是有效的,有效的市场细分必须具备下列条件。

(1) 可区分性。可区分性是指在不同的细分市场之间,在概念上可以清楚地加以区分。例如,女性化妆品市场可依据年龄层次和肌肤的类型等变量加以区分。

(2) 可衡量性。可衡量性是指细分的市场必须是可以识别和可以衡量与推算的,否则将不能作为细分市场的依据。当然,将这些资料予以数量化需要运用科学的市场调研方法。

(3) 可营利性。可营利性是指细分市场有足够的需求量且有一定的发展潜力,可以保证有足够的、长期稳定的利润来吸引企业为之提供产品或服务。应当注意的是,需求量是指对本企业的产品而言,并不是泛指一般的人口和购买力。

(4) 可进入性。可进入性是指所选定的细分市场必须与企业自身状况相匹配,企业有优势进入这一市场并能够对顾客施加影响。可进入性具体表现在三个方面:一是信息进入,即企业能够把产品信息传递给该市场的众多消费者;二是产品进入,即产品能够经过一定的销售渠道抵达该市场;三是竞争进入,即企业具有进入该市场的资源条件和竞争能力。

(5) 相对稳定性。相对稳定性是指企业细分市场之后,必须保持一定时期的稳定性,以便于制定较长期的营销战略,实现目标市场的良性有序的发展。如果市场变化太快,会增加企业的营销成本和经营风险。

（二）物流市场细分的方法

市场细分的方法很多，但总体上来说，可以归纳为以下四种方法。

（1）单一标准法。单一标准法是指根据市场主体的某一因素对市场进行细分，例如，针对包裹邮递市场，可以按照客户对送达时间的不同要求，细分出四个子市场：24 小时之内送达、3 天之内送达、7 天之内送达和 15 天之内送达。

（2）主导因素排列法。主导因素排列法是指根据市场营销调研结果，把选择影响消费者或用户需求最主要的因素作为细分变量，从而达到物流市场细分的目的。例如，职业和收入一般是影响女性服装选择的主导因素，文化、婚姻、气候等则居于从属地位。

（3）综合标准法。综合标准法是指在影响客户需求的诸多因素中，选择被客户认为同等重要的两个或两个以上的因素作为市场细分的依据。例如，用生活方式、收入水平、年龄三个因素可将妇女服装市场划分为不同的细分市场。

（4）系列因素法。系列因素法是指以影响客户需求的多个因素为依据，对市场各因素按一定的顺序逐步进行，可由粗到细、由浅入深，逐步层层细分。例如，快递公司可先依据地理区域对市场进行细分；再依据客户的规模对市场进行细分；最后依据客户产品性质的不同对市场进行细分。

（三）物流市场细分的程序

美国市场学家麦卡锡提出细分市场的七步，对物流市场细分具有参考价值。

（1）依据需求选定产品市场。

（2）列出企业所选定产品市场范围内所有潜在客户的各种需求。

（3）企业将列出的各种需求交由不同类型的客户挑选出他们最迫切的需求，最后集中客户的意见，选择几个作为市场细分的标准。

（4）检验每一个细分市场的需求，抽掉它们的共性、共同需求，突出它们的特殊需求并作为细分标准。

（5）根据不同消费者的特征，划分相应的市场群，并赋予一定的名称。名称应该能反映这一消费者群的特质。

（6）进一步分析每一细分市场的不同需求与购买行为及其原因，并了解要进入细分市场的新变量，使企业不断适应市场的发展变化。

（7）决定市场细分的大小及市场群的潜力，从中选择使企业获得有利机会的目标市场。

◆小知识◆

联邦快递——“连夜投递小包裹”

联邦快递（FedEx）发现客户托寄小件包裹时普遍比托寄大件包裹时所期望和要求的

送达时间要短,于是根据客户所要求的送达时间的不同,将快递市场细分为送达时间为一夜、送达时间为2天、送达时间为3天的三个子市场,并从中发现了要求"连夜投递小包裹"这一市场尚属空白。

据此,FedEx进行了业务重组,投入了8000万美元的风险资金,将营销重点放在第一个细分市场上,规定只投递小件包裹和信件,并做出"只要有需要,本公司肯定在一夜之间送达包裹"的承诺。此举使得FedEx超越了历史悠久的UPS。

(资料来源:http://www.interscm.com/plus/view.php? aid=10201&pageno=2)

第二节　物流目标市场选择

物流企业进行物流市场细分的最终目的是为了有效地选择并进入目标市场。企业选择目标市场,是在细分市场的基础上进行的。企业从众多的细分子市场中选择那些有营销价值的、符合物流企业经营目标的子市场作为企业的目标市场,然后根据自己的营销目标和资源条件选择适当的目标市场,并决定自己在目标市场上的相应战略。

一、物流目标市场的概述

(一)目标市场的概念

所谓目标市场,是指企业准备以相应的产品和服务满足其需要的一个或几个子市场。企业在对整体市场进行细分之后,要对各细分市场进行评估,然后根据细分市场的市场潜力、竞争状况、本企业资源条件等多种因素决定把哪一个或哪几个细分市场作为目标市场。

(二)企业选择目标市场的标准

一个理想的目标市场必须具备下列三个标准。

1. 细分市场有足够的市场需求

满足市场需求是物流企业营销活动的出发点,如果没有市场需求,物流企业就无法销售服务,更谈不上利润。同时,作为目标市场,还应具有一定的规模和潜力,如果市场规模狭小或者趋于萎缩状态,企业进入后难以获得发展。

当然,企业也不宜以市场吸引力作为唯一取舍,特别是应力求避免"多数谬误",即与竞争企业遵循同一思维逻辑,将规模最大、吸引力最大的市场作为目标市场。大家共同争夺同一个顾客群的结果是,造成过度竞争和社会资源的无端浪费,同时使消费者的一些本应得到满足的需求遭受冷落和忽视。

2. 企业有能力经营

面对有较大吸引力的细分市场,要考虑物流企业的自身资源条件是否适合在某一细分市场经营。如果企业综合实力能承担并满足这一细分市场的需求时，才能以此作为企业的目标市场。特别是对于物流企业来说，物流设施设备往往需要投入大量资金。有的物流设施设备的投入甚至高达上百亿元，没有足够的实力，根本就无法进入相关的市场。

此外，开发任何市场都必须花费一定的费用，将预计花费的费用和可能带来的利润相比较，只有利润大于费用且有助于实现企业长远发展目标的细分市场，才能选为物流企业有效的目标市场。

3. 企业具有竞争优势

物流企业还要了解选定的目标市场是否已被竞争者完全控制。如果竞争者尚未完全控制市场，存在一定的市场空缺，此时企业去选择这种目标市场才有意义；或者，虽然竞争者已完全控制了市场，但本企业在此市场上具有相对优势或绝对优势，有条件赶上或超过竞争者时，也可将此市场选作本企业的目标市场。

◆ 小知识 ◆

国际四大快递巨头进入中国市场

我国加入世贸组织后，物流业在2005年年底向外资全面开放。国际四大快递巨头DHL(敦豪国际)、FedEx(联邦快递公司)、UPS(联合包裹公司)、TNT(荷兰邮政)陆续进入中国市场，并迅速囤积力量，发展各自的分销和运输网络。

DHL不仅稳拿中国国际快递市场老大的头衔，而且挥师中国国内快递市场，增设服务网点，最先向中国EMS发起进攻；FedEx及UPS在《中美航空协定》签署后，立即增发航班抢滩中国航空；TNT独辟蹊径开展连锁经营，主力攻占汽车零部件快递市场。

(资料来源：郭伟业，庞英智. 物流服务营销[M]. 北京：高等教育出版社，2006)

二、物流目标市场的选择策略

(一) 物流目标市场的选择策略

物流目标市场的选择策略，即关于企业为哪个或哪几个细分市场服务的决定。企业在选择目标市场时，首先要确定目标市场的选择模式；其次用科学合理的策略应用其中。通常有五种模式供参考，如图4-1所示。

1. 市场集中化

企业选择一个细分市场，集中力量为之服务。如仅为化工企业提供有毒物品的物流服务。采用这种模式的企业可能本身就具备在该细分市场从事专业化经营或取胜的优势条件，或该细分市场中没有竞争对手，或准备以此为出发点，以求取得成功后向更多的细分市场扩展。

集中营销使企业深刻了解该细分市场的需求特点，采用针对的产品、价格、渠道和促销策略，从而获得强有力的市场地位和良好的声誉。但由于该市场区域相对较小，企业的

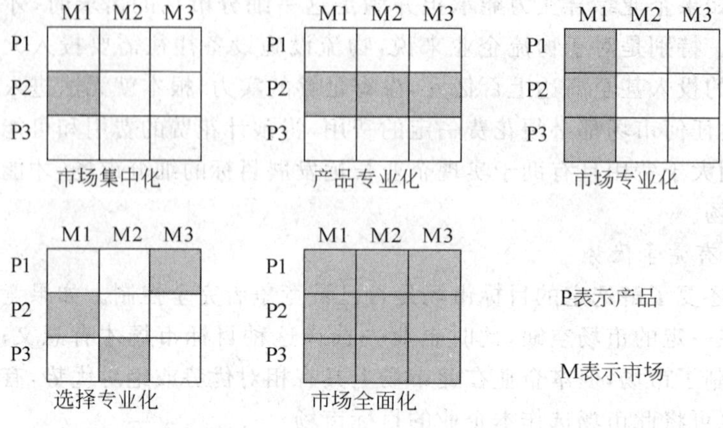

图 4-1　物流目标市场的选择模式

发展受到限制,而且由于投资过于集中,潜伏着较大的经营风险。

2. 产品专业化

企业集中生产一种产品,并向所有顾客销售这种产品。如某配送中心专门为超级市场、酒店、餐饮店、食品加工企业等提供生鲜食品的配送服务。这种模式的市场规模较大,可以避免对单一市场的依赖,有利于形成和发展企业的专业化生产优势与技术优势。但当该产品领域被一种全新的技术或服务所代替时,该产品销售量有大幅度下降的危险。

当然,由于全新替代型技术并非经常出现,而且顾客类型较多,所以产品专业化营销的风险较单一细分市场实行集中化营销的风险要小得多。

3. 市场专业化

企业专门服务于某一特定顾客群,尽力满足他们的各种需求。这种模式可以降低交易成本,实现和消费者的有效沟通与交流。例如,企业专门为老年消费者提供各种档次的服装。企业专门为这个顾客群服务,能建立良好的声誉。但如果这个顾客群的需求潜量和特点突然发生变化,企业要承担较大风险。

4. 选择专业化

企业选择几个细分市场,向它们提供不同的产品。例如,企业生产高、中、低三个档次的化妆品分别提供给女性消费者、男性消费者和儿童。这种策略可以有效地分散经营风险,即使其中某个细分市场盈利不佳,企业还能在其他细分市场盈利。但该策略会使企业的投入成本较高,因此选择专业化市场模式的企业应具有较强的资源和营销实力。

5. 市场全面化

企业力图用各种产品满足各种顾客群体的需求,即以所有的细分市场作为目标市场。因此只有实力雄厚的大型企业才有能力选用全面覆盖的模式。例如,上例中的服装厂商为不同年龄层次的顾客提供各种档次的服装。一般只有实力强大的大企业才能采用这种策略。例如，IBM公司在计算机市场、可口可乐公司在饮料市场开发众多的产品，满足各种消费需求。

（二）物流目标市场的选择策略

企业选择的目标市场范围不同，提供的物流服务就不同，占领目标市场的营销策略也就不一样。目标市场选择策略有三种，即无差异市场选择策略、差异性市场选择策略和集中性市场选择策略。

1. 无差异市场选择策略

无差异市场选择策略是指企业将产品或服务的整个市场视为一个目标市场，用单一的营销策略开拓市场，即用一种产品和一套营销方案吸引尽可能多的购买者。无差异市场选择策略只考虑消费者或用户在需求上的共同点，而不关心他们在需求上的差异性。适合于同质市场或具有广泛需求、能够大量生产且大量销售的产品。采用这种策略的企业一般是实力雄厚的大企业。例如，UPS在20世纪60年代以前所采取的就是这种策略，以单一的服务内容、统一的价格、同一的广告主题将服务面向所有顾客。

无差异营销的最大优势是成本的经济性。单一的服务可以减少服务转换成本，无差异的广告宣传和其他促销活动可以节省促销费用，减少企业在市场调研、产品开发、制订各种营销组合方案等方面的营销投入。其不足主要在于不能满足不同客户之间的差异需求与爱好，难以适应市场需求的发展变化。应变能力差，易受其他企业各种竞争力的影响，无法反击其他企业提供的更有特色的服务。

2. 差异性市场选择策略

差异性市场选择策略是指将整体市场划分为若干细分市场，针对每一细分市场制定一套独立的营销方案。这种策略充分肯定了消费者需求的异质性，针对不同的细分市场，采取不同的选择策略，使客户需求更好地得到满足。既利于促进销售又可减少经营风险。一旦企业在几个细分市场上获得成功，还有助于提高企业的形象及提高市场占有率。其不足主要在于增加营销成本，分散企业资源配置，甚至在企业内部出现彼此争夺资源的现象，使拳头产品难以形成优势。

采用该策略时应权衡其带来的收益与增加的成本之间的关系，如果由于差异性营销带来的成本提高，不能由差异性营销带来销量提高所获利得到补偿，就没有必要采用差异性营销策略。

3. 集中性市场选择策略

集中性市场选择策略是指集中力量进入一个或少数几个细分市场，实行专业化生产和销售。实行这一策略，企业不是追求在一个大市场角逐，而是力求在一个或几个子市场占有较大份额。

集中性市场选择策略特别适合于资源力量有限的中小企业。中小企业由于受财力、技术等方面因素制约，在整体市场可能无力与大企业抗衡，但如果集中资源优势在大企业尚未顾及或尚未建立绝对优势的某个或某几个细分市场进行竞争,成功可能性更大。

集中性市场选择策略的优点是目标市场集中,产品适销对路利于提高企业和产品知名度,集中资源以节约生产成本和各种费用,取得良好的经济效益。其缺点是市场区域相对较小,企业发展受到限制,企业潜伏着较大的经营风险。

三、物流目标市场策略选择考虑的因素

前述三种物流目标市场选择策略各有利弊,物流企业到底应采取哪一种策略,应综合考虑企业、产品和市场等多方面因素予以决定。

1. 企业实力

企业实力是指企业满足市场需求的能力,主要包括企业财力、技术开发能力、经营管理能力等。如果企业实力较强,可选择完全覆盖市场的模式并采用无差异或差异性市场选择策略;资源有限,实力不强时,采用集中性市场选择策略效果可能更好。

2. 市场的特点

物流市场的特点主要是指市场上的客户对物流的要求是否一致。如果客户要求一致或大体相同,企业可选择完全覆盖市场模式并采取无差异市场选择策略;否则,企业应开展差异性或集中性市场选择策略。

3. 物流服务的市场生命周期

当物流企业的物流服务处于投入期,同类服务不多,竞争不激烈,企业可采用无差异市场选择策略,可探测市场需求与潜在客户的情况,也有利于节约市场开发费用;当物流服务进入成长期或处于成熟期时,物流服务的形式增多,市场上提供同类服务的物流企业增多,竞争日益激烈,为确立竞争优势,企业宜采用差异性市场选择策略;进入衰退期后,为保持市场地位,延长产品生命周期,全力对付竞争者,可考虑采用集中性市场选择策略,集中力量服务于少数有利可图的目标市场。

4. 市场竞争状况

竞争对手的多少、强弱、集中或分散都会影响物流企业的营销策略。如果竞争对手较弱,可采用无差异市场选择策略;反之,则应采用差异性或集中性市场选择策略。此外,企业应尽量避免与竞争对手采用相同的营销策略,以防止竞争加剧,两败俱伤。

第三节 物流市场定位

企业选择了目标市场后,还要决策如何进入目标市场,针对目标市场上消费需求和竞争状况进行有效的市场定位。

一、物流市场定位的概念

所谓市场定位就是企业根据目标市场上同类产品竞争状况，针对顾客对该类产品某些特征或属性的重视程度，为本企业产品塑造强有力的、与众不同的鲜明个性，并将其形象生动地传递给顾客，求得顾客认同。市场定位的实质是使本企业与其他企业严格区分开来，突出企业及其产品的特色，使顾客明显感觉和认识到这种差别，由此在顾客心目中占有特殊的位置，留下良好的印象，由此取得竞争优势。市场定位的关键点不是对产品本身做些什么，而是在客户心目中做些什么。

物流企业的市场定位是指物流企业根据市场竞争状况和自身资源条件，建立和发展差异化优势，以使自己的服务在客户心目中形成区别并优于竞争者服务的独特形象。物流企业的市场定位为物流服务差异化提供了机会，比如，一般的快递公司的广告宣传往往突出一个“快”字，但 UPS 却以对客户的人文关怀为切入点，确立了自己区别于其他快递公司的“亲和”形象。

二、物流市场定位的步骤

物流市场定位的关键是企业要设法在自己的产品上找出比竞争者更具有竞争优势的特性，然后选择该竞争优势，并且逐渐地向消费者传递和显示出该竞争优势。步骤总结如图 4-2 所示。

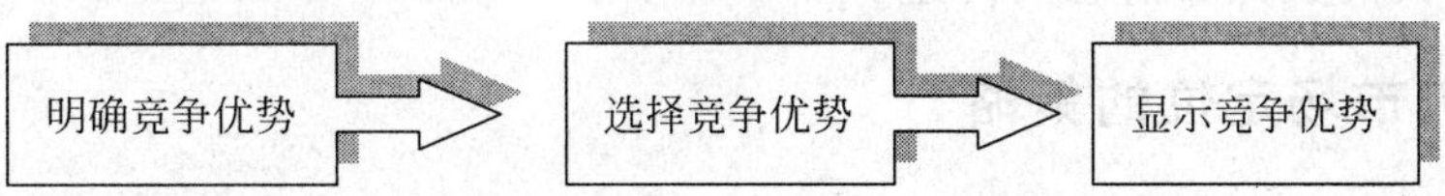

图 4-2　物流市场定位的步骤

竞争优势一般有以下两种基本类型。

(1) 价格竞争优势。就是在同样的条件下比竞争者定出更低的价格。这就要求企业努力降低单位成本。

(2) 偏好竞争优势。即能提供确定的特色来满足顾客的特定偏好。这就要求企业努力在产品特色上下功夫。因此，企业市场定位的全过程可通过以下三步骤完成。

(一) 分析目标市场的现状，明确本企业潜在的竞争优势

企业在市场定位之前，必须明确自己的竞争优势，并充分发挥这些优势，形成与其他企业不同的特点。这需要考虑以下三个问题。

(1) 竞争对手产品定位如何？

(2) 目标市场上顾客欲望满足程度如何以及确实还需要什么？

(3) 针对竞争者的市场定位和潜在顾客的真正需要的利益要求企业应该及能够做什么？

要回答这三个问题,企业市场营销人员必须通过一切调研手段,系统地设计、搜索、分析并报告有关上述问题的资料和研究结果。在分析市场、分析竞争者基础上,得到上述三个问题的答案,企业就可以从中把握和明确潜在的竞争优势。

(二)准确选择竞争优势,对目标市场初步定位

竞争优势表明企业能够胜过竞争对手的能力。这种能力可以是企业本身具备的或是具备发展潜力的,也可以是通过努力创造的。

通常的方法是分析、比较企业与竞争者在经营管理、技术开发、采购、生产、市场营销、财务和产品七个方面的强弱,最终形成核心优势,然后放大优势,形成自己独有的风格,与竞争者产生明显的差异,由此决定采用哪一种定位策略。物流企业可以根据自己的资源条件选择并确立自己的竞争优势,一般包括技术优势、价格优势、质量优势、渠道优势和服务优势等。

(三)显示独特的竞争优势和重新定位

企业在选择了自己的竞争优势之后,就要通过一系列的宣传促销活动,把自己的定位信息和企业产品形象向消费者进行传播,引导和影响消费者,使消费者接受、认同企业的这种独特的竞争优势,并在消费者心目中留下深刻印象。

例如,UPS通过一系列的广告宣传塑造了自己更为"亲和"的形象,从问候"早上好"的英俊青年到一张张服务人员的笑脸,UPS更注重形象的感染力,"珍惜所托,一如亲递"则体现的是人文的关怀和情感的传达。

三、物流市场定位的策略

(一)物流市场定位的原则

不同的企业由于经营的产品不同,所面对的顾客和竞争环境也不同,因而市场定位所依据的原则也就有所不同。

1. 产品特色定位原则

构成产品内在特色的许多因素都可以作为市场定位所依据的原则。其强调的是产品的差异性,通过确定产品的差异,把本企业的产品与竞争对手区别开来。比如,所含成分、材料、质量、价格等。

2. 特定用途定位原则

为老产品找到一种新用途,是为该产品创造新的市场定位的好方法。小苏打曾一度被广泛用作家庭的刷牙剂、除臭剂和烘焙配料,现在已有不少的新产品代替了小苏打的上述一些功能。为促进小苏打销售,有家公司为小苏打寻找新的用途,把它当作了调味汁和肉卤的配料。更有一家公司发现,它可以作为冬季流行性感冒患者的饮料。

3. 消费者利益定位原则

消费者利益是指顾客购买产品能够得到的心理满足程度,它既包括产品本身带来的

利益，也包括产品的附加利益。消费者利益定位原则就是根据产品给消费所提供的利益、解决的问题程度来定位的。世界上各大汽车巨头的定位也各有特色，劳斯莱斯车豪华气派、丰田车物美价廉、沃尔沃车则结实耐用。

4. 特定使用者定位原则

企业常常试图将其产品指向某一类特定的使用者，以便根据这些顾客的看法塑造恰当的形象。

事实上，许多企业进行市场定位所依据的原则往往不止一个，而是多个原则同时使用。因为要体现企业及其产品的形象，市场定位必须是多维度、多侧面的。

（二）物流市场定位的策略

物流市场定位作为一种竞争策略，显示了一种产品或物流企业同类似的产品或物流企业之间的竞争关系。下面分析四种主要定位策略。

1. 市场领先者定位策略

市场领先者是指行业市场上占有最大的市场份额，并在价格变动、新产品开发、分销渠道和促销能力等方面处于主导地位的公司。

市场领先者定位策略是指物流企业为保持其在物流市场的领导地位而采取的策略。市场领先者是市场竞争的先导者，也是其他企业挑战、效仿或回避的对象。市场领先者的地位是在竞争中自然形成的，但不是固定不变的。市场领先者必须善于扩大市场需求总量，保卫自己的市场阵地，防御挑战者的进攻，并在保证收益增加的前提下提高市场占有率，这样才能持久地占据市场领先者地位。

2. 市场挑战者定位策略

市场挑战者是指那些在市场上处于次要地位的企业根据自己的实力和环境提供的机会，在充分考虑到风险与可能的情况下，向最大的或有关的竞争者发起挑战，以便争取取而代之。市场挑战者定位策略是指企业把市场位置定在竞争者的附近，与在物流市场上占据支配地位的，也即最强的竞争对手"对着干"，并力争最终战胜对方、取而代之的物流市场定位策略。企业采用这种策略时，必须具备以下条件：

（1）有较强的实力可以与竞争对手抗衡；

（2）要有创造并维持超过竞争对手的竞争优势；

（3）必须以大面积市场范围为目标。

挑战者在发起挑战时，首先要确定自己的挑战对象和战略目标，其后要选择适当的进攻策略。挑战者的挑战目标可以是：攻击市场主导者、攻击与自己实力相当者和攻击地方性小企业三种。

挑战市场上占支配地位的竞争者是高风险又是高利润的方式，一旦成功将会获得巨大的市场份额。此时，企业首先应该清醒地评估自己的实力，不一定试图压垮对方，能够平分秋色就已是巨大的成功。例如，FedEx 与 DHL 在中国物流市场上的激烈竞争等。

3. 市场跟随者定位策略

市场跟随者是指那些在市场上处于次要地位并安于次要地位,在跟随和共处的状态下求得尽可能多的收益的企业。

市场跟随者定位策略是指物流企业发现目标市场已被竞争者充斥,而该物流市场需求潜力又很大,于是该企业跟随竞争者挤入市场,与竞争者处于一个位置上的策略。这里的“跟随”并不是被动地、单纯地跟随,而是设法将独特的利益带给本企业的目标市场,必须保持低成本和高服务水平的同时,积极地进入开放的新市场,企业必须找到一条不致引起竞争性报复的发展道路。采用这种定位策略有三种战略可供选择:紧密跟随、距离跟随、选择跟随。

4. 市场补缺者定位策略

市场补缺者指的是那些专注于整体市场上被大企业忽略的某些部分,试图在这些细小的市场上通过专业化经营和精心服务来获取有利的市场位置与最大限度的收益的企业。市场补缺者定位策略是指物流企业把自己的市场位置定在竞争者没有注意和占领的市场位置上的策略。这一策略不仅适用于小企业,对大企业中的一些较小部门也具有实际意义。选择这种定位策略一般要具备以下条件:

(1) 有足够的市场潜力和购买力;

(2) 利润有增长的潜力;

(3) 对主要竞争者不具有吸引力;

(4) 企业具备占有市场补缺者所必需的资源和能力;

(5) 企业既有的信誉足以对抗竞争者。

采用这种定位策略的企业主要战略是专业化市场营销,即是在市场、客户、渠道等方面实行专业化。在选择补缺基点时,通常选择两个或两个以上的补缺基点,以减少市场风险。

物流企业市场定位不仅需要掌握大量的市场信息,更是一个动态的过程。因此,企业要时刻分析目标市场顾客所重视的服务特征的变化,明确潜在的竞争优势并显示其独特的竞争优势,进行市场定位和再定位,必要的时候,重新定位也是物流企业必须做的工作。

本章小结

一、知识点

物流市场细分是指把一个市场划分为不同购买者群体的行为。物流市场细分通用的标准有地理因素、人口因素、心理因素、行为因素。物流市场细分也通常采用基于行业、地域、客户价值、忠诚度、外包动因、需求的细分标准。这些因素可以单独使用也可以综合使用。细分市场要具有可区分性、可衡量性、可营利性、可进入性、相对稳定性。

目标市场是在物流市场细分的基础上，被企业选定的准备为之提供相应产品和服务的市场。一般有三种目标市场策略可供选择：无差异市场选择策略、差异性市场选择策略和集中性市场选择策略。选择目标市场时，物流企业要考虑企业实力、市场的特点、物流服务的市场生命周期、市场竞争状况等因素。

对于已经确定的目标市场，企业要为自己的产品进行市场定位，其实质是在消费者心目中树立本企业产品的特色和形象。市场定位是企业根据目标市场上同类产品竞争状况，针对顾客对该类产品某些特征或属性的重视程度，为本企业产品塑造强有力的、与众不同的鲜明个性，并将其形象生动地传递给顾客，求得顾客认同。

市场定位的实质是使本企业与其他企业严格区分开来，使顾客明显感觉和认识到这种差别，从而在顾客心目中占有特殊的位置。企业市场定位战略有市场领先者定位、市场挑战者定位、市场跟随者定位、市场补缺者定位。通过产品的市场定位，企业将奠定制订营销组合计划的基调。

任何一个企业都无法满足整个市场的需要。因此，准确地选择目标市场，有针对性地满足某一消费层次的特定需要，是企业成功进入市场的关键。

二、关键概念

物流市场细分、目标市场、市场定位

思考题

1. 如何理解市场细分的含义？
2. 物流市场细分的标准有哪些？
3. 如何理解市场定位的概念，选取你所熟悉的例子加以说明。

案例分析

我国航空运输企业市场营销方略

一、中国航空运输业市场态势及其成因

1. 升中有降

经过新中国50年的发展，作为国民经济和社会发展的重要行业与先进的交通运输方式，我国民航业伴随整个国民经济的发展而不断发展壮大。特别是改革开放20年来，航空运量持续快速增长，航线网络不断扩大，机队运输能力显著增强，机场、空管等基础设施建设取得重大进展，管理体制改革和对外开放迈出较大步伐。航空运输在我国改革开放和社会主义现代化建设中发挥着越来越大的作用。但从总体看，中国民航业在较长时间

内仍处于成长期,总体发展趋势升中有降。目前,航空业还有不少薄弱的地方,与民航发达国家相比,数量和质量上都存在诸多差距,尚不能充分适应改革开放和经济社会发展的需要。

2. 降中有升

尽管近年来,航空运输增长依然减缓,但在21世纪前十年仍将处在适度快速发展的阶段,原因如下。

(1) 宏观上航空需求潜力巨大。首先,根据专家预测,21世纪前四年国内经济仍将以7%左右的较快速度增长,生产的扩大和经济活动的增加,特别是随着国家政策的支持,对西部地区的大规模的开发,极大地增加了东部、南部、西部之间的经济联系,必然产生对航空运输服务业更大的需求。

其次,地市居民收入继续从温饱型向小康型过渡,个人可以支配收入的增加,用于交通旅行的消费比例的提高,加之国家用于扩大内需而形成的假日经济政策使得航空旅游将逐渐成为消费热点之一。

再次,中国加入世贸组织,对外贸易和人员往来将大幅度增加,这无疑会大大增加航空运输特别是国际航空运输市场的需求。

最后,人才流动和人口迁移从其特定的角度增加了航空运输市场的需求。

(2) 从微观上看民航供给能力有保证。无论从资金、设备、技术和人才因素上,都不会对航空运输的适度快速增长产生很大制约。同时,民航改革的推进和市场化程度的提高,将为航空运输提供新的动力源泉。

(3) 从统计分析结果看,20世纪90年代以来,除1991年(海湾战争影响)和1998年(东南亚金融危机影响)外,其他各年世界定期航空运输与世界经济增长的弹性系数(增长弹性系数=某一时期航空运输增长速度÷同一时期经济增长速度),在2.08~2.53,即航空运输增长速度应是经济增长速度的两倍多,虽然具体各个国家情况有所不同,但就普遍性的意义而言,在这样的比例关系下,航空运输发展可以基本适应经济发展的需求。

“九五”以来,中国民航业运输总周转量只是在1997年和1998年低于同期GDP增长率,如前所述,其特殊原因是受东南亚金融危机的影响,还因为国内客运价格的大幅度上涨。因此,综合前面的分析,可以认为如果中国21世纪前四年经济增长为7%左右,那么,航空运输增长就要高于这个速度,可以再争取10%左右。从增长的格局而言,“十五”时期国际航线运输增长将快于国内航线,航空货运增长将快于客运,国内支线运输的增长将快于干线运输。

二、航空运输企业的目标市场分析和市场定位

1. 根据旅客多样性的需求进行市场细分

民航运输所服务的对象千差万别,有对服务质量格外在意的,有对机票价格非常敏感的。对于消费水平较高的旅客,只要民航提供的服务更好,他们一般不太在意多花点钱;

而对于消费水平较低的旅客，只要费用尽可能的少，在服务内容上他是不会计较太多的。为推进市场营销的发展，必须有自己的特色，甚至专有品牌的服务。将航空公司的业务遍及各种层次，使各种消费水平的旅客都有不虚此行的感受。

2. 根据顾客盈利能力进行市场细分

顾客盈利能力作为市场细分变量是一种全新的细分方法。根据顾客盈利能力进行市场细分可得到四个层次的金字塔模型，盈利能力最强的铂金级顾客位于模型的顶部，企业的经营策略是增强联系，提高他们的转换成本；对第二层的黄金级顾客，可向他们提供额外利益，使其转变成铂金级顾客；对于第三层的钢铁级顾客，可通过降低交易成本，提供全面服务把他们转变成黄金级顾客。

对于位于底部盈利能力最差的重铅级顾客，要么将他们放弃，要么提高价格或减少服务将他们转化为钢铁级顾客。按顾客盈利能力进行市场细分是20%的顾客带来80%的收益在市场细分上的应用。

3. 按照社会公众层次进行细分

航空市场客源可大致划分为三个层次。第一层次：A类“常旅客”是某一地区较为固定的常年旅客，但这类旅客中部分成员有可能不了解不固定因素或不了解机场的航班班期及机型情况而放弃乘飞机旅行。第二层次：这种潜在的客源又可具体分为两类旅客，B类“两可性旅客”，即可以选择到机场乘坐飞机，也可以选择其他交通工具。C类“准旅客”，目前有乘机欲望，但又尚不具备条件，一旦时机成熟即可以成为现实的旅客。第三层次：这些人则是一辈子都几乎不可能乘机的人，暂且称为D类“非旅客”。

根据以上划分，具体来说，针对第一层次A类旅客和第二层次B类旅客进行促销能够起到立竿见影的效果，在一定范围内增加吞吐量，此两类人员所占比例不大，所以总的客源不会增加太多；但针对第二层次C类人员进行促销，会对运输市场的扩展具有重要的战略意义。

因目前整个国家宏观经济运行尚处于通货紧缩的边缘，正在向振兴期缓慢过渡，国家近几年仍将采取积极的财政政策，因此正好利用低价的成本进行促销，利用1～2年时间把航空运输品牌推向为数众多的潜在客源，一旦国家经济好转，发展走上了高速增长的轨道，潜在的客源正好有条件转化成现实的旅客，这也符合服务性行业企业宣传促销逐步潜移默化，深入人心的规律。

三、航空运输企业营销战略创新

目前，航空运输业市场正面临着前所未有的挑战。在国内运输市场上，铁路提速、高速公路的迅速发展形成对航空运输的强大竞争压力；在国际市场上，已有相当经营规模、经历了成熟市场经济竞争的跨国航空运输企业也对我国民航业构成另一种威胁；同行业之间，航空产品的差别越来越小，旅客面对众多的产品，如航空公司、航班、时刻、机型、票价、服务等，选择度越来越大，这种反差对航空运输企业的市场占有极为不利。

因此,作为航空运输企业,想要赢得市场,获取利润,必须树立新型市场营销观念,并作为营销战略的催化剂,正确把握竞争形势及市场走向,确定目标市场的需要和欲望,依据企业自身的条件和优势,进行营销战略的创新、突破,优选出新的业务和经营目标,推出多层次、多品种的航空服务产品,建立适应市场竞争的价格体系,选择高效快捷的营销途径,有效地利用各种营销手段,创造营销特色及品牌,充分体现航空运输固有的"快捷""舒适""安全""高品位"等特征,能更为有效地传送旅客所期望的服务。为此,营销战略必须创新,这种创新应从以下几方面入手。

1. 从潜在旅客的大众性出发,着眼于无差异市场,采用规模经营、整体开发战略

目前,我国航空运输的主要服务对象是城市人口,公务和商务旅客仍是民航最基本、最稳定的客源,占50%~70%,有些国内航班高达80%,这一数据表明,我国航空运输业要想有更快的发展,就应在满足现有公务和商务旅客的同时,积极开发潜在的旅客市场。

近年来"假日经济"急剧升温,旅游市场上休闲度假旅客正从一个潜在的航空市场逐渐变成一个现实的航空市场。度假休闲旅客与公务、商务旅客有不同的需求特征,我们如何抓住日趋看好的度假旅客市场,在航空市场的营销战略上就要有创新之举。要将整个旅游市场中的部分度假旅客作为目标市场,开发大众化的项目。在扩大规模、降低成本上下功夫,从价格和快捷、便利程度上更新思路,形成整体市场营销开发战略。

2. 从旅客现实需求的多样化出发,定位于有差异性市场,采用特色经营与服务

航空市场上的旅客需求是多种多样的,满足他们的需求是我们企业经营的目的和宗旨。而旅客的需求和心理是随形势的变化而变化的,不同职业、年龄、性别、受教育程度的旅客,对所需要的服务产品的构成也往往有显著差异。

目前,我们整个行业包括企业对此研究不够重视,营销缺乏创新,服务手段落后,服务水平提高缓慢。相对其他交通运输方式而言,旅客选择航空运输方式追求的仍是"快捷""舒适""安全"和"高品位"等基本要求。在公路、铁路纷纷推出"航空式"服务,尤其铁路全面提速、设计"朝发夕至"路线对航空运输形成威胁的今天,我们更有必要围绕旅客的这些基本需求做文章,形成航空经营服务理念与航空市场营销理念,并建立相应的服务流程。

随着市场经营的不断发展,商务旅客的比例会逐渐增大,这些旅客在旅途中所关心的是把工作赶出来,需要读写,为会议、谈判等做准备,或休息以便飞机抵达目的地时能够精力充沛地投入工作,介于头等舱和经济舱之间的商务舱便能满足这部分旅客的需求。国外也有很典型的例子值得借鉴。

英国维尔京航空公司在头等舱服务上狠下功夫,设有酒吧,有美容师提供肩胛按摩和指甲护理;商务旅客服务上推出"累计飞行计划";适应和满足高收入者旅行,还推出"豪华项目游",向旅客提供专车、美食、美容等服务。他们设想在飞机上开设卡拉OK包间、淋浴间甚至博彩业等。这些特色服务使其一个小公司跻身于巨型航空公司间,1995年,纯盈利8000万美元。

我国某些航空公司也和机场联合在支线航班上推出"快速通道"举措，旅客只需提前20分钟到达机场就可以成行，以此来占领运输市场份额。

3. 从航空市场的区域性、季节性出发，定位于航空区域密集型市场，采用集中地区和集中时间经营，突出开发性航空市场营销战略

航空运输与地区经济、旅游业等密切相关，且呈现互动性。当前，我国的经济文化发达的大中城市和旅游城市在一定时期内仍是航空市场的热点地区。另外，区域经济的变化地区对市场也有较大的需求，如国家发展西部战略的进一步实施。这都成为航空运输的目标市场。我们要在这些地区集中人力、财力，完善相应的市场网络，制定对策，发挥优势，占领更多的市场份额。

同时，要重视航空市场的季节性，适时调整战略，充分利用航空市场的黄金季节及节假日，重点进行市场营销，最大限度地利用有限的资源和时间，获得最大的效益。航空市场的淡季并不意味无所作为，此时航空运输企业更应与旅游部门联系，适当运用价格机制和国家给予的政策，开发业务型、公务型旅游线路。

4. 从市场营销渠道出发，改善营销方式

选择一些大代理公司，有利于参与国际市场竞争，同时建立代理人奖惩制度。这样在某种程度上可以摆脱资金和人力资源对发展销售网络的制约。能够利用外围渠道及时、准确地掌握各种信息，做到适应市场快、销售快、调整经营结构快，增加占有航空运输市场的可能性，也便于在定价、分销渠道和服务内容上进行一致化的控制。

当然，要占有一定的市场份额还应与相应的市场促销手段有着密切关联。为高效快捷地将航空产品或服务信息传递到目标市场，沟通航空运输企业与旅客的联系，激发社会大众使用航空交通运输方式的兴趣和欲望，应大力推出组合式市场营销方式。航空市场的营销实质就是要通过传播与沟通信息，不仅要向目标市场的旅客宣传，还要与代理人进行沟通，推介航空产品，使旅客了解航空，增加他们"飞"的兴趣和欲望，这一点广告是促进销售，开辟新的航线和班次，提高市场占有率，开拓新市场的重要媒介，因此如能充分发挥广告在营销中的作用，紧密结合，促成互动，将会极大地推动销售的增长。

5. 多采取非价格促销手段

市场营销也绝非只有"只要价格低，则万事大吉"这条路可走。事实上，消费者在选择卖主时，价格只是考虑因素之一。消费者真正看重的是"顾客让渡价值"。旅客在买票、托运货物时，总希望把有关成本包括货币、时间、精神、体力等降到最低限度，而同时又希望从中获得更多的实际利益。

因此，为把握这每一个销售机会，理应建立自己的使潜在旅客更容易接近其产品的系统。如出售航班离港时可以出票的"节时机票"或是航空公司航班和订座系统给代理的"连锁机票"以及方便旅客进出港的"城市空港"的建立等，都会使航空营销市场更加活跃起来，以期望我们所梦想的市场观念早日实现。

6. 发展航空企业间横向联合

目前,国内航空企业通过兼并联合,形成三大航空集团,打破了部门、地区、所有制等的限制,实行最优组合,使机队、航线等资源最大限度地发挥整体效能,通过优势互补,产生新的优势,并以此取胜。

如南方航空公司的优势是国内航线,联合北方、新疆航空公司之后等于在中国版图东西方各掷下了一枚棋子,三点撑起一个平面,东方航空公司加西北、云南,可以借此从东南沿海深入西北、西南腹地,既可借西部大开发的东风,又可把日、韩等国传统旅客资源顺利疏导至西安、敦煌等著名旅游城市;国际航空公司的优势是国际航线,与西南、中国航空联合后,可以迅速扩大其在国内市场的份额,并弥补自己在资本运作方面的欠缺,因为中国航空是以香港、澳门为基地进行资本运作的公司,分别控股澳门航空和港龙航空。

重组完成后,各集团以市场行为进行经营和管理,在票价等方面具有自主权,可以根据整合后的市场变化自己制定相应的营销战略,有利于市场的正常发育和发展。

(资料来源:http://www.chyxx.com/industry/201606/422975.html,http://www.rxyj.org/html/2010/0428/395149.php)

【案例讨论题】

(1) 我国航空运输业市场的总体情况和趋势是什么?

(2) 在对我国航空运输业市场进行细分时,企业目前主要采用的细分根据有哪些?

(3) 谈谈你对航空运输企业营销战略创新的看法。

第五章

物流产品品牌策略

学习目标

◆ 知识目标 ◆

（1）掌握物流产品的概念以及产品组合策略；

（2）掌握物流企业开发新产品的含义和重要性；

（3）了解物流企业品牌的意义和重要性。

◆ 能力目标 ◆

针对物流企业产品的特点等特征设计市场营销策略。

◆ 引导案例 ◆

报纸产品生命周期与营销策略浅析

20世纪50年代，乔尔·迪安提出了产品生命周期的概念。他提出了产品必须经历引入阶段、市场成长阶段、市场成熟阶段和市场衰退阶段等阶段，是对产品从进入市场到被淘汰退出市场的全部运动过程的理论分析。

报纸作为一种特殊的商品，在一个可竞争的市场上，其创办和发展同样也会表现出优胜劣汰的现象。而且,随着报纸生产、经营的市场化程度越来越高,报纸同样也具有自己的生命周期,适用于产品生命周期理论的分析。

一、报纸引入期的市场特征与营销策略

报业产品引入阶段是指在市场上推出新报纸,报纸销售呈缓慢增长状态的阶段。这一阶段的新报纸的主要市场特征表现为:消费者对该报纸不了解,不愿放弃已有的消费品牌和消费习惯,对新报纸的发展持观望态度,因此造成新报纸的销售量小,单位产品成本高;尚未建立起理想的发行网络和广告营销网络,发行和广告成本高昂;此时新报纸处于高投入、低产出甚至亏损阶段。对处于市场引入期的报纸,可分两种情况分析其营销策略。一种情况是市场上竞争者少,报纸内容的可替代性不强,产品特色鲜明,定位准确。

此种情况可采取快速掠取策略,即实行相对较高的发行价格和广告价格,并推行强势促销,以尽快引起目标市场的注意,加快市场渗透。或者可采取缓慢掠取策略,即以高价格低促销费用推出新报纸,主要利用新报纸的不可替代性及其独特优势,以内容获取读者市场,进而扩大市场份额。也可采取成本较高的快速渗透策略,即以低价格和高促销费用推出新报纸,以最快的速度带来最快的市场占有率。

另一种情况是对于竞争激烈、基本成型的报业市场而言,新报纸若要做市场追随者,与已经占有较大市场份额的报纸竞争,则只能采取快速渗透战略,以低价格和高促销费用推出新报纸。但实施这一策略的条件相当苛刻,新进入者必须有足够的资金支持,以支付报纸引入期的高成本及预防市场占有者的低价回击;同时在报纸内容和新闻的制作、处理上要“高人一筹”,做出自己的特色和品位来吸引读者,还要在报纸营销的各个环节都能不输于现有的市场占有者,才能平安度过产品的市场引入阶段。

如现在西安报业市场上的《西安商报》《经济新报》等新进入的报纸,甚至有一定市场份额的《三秦都市报》等老牌报纸,也都采取“订报送大礼”的低价高成本发行促销策略,以期占有更多的市场份额。

二、报纸成长期的市场特征与营销策略

报纸成长期的市场特征表现为:报纸有了一定的市场份额,消费者对该报纸已经熟悉,发行和广告销售量增长速度较快;报纸的品牌和风格已经基本定型,建立了一定的营销渠道;生产成本有所下降,促销费用稳定或稍有提高,报业开始盈利并增长较快。报纸成长期的营销策略与其他产品一样,就是尽可能地延长报纸的成长期。这一阶段的核心为:在保持原有增长态势的基础上,尽可能地扩大市场份额,增加新的盈利点。

首先,开展详尽的市场调查,对报纸的市场占有情况,包括发行、广告、读者市场的详尽情况作一调查分析,同时充分掌握以上市场的需求状况和其他竞争者的有关情况,以便及时调整报纸的生产和营销策略。

其次，在报纸内容即核心产品的生产上不断创新，提高报纸的信息量和有效阅读率，加强促销环节，树立产品形象，以建立品牌偏好，争取新读者。

最后，搞好销售环节的各种服务，可以利用已建成的发行网络，与有关公司联合开发物流配送服务，增加发行渠道的利润，也可在适当的时候降价来扩大市场份额。

三、报纸成熟期的市场特征与营销策略

报纸成熟期可划分为以下三个时期。

(1) 成长成熟期。此时报纸各销售渠道基本呈饱和状态，增长率缓慢上升，还有少数新购买者。

(2) 稳定成熟期。报纸销量稳定，增长率停滞或下降。

(3) 衰退成熟期。销售水平明显下降，原有订户和广告客户的兴趣已开始转向其他报纸，一些缺乏竞争力的报纸开始被淘汰。对于报纸成熟期的营销，可采取市场改良、产品改良和营销组合改良的策略。

市场改良策略也称市场多元化策略，即开发新市场，寻求新用户。如西安市场上唯一处于成熟期的市民生活报《华商报》，就采取成立华商印务公司等多种经营，以及开展"送书上门""送奶到户""回收旧报"等项目，使配送网络的优势得到充分发挥，同时开拓了新的市场和新的经济增长点。产品改良策略也称为"产品再推出"，是指改进产品的品质和服务后再投放市场。

对于有一定市场份额，但又难以找到突破口的报纸，如《西安晚报》《三秦都市报》等报纸而言，在对西安报业市场进行调研的基础上，以细分市场战略为指导，使用产品改良策略或许可以获得新生。营销组合改良策略是指通过改变定价、销售渠道及促销方式来延长报纸成熟期。

四、报纸衰退期的市场特征与营销策略

报纸衰退期的市场特征表现为报纸的广告、发行销售量由缓慢下降变为迅速下降，消费者的兴趣已完全转移；报纸发行和广告价格已下降到最低水平，报纸已无利可图甚至大幅亏损，有些已被迫退出市场；报纸企业内部管理非常混乱，财务状况恶化。

报纸衰退期的营销策略首先为整合资源、集中优势策略，即削减人员，降低成本，缩短报纸的周期或减少报纸版面，把资源集中使用在最有利的细分市场和最有效的销售渠道上，以最有利的市场赢得尽可能多的利润。其次进行重大改革，开拓新的成长空间，特别是必须在内部管理体制上进行彻底改革，以适应新的竞争形势。处于衰退期的报纸，面临两个必然的结局：要么蜕变而后新生，要么彻底衰亡退出市场。

在现实经济生活中，并不是所有的报纸都会经历完整的生命周期理论形态。有的报纸难以度过引入期或成长期，有些报纸也会在成熟期不断有新的飞跃而衰退期迟迟不会降临。此中的不同既取决于区域经济的发展程度、报业市场的完善程度和整体读

者文化水平的差异,同时还取决于报纸决策人和管理人的办报理念与业务水平,以及是否有一支能够不断创新、不断进取、积极向上的人才队伍。

(资料来源:http://www.chinawuliu.com.cn/xsyj/200509/30/135021.shtml)

市场营销组合是企业通过市场细分,在选定目标市场以后,综合运用并优化组合多种可控因素,以实现其预期经营目标的活动总称。物流企业的管理部门怎样把有限的资源分配到营销组合"4P"——产品、价格、渠道(地点)、促销的各部分中,决定着物流企业的市场份额和收益。通过在市场营销组合上投入更多的资金、更有效地将资源分配到市场营销组合的各部分,可以增强企业的竞争地位。

第一节　物流产品的概念和特点

一、物流产品

(一) 产品的概念

产品是市场营销学中重要的概念之一,营销学者将产品定义为"所有满足购买者需求或欲望的有形及无形的组合体",可见作为最基础的营销因素,产品包括有形的物品、无形的服务、组织、观念或它们的组合。

物流企业的产品是指为了满足顾客需要,从供应地到接收地提供运输、库存、装卸、搬运及包装存储的服务,物流产品具有明显的服务特点,客户购买物流产品的过程实质是感知服务的过程。

(二) 物流产品的整体概念

产品一般可以分为三个层次,即核心产品、形式产品、延伸产品。核心产品是指整体产品提供给购买者的直接利益和效用;形式产品是指产品在市场上出现的物质实体外形,包括产品的品质、特征、造型、商标和包装等;延伸产品是指整体产品提供给顾客的一系列附加利益,包括运送、安装、维修、保证等在消费领域给予消费者的好处。物流产品也可以分为三个层次,即物流产品的核心层、有形层和延伸附加层。

1. 物流产品的核心层

物流产品的核心层是物流产品整体概念的基础层次,也是物流产品整体概念中最主要的部分。物流企业应根据顾客的期望,构筑物流产品的核心功能。如UPS的主营业务是信函文件、包裹的物流快递业务。物流企业营销人员的一个重要职责就是把隐藏在每一种物流产品内的核心利益揭示出来,利用核心服务展示企业的产品特色和经营优势,以此吸引客户。

2. 物流产品的有形层

物流产品的有形层是物流产品中客户可以直接观察或感受到的部分，包括物流服务人员的形象、物流设施设备的质量、企业识别系统等客户可以看到的部分。它们是企业核心产品的外在表现形式，客户在选择和评价物流企业时，常常使用这些可感觉到的服务形式作为依据。物流企业营销，除了要突出核心产品利益之外，还要用一系列有形服务策略，去吸引和满足更多的潜在客户。

3. 物流产品的延伸附加层

附加产品是物流客户在获得满意的物流产品前提下，对物流产品提供者的在服务上的进一步延伸的要求，是物流产品提供者提供的额外服务或者是通过超常规的方法提供的服务，如各种优惠、折扣、保险以及承诺等。物流附加产品的提供，实际上是物流企业促销活动的核心，也是物流企业进行市场竞争的重要工具。

如 UPS 发现客户在需要核心服务的同时，还需要附加服务，如需要对特殊物品提供包装服务，解决客户在物品包装上的困难；需要提供代理报关服务，以便减轻客户报关负担和缩短报关时间等。于是 UPS 推出了一系列附加物流服务，并取得了巨大的成功，在快递物流市场上占据领先地位。

（三）物流产品的特点

物流产品从本质上说是一种服务，因此具有服务类产品的通用特征。具体特征如下。

(1) 无形性。物流提供的服务产品是服务性质的，常常是无形的。

(2) 不可分离性。物流提供的服务产品往往呈现出同时发生、不可分离的特点。

(3) 过程性。物流提供的服务产品是由一系列具有无形特征的活动所构成的一种过程。

(4) 异质性。不同的物流服务提供者在不同的环境下提供的产品和服务会有较大的差异。

(5) 不可储藏性。物流提供的服务产品也是无法储藏的，提供和消费服务常常同时发生与完成。

(6) 增值性。物流服务是提供增值利益的过程，通过节省成本费用为物流企业和客户提供增值利益。

二、物流产品的组合及组合策略

物流企业的经营，根据企业的规模目标市场的不同，物流产品可以有不同的分类。以物流服务的范围来划分，物流产品可分为国内物流和国际物流；根据物流服务最终完成的企业来划分，物流产品可分为自理物流和外包物流；根据物流的功能来划分，物流产品可分为基本物流和增值物流服务。

物流产品组合是指物流企业为物流客户提供的全部物流产品线和产品项目的组合。

在现代社会化大生产和市场经济条件下,大多数物流企业提供多种物流产品。物流产品进行有效的组合,既可以反映企业的经营范围,又可以反映企业市场开发的深度。

物流企业通过对产品进行有效的组合,能迅速适应外界环境的改变,增强物流企业的灵活性,满足客户全方位的需求,有效地为客户提供物流服务,最终提高物流企业的市场竞争能力。

(一) 产品组合的相关概念

1. 产品组合、产品项目和产品线

产品组合是由企业生产和销售的全部产品项目及产品线构成的整体,即企业的业务经营范围。产品项目是指同一产品系列中每一个具体的产品;产品线是指企业供给市场的所有产品中,在技术和结构上密切相关、具有相同的使用功能、满足同类需要的一组产品,它们在规格、款式、档次等方面存在差异。

2. 产品组合的长度、宽度、深度和关联度

产品组合的长度是企业产品组合中产品项目的总数,以产品项目总数除以产品线数目即可得到产品线的平均长度。产品组合的宽度是企业产品组合中产品线的数目。产品组合的深度是企业各产品线中不同规格、型号、花色、价格等的具体产品数量。产品组合的关联度是企业各条产品线在最终用途、生产条件、分销渠道或其他方面相互关联的程度。

就物流企业来讲,比如,某物流企业拥有的产品线有"汽车运输、配送、仓储、流通加工"共四条物流产品线,拥有的物流产品线越多,物流产品组合就越宽,反之就越窄;其汽车运输产品线可能拥有"企业数据交换、信息发布、网上查询、网上支付"等多个产品项目;多个产品线的所有产品项目的总数就是物流产品的深度;物流企业各产品线之间所使用物流设施、操作手段、操作规程、服务对象等的相似和相关程度称为关联性。

(二) 物流产品组合策略

物流产品组合策略是指物流企业根据市场状况、自身资源条件和竞争态势对产品组合的宽度、深度和关联度进行不同组合的过程。物流企业的产品组合是随着物流企业的发展和环境的变化而不断调整和灵活选择的,最佳的物流产品组合是指能使物流企业在获利、发展和稳定三者之间取得平衡的物流产品组合。

1. 扩大产品组合策略

扩大产品组合策略包括拓展产品组合的宽度和加强产品组合的深度。拓展宽度是在原产品组合中增加一条或几条产品线,扩大产品经营范围;加强深度是在原有产品线中增加新的产品项目。

扩大产品组合的方式包括以下几种:

(1) 在维持原有的质量和价格的前提下,增加同一产品的款式和规格;

(2) 增加不同质量与不同价格的同类产品;

(3) 增加相互关联的产品；

(4) 增加与现有产品使用同一材料或相同生产技术的其他产品；

(5) 增加可获得较高利润而与现有产品完全无关的产品。

2. 缩减产品组合策略

缩减产品组合策略就是减少产品组合的宽度和深度，即从企业现有产品组合中剔除某些产品线或产品项目。当市场繁荣时，较长、较宽的产品组合会为许多企业带来较多的盈利机会，但当市场不景气或原材料、能源供应紧张时，缩减产品组合使企业可集中力量发展获利多的产品线和产品项目，反而可能使企业总利润上升。

缩减产品组合有以下三种方式。

(1) 保持原有产品宽度和深度，即不增加产品线和产品项目只增加产量、降低成本。

(2) 缩减产品线，企业根据自身特长和市场的特殊需要，只生产经营某一条或某几条产品线。

(3) 缩减产品项目，即在一条产品线内取消一些利润较低的产品，尽量生产利润较高的少数产品。

3. 产品延伸策略

任何企业的产品都有其特定的市场定位，如将产品定位在高档、中档或低档。但这种定位不是永远不变的，它要随着企业内外部环境的变化进行相应的调整。产品延伸策略就是指全部或部分地改变企业原有产品的市场定位，具体做法有向下延伸、向上延伸和双向延伸三种。

(1) 向下延伸。指企业原来生产高档产品，后来决定增加中低档产品。

(2) 向上延伸。指企业原来生产低档产品，后来决定增加中高档产品。

(3) 双向延伸。即企业产品原定位于中档产品市场，当其掌握了市场优势以后，决定向产品线的上下两个方面延伸。一方面增加高档产品；另一方面增加低档产品，扩大市场范围。

第二节 物流产品的生命周期

一、产品生命周期的概念

产品生命周期是产品的市场寿命，即一种新产品从开始进入市场到被市场淘汰的整个过程。任何产品进入市场，都要经历开发、引入、成长、成熟、衰退等不同阶段。产品生命周期是指产品的经济寿命，即在市场上销售的时间，而不是产品的使用寿命。

典型的产品生命周期一般可以分成四个阶段，即介绍期(或引入期)、成长期、成熟期和衰退期，如图 5-1 所示。

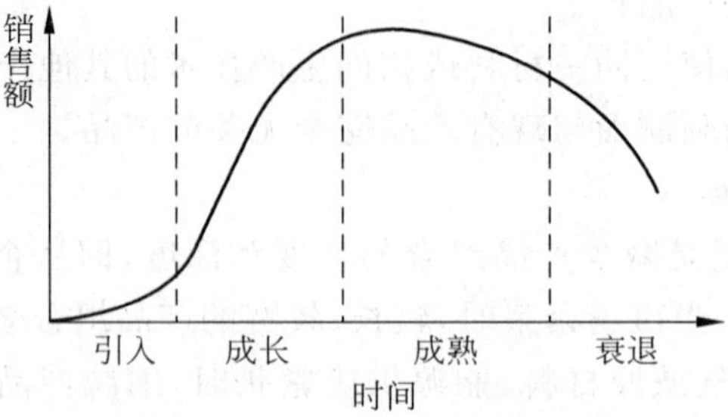

图 5-1　产品生命周期

物流服务作为一种特殊的产品,同实体产品一样,也有其产品的市场生命周期。研究物流企业的产品处于市场生命周期的什么阶段,能使物流企业对复杂的环境和日益激烈的竞争做出快速反应,实施更为恰当的决策,延长物流产品的市场生命周期。

二、物流产品市场生命周期的特点和策略

(一)引入期的特点和策略

1. 引入期的特点

引入期也叫导入期,一般指物流产品投放到市场,销售缓慢成长的时期。在此阶段新产品首次进入市场,知名度低。此时顾客对产品还不十分了解,除少数追求新奇的顾客外,通常几乎无人实际购买该产品。生产者为了扩大销路,不得不投入大量的促销费用,对产品进行宣传推广。该阶段由于生产技术方面的限制,产品生产批量小,制造成本高,广告费用大,产品销售价格偏高,销售量极为有限,企业通常不会获利。

2. 引入期的策略

物流企业在产品处于投入期时的营销思路应突出一个"短"字,应尽量缩短引入期时间,迅速打开市场,促其向成长期过渡。这时企业营销重点是向消费者宣传介绍产品的特点和好处,使消费者尝试使用新产品,将销售力量直接投向最有可能的购买者,使市场尽快接受该产品,具体可以采取以下营销策略。

(1) 快速掠夺策略。这是以高价格和高促销水平推出新产品的策略。实行高价格策略可获得高额毛利,尽快收回投资,同时高的促销水平能够快速建立知名度,加速市场渗透。实施这一策略必须具备的条件:产品有较大的市场需求潜力,目标客户求新心理强,急需购买该产品而不在意高价格,企业面临潜在竞争者的威胁,需要及早树立品牌形象。

(2) 缓慢掠夺策略。这是以高价格和低促销水平推出新产品的策略。实行低水平的促销可以尽可能以较低的费用开支谋求获得更多的利润。实施这一策略必须具备的条件:市场规模小,产品已有一定的知名度,目标客户愿意支付高价,潜在竞争的威

胁小。

(3) 快速渗透策略。这是以低价格和高促销水平推出新产品的策略。实行低价格能够以快速的速度进入市场，获得尽可能高的市场占有率，并随着产销量的扩大取得规模经济。实施这一策略必须具备的条件：该产品市场容量很大，产品的单位成本可随着生产规模和销售量的扩大而有效降低，潜在顾客对产品不了解，但对价格十分敏感，存在潜在竞争。

(4) 缓慢渗透战略。这是以低价格和低促销水平推出新产品的策略。这一策略可降低营销成本，增加利润。实施这一策略必须具备的条件：市场容量很大，市场该产品的知名度较高，需求的价格弹性小，潜在竞争的威胁不大。

（二）成长期的特点和策略

1. 成长期的特点

成长期是指物流产品进入市场成功以后，物流需求量快速上升的阶段。在这一阶段，物流服务逐步向规模化、专业化和多样化转变，是产品经营的黄金时期。成长期是需求增长阶段，需求量和销售额迅速上升。生产成本大幅度下降，利润迅速增长。与此同时，竞争者看到有利可图，将纷纷进入市场参与竞争，使同类产品供给量增加，价格随之下降，企业利润增长速度逐步减慢，最后达到生命周期利润的最高点。

2. 成长期的策略

成长期的营销重点是突出一个“快”字，物流企业应快速扩大市场占有率，建立品牌偏好，巩固市场地位，可以采取以下营销策略。

(1) 继续广告宣传。广告宣传在方向上有所调整，变纯粹宣传产品为宣传产品的品牌与商标形象，持续地吸引消费者对产品的关注。

(2) 提高产品质量。企业应适应市场的不断变化，集中资源，改进提高产品的质量。一方面提高产品的竞争能力；另一方面满足顾客不同层面的需求。

(3) 提高服务质量增加增值服务。扩大市场占有率，一定要在服务理念上下功夫。做服务的同时，提供增值服务、提供配套服务等都是一些比较有效的举措，一方面可以提高客户的满意度；另一方面可以增加企业的盈利能力。

(4) 扩大产品的用户范围。提高市场占有率的另一条重要途径就是扩大产品的用户范围，如何扩大呢？进一步开展市场细分，积极开拓新的市场，创造新的用户，以利于扩大销售。

（三）成熟期的特点和策略

1. 成熟期的特点

产品的成熟期是指商品进入大批量生产，而在市场上处于竞争最激烈的阶段，市场上大多数的商品都处于这一阶段，通常这一阶段比前两个阶段持续的时间更长。

进入成熟期以后，市场上需求趋于饱和，产品的销售和利润增长缓慢，甚至是负增长。

由于生产能力过剩,市场竞争非常激烈。这时,企业应该主动出击,使成熟期延长或者是产品生命周期出现再循环。

2. 成熟期的策略

处于成熟期的产品,物流企业只要保住市场占有率,就可以获得稳定的收入和利润。所以产品处于成熟期的企业的基本策略应突出一个"长"字,营销重点是维持市场占有率并积极扩大产品销量,争取利润最大化。在这一时期企业可以采取以下营销策略。

(1) 开拓新的市场。进入成熟期后,物流企业的销售增长缓慢,逐步达到最高峰。物流企业此时可以通过努力开发新的市场,来保持和扩大自己的商品市场份额。比如,通过努力寻找市场中未被开发的部分,使非使用者转变为使用者;通过宣传推广,促使顾客更频繁地使用该项服务;通过市场细分化,努力打入新的市场区划;赢得竞争者的顾客。

(2) 改进物流产品。物流企业可以根据客户的反馈意见,丰富物流产品的内涵,创新服务,为客户提供独特的、个性化的服务,增强客户的满意度。铁路部门针对商务和旅游客户的要求,增开的"夕发朝至"列车、"旅游专列"等都是对铁路服务的改进。

(3) 调整营销组合。物流企业可以通过对物流服务的产品、定价、渠道、促销四个市场营销组合因素加以调整,刺激销售量的回升。例如,可以通过增加服务内容,提升服务质量,价格折扣让利,扩展分销渠道,增加网点,调整广告策略,强化公共关系等方面,进行市场的渗透,扩大企业及产品的影响,争取更多的客户。

(四) 衰退期的特点和策略

1. 衰退期的特点

产品的衰退期是指商品逐渐老化,转入商品更新换代的时期。当产品进入衰退期时,企业不能简单地放弃,也不应该恋恋不舍,一味维持原有的生产和销售规模。企业必须研究产品在市场上的真实地位,然后决定是持续经营还是放弃经营。

2. 衰退期的策略

在衰退期,企业面临销售和利润直线下降,大量竞争者退出市场,消费者的消费习惯已发生转变等情况,此时,企业应突出一个"转"字。该阶段可供选择的市场营销策略如下。

(1) 维持策略。企业维持原有的服务和销售方式,把销售维持在一个低的水平上,待到适当时机,便停止该项服务,退出市场。

(2) 收缩策略。企业大幅度降低促销水平,尽量减少促销费用,以增加当前利润。

(3) 集中策略。企业把各种资源集中到最有利的细分市场,同时减少广告宣传规模和促销,来获得尽可能多的利润。

(4) 放弃策略。企业应将衰退比较迅速的产品,放弃经营,退出市场。在采取放弃策略时,既可以采取逐步放弃的方式,也可以采取完全放弃的方式,使其所占用的资源逐步转向其他产品,力争使企业的损失减少到最低限度。

第三节 物流新产品开发

任何产品和服务都是有生命周期的。在当今物流企业面临全球竞争的环境下，物流企业必须善于开发和管理新产品。物流企业要对市场保持敏感，对用户的需求变化有清醒的认识，并有计划地开发新的产品和服务，来满足不断变化的用户需求。

一、新产品的含义和种类

市场营销学中的新产品不同于一般意义上的新产品，它是一个相对的概念，它不一定是最新发明的产品，而是相对于企业而言的新产品。市场营销学上的新产品可定义为：凡是企业向市场提供的过去没有生产过的产品都叫新产品。具体地说，只要是产品整体概念中的任何一部分的变革或创新，并且给消费者带来新的利益、新的满足的产品，都可以认为是一种新产品。

（一）全新型产品

全新型产品是指应用新原理、新技术、新材料，具有新结构、新功能的产品。该新产品在全世界首先开发，能开创全新的市场。

（二）改进型产品

改进型产品是指在原有老产品的基础上进行改进，使产品在结构、功能、品质、花色、款式及包装上具有新的特点和新的突破，改进后的新产品，其结构更加合理，功能更加齐全，品质更加优秀，能更多地满足消费者不断变化的需要。

（三）模仿型产品

模仿型产品是企业对国内外市场上已有的产品进行模仿生产，称为本企业的新产品。

（四）系列型产品

系列型产品是指在原有的产品大类中开发出新的品种、花色、规格等，从而与企业原有产品形成系列，扩大产品的目标市场。

（五）降低成本型产品

降低成本型产品是以较低的成本提供同样性能的新产品，主要是指企业利用新科技，改进生产工艺或提高生产效率，削减原产品的成本，但保持原有功能不变的新产品。

（六）重新定位型产品

重新定位型产品是指企业的老产品进入新的市场而被称为该市场的新产品。

物流企业的新产品可理解为：物流企业向市场提供的本企业从未生产经营过的产

品。即物流企业在提供物流服务时变动原服务项目中的任何一个部分后所推出的产品,都可以被理解为一种新的物流产品。

物流企业开发新产品意义重大。第一,不断开发新的产品是企业生存和发展的根本保证;第二,只有不断开发新产品,才能够更好地满足人们日益增长的物质和文化生活要求;第三,开发新产品是提高企业竞争能力的重要手段;第四,开发新产品是提高企业经济效益的重要手段。

二、新产品开发的程序

为了提高新产品开发的成功率,必须建立科学的新产品开发管理程序。物流新产品开发过程可分为以下八个阶段。

(1) 创意形成。新产品开发始于创意形成,即系统地捕捉新的想法。为了获得新产品的创意,企业应该重视创意的来源,比如,新产品的创意可以来自企业内部经常与客户接触的营销或客服人员;也可以来自顾客的观察和询问;还可以来自对竞争对手产品的研究改进;还可以来自与市场联系紧密的渠道分销商;其他来源还包括如营销调研机构、行业组织和政府机构等。

(2) 创意筛选。创意筛选的目的是尽可能快地抓住好的创意,摒弃没用的不切实际的想法。针对形成的诸多创意,企业必须仔细地进行筛选,留下那些有可能给其带来盈利的产品创意。

在创意筛选阶段,企业需要对产品、目标市场和竞争状况分别加以阐述,并对市场规模、产品价格、开发时间和成本回报率做一些粗略的估计。此外,企业还应考虑新的创意是否符合企业的既定战略和目标,同时企业是否有足够的人力、技术、设备和资金等方面的资源来确保该创意的实现等问题。

(3) 概念性开发和测试。将经筛选后的创意需进一步转变为更具体的、明确的产品概念,即在已经选定的新产品设想方案的基础上,具体确定产品开发的各项经济指标、技术性能以及各种必要的参数。它包括产品开发的投资规模、利润分析及市场目标;产品设计的各项技术规范与原则要求;产品开发的方式和实施方案等。

然后进入概念测试阶段,其目的是测试目标客户对于产品概念的看法和反应。此外,在发展和测试概念的过程中还要对产品概念进行定位,即将该产品的特征同竞争对手的产品作比较,并了解它在客户心中的位置。

(4) 营销战略制定。营销战略制定是为产品引进市场而设计的一个初步的营销战略。该战略的第一部分应包括目标市场的描述,既定产品的市场定位,以及几年内要达到的营业额、市场份额和利润总额目标;第二部分应概述产品第一年的计划价格、分销渠道和营销预算;第三部分描述长期的预期营业额、盈利目标和相应的营销组合战略。

(5) 营业分析。营业分析是新产品开发中的一个更加详细和重要的评价阶段,它的基本任务是要合理地估计新产品的收益性。具体内容包括：细分市场的研究、市场潜力的估计、销售预测、产品开发费用计算、价格水平的估计、整个产品生命周期内的盈利和投资报酬估计等。营业分析可以从未来销售量、首次购买销售量、重复购买、未来成本与利润等方面进行。

(6) 产品开发。如果以上各阶段的分析证明都是可行的，就可转交研究开发部门，将抽象的产品描述设计转化为实际的产品，确定产品设想能否转化为实际可行的商业上的产品。

(7) 测试性营销。在进行大规模投资全面推广前对产品进行试销，以获得产品经营的实际经验，发现潜在的问题。在试销时需决定试销的地区范围，试销的时间，试销中所要取得的资料，试销所需的费用开支以及试销成功后所需进一步采取的战略行动。

(8) 正式上市。企业在推出一种正式产品时，需要考虑的问题还包括，在什么时间、什么地区、向什么样的目标客户、以什么方式推出该产品？也就是说，前面不同的阶段考虑的是是否应该推出该新产品的问题，但是在推出的时候，还必须考虑推出的时机、地点、对象以及推出计划和方式等具体问题。

三、新产品开发的策略

新产品的开发是企业产品策略的重要组成部分，新产品开发战略主要有以下几个方面。

(1) 领先策略。这种策略就是在激烈的产品竞争中采用新的技术、新的原理、新的方法优先开发出全新的产品，从而达到先入为主的目的。这类产品的开发多属于发明创新的范围，采用这种策略往往投资数额大，科学研究设计的工作量大，新产品的实验周期比较长。

(2) 超越自我策略。这种策略的着眼点不在于眼前利益而在于长远利益。这种暂时放弃一部分眼前利益、最终以更新更优的产品去获取更大利润的经营策略，要求企业有长远的“利润观”理念，要注意培育潜在市场，培养超越自我的气魄和勇气，不仅如此，更需要有强大的技术作后盾。

(3) 紧跟策略。采用这种策略的企业往往针对市场上已有的产品进行仿造或进行局部的改进和创新，但基本原理和结构与已有产品相似。这种企业跟随既定技术的先驱者，以求用较少的投资得到成熟的定型技术，然后利用其特有的市场或价格方面的优势，在竞争中对早期开发者的商业地位进行侵蚀。

(4) 补缺策略。每一个企业都不可能完全满足市场的任何需求，所以在市场上总存在着未被满足的需求，这就为企业留下了一定的发展空间。这就要求企业详细地分析市场上现有产品及消费者的需求，从中发现尚未被占领的市场。

在新产品开发的过程中，企业还必须注意以下一些注意事项，确保新产品开发成功。

首先,注重研究客户的真实需求,避免与市场需求脱节;其次,在新产品的开发过程中必须注意最大限度地降低总成本,在满足用户功能的前提下,尽可能地降低总成本;最后,在开发新产品时要注意发挥创造性的思维方式,重视来自方方面面的信息,使新产品的开发形成良性循环。

第四节　物流产品的品牌建设

在逐步开放的物流市场,企业取胜的主要手段已不再单纯以产品本身来竞争,追求品牌的市场占有率越来越成为许多知名企业的共同诉求。未来国际物流市场竞争的主要形式将是品牌的竞争,品牌战略的优劣将成为物流企业在竞争中出奇制胜的决定性因素。

一、品牌及品牌相关概念

(一) 品牌的概念

美国市场营销专家菲利普·科特勒博士对品牌的描述为:品牌是一种名称、术语、标记、符号或图案,或是它们的相互组合,用以识别企业提供给某个或某群消费者的产品或服务,并使之与竞争对手的产品或服务相区别。

其他的关于品牌的定义还有:品牌是指组织及其提供的产品或服务的有形和无形的综合表现,其目的是借以辨认组织及其产品或服务,并使之同竞争对手的产品或服务区别开来。品牌和其他可以有别于竞争对手的标示、广告等构成公司独特市场形象的无形资产。

因此,品牌是一种识别标志、一种精神象征、一种价值理念,是品质优异的核心体现。企业培育和创造品牌的过程也是不断创新的过程,自身有了创新的力量,才能在激烈的竞争中立于不败之地,继而巩固原有品牌资产,多层次、多角度、多领域地参与市场竞争。

物流企业品牌的含义已与企业的整体形象联系起来,一个好的物流服务品牌往往使人对经营该产品的物流企业产生好感,最终将使物流消费者对该品牌的其他物流产品产生认同,从而能够提高该物流企业的整体形象。品牌战略实际上已经演变成为物流企业为适应市场竞争而精心培养核心品牌产品,再利用核心产品创立物流企业品牌形象,最终提高企业整体形象的一种战略。如中铁物流的“向社会提供高效率的专业物流服务”的品牌,不但树立了企业良好的形象,而且提高了企业在市场上的竞争能力。

品牌由品牌名称和品牌标志两部分构成。品牌名称是指品牌中可以用语言称呼的部分,例如,中国中铁、中国外运、德邦物流等都是著名的物流企业的品牌;品牌标志是指品牌中可以识别,但不能用语言称呼的部分,表现为符号、图像、图案等。

◆ 小贴士 ◆

国内外知名的物流企业品牌例子有很多，比如，美国的联邦快递、联合包裹服务有限公司等，国内的如中国外运、中国邮政、中国远洋等。请课外查询这些公司的企业形象标志，并讨论这些标志都出现在什么地方，对用户产生了什么样的影响。

（二）品牌与名牌

名牌并无准确的概念，但名牌一定是有一定知名度和美誉度的品牌，名牌代表着优良品质，但名牌并不代表高价位，它可以是高质高价，高质中价，甚至高质低价。品牌发展的目标是形成名牌。名牌是著名的品牌，是品牌中的优秀部分、精华部分，是在品牌竞争中取得优胜的佼佼者。品牌与名牌有其天然的联系性。名牌是品牌的一部分，但不是任何品牌都是名牌。

（三）品牌与商标

商标是商品的生产者、经营者在其生产、制造、加工、拣选或者经销的商品上或者服务的提供者在其提供的服务上采用的，用于区别商品或者服务来源的，由文字、图形、字母、数字、三维标志、颜色组合，或者上述要素的组合，具有显著特征的标志，是现代经济的产物。

品牌对应的英文单词是 Brand，商标对应的英文单词是 Trade Mark，品牌与商标是既有区别又有联系的两个概念。

(1) 商标是品牌的一部分，表示品牌中的标志和名称部分，它使消费者便于识别。

(2) 商标是一种法律概念，而品牌是市场概念。品牌必须经过国家的授权机构注册才能成为注册商标，然后受到法律保护。

(3) 商标掌握在企业手中，而品牌则在消费者心中。当消费者不再信任某一个品牌，该品牌在消费者心目中也就没有任何价值了。

（四）品牌的作用

1. 品牌有助于消费者选择产品和服务

选择知名的品牌，对于消费者而言无疑是一种省事、可靠又减少风险的方法。尤其在大众消费品领域，同类产品中可供消费者选择的品牌一般都有十几个，乃至几十个。面对如此众多的商品和服务提供商，消费者是无法通过比较产品服务本身来做出准确判断的。这时，在消费者的购买决策过程中就出现了对产品的“感觉风险”（即认为可能产生不良后果的心理风险）的影响。

这种“感觉风险”的大小取决于产品的价值高低、产品性能的不确定性以及消费者的自信心等因素。消费者为了回避风险，往往偏爱拥有知名品牌的产品，以坚定购买的信心。而品牌在消费者心目中是产品的标志，它代表着产品的品质和特色，而且同时它还是企业的代号，意味着企业的经营特长和管理水准。因此，品牌缩短了消费者的购买决策过程。

2. 品牌是质量和信誉的保证

企业设计品牌,创立品牌,培养品牌的目的是希望此品牌能变为名牌,于是在产品质量上下功夫,在售后服务上做努力。品牌从某种程度上也代表企业,企业从长远发展的角度必须从产品质量上下功夫,特别是名牌产品和名牌企业。因此,在消费者心目中,品牌、特别是知名品牌就代表了一类产品的质量档次,代表了企业的信誉。

3. 品牌给企业带来超额收益

企业通过品牌建设,使消费者对商品产生好感,使消费者重复购买,不断宣传,形成品牌忠诚。品牌以质量取胜,品牌通常附有文化、情感内涵,所以品牌给产品增加了附加值。同时,品牌有一定的信任度、追随度,企业可以为品牌制定相对较高的价格,获得较高的利润。

品牌中的知名品牌在这一方面表现最为突出,提供同类产品或服务的企业,在定价时往往要比其他同类产品或服务有一定的优势。如海尔家电,其价格一般比同等产品高;耐克运动鞋比同等其他运动鞋高出几百元;顺丰速运的快递价格要比其他普通快递价格高出一倍。

◆ 小知识 ◆

登录顺丰速运公司网站 http://www.sf-express.com,查找有关公司品牌方面的介绍,对比教材的理论介绍,谈谈你对顺丰速运品牌的认识。

二、品牌策略

品牌策略是一系列能够产生品牌积累的企业管理与市场营销方法,主要包括品牌化决策、品牌使用者决策、品牌名称决策、品牌战略决策、品牌再定位决策、品牌延伸策略、品牌的更新等方面。

(一) 品牌化决策

品牌化决策是指企业决定是否给产品起名字、设计标志的活动。历史上,许多产品不用品牌。生产者和中间商把产品直接从桶、箱子和容器内取出来销售,无须供应商的任何辨认凭证。

中世纪的行会经过努力,要求手工业者把商标标在他们的产品上,以保护他们自己并使消费者不受劣质产品的损害。在美术领域内,艺术家在他们的作品上附上了标记,这就是最早的品牌标记的诞生。

今天,品牌的商业作用为企业特别看重,品牌化迅猛发展,已经很少有产品不使用品牌了。像大豆、水果、蔬菜、大米和肉制品等过去从不使用品牌的商品,现在也被放在有特色的包装袋内,冠以品牌出售,这样做的目的自然是获得品牌化的好处。

使用品牌对企业有如下好处：有利于订单处理和对产品的跟踪；保护产品的某些独特特征不被竞争者模仿；为吸引忠诚顾客提供了机会；有助于市场细分；有助于树立产品和企业形象。越来越多的物流企业开始注重企业品牌的建设，使过去比较笼统的运输和仓储服务等有了鲜明的甚至是独特的名称。如中国邮政快递的产品介绍中就有国内特快专递、同城特快专递、国内收件人付费、次晨达特快专递、经济快递、京津当日递、电子商务速递等。

（二）品牌使用者决策

品牌使用者决策是指企业决定使用本企业的品牌，还是使用经销商的品牌，或两种品牌同时兼用。

一般情况下，品牌是制造商的产品标记，制造商决定产品的设计、质量、特色等。享有盛誉的制造商还将其商标租借给其他中小制造商，收取一定的特许使用费。近年来，经销商的品牌日益增多。西方国家许多享有盛誉的百货公司、超级市场、服装商店等都使用自己的品牌，有些著名商家（如美国的沃尔玛）经销的90%商品都用自己的品牌。同时强有力的批发商中也有许多使用自己的品牌，增强对价格、供货时间等方面的控制能力。

当前，经销商品牌已经成为品牌竞争的重要因素。但使用经销商品牌对于经销商会带来一些问题。经销商需大量订货，占用大量资金，承担的风险较大；同时经销商为扩大自身品牌的声誉，需要大力宣传其品牌，经营成本提高。经销商使用自身品牌也会带来诸多利益，比如，因进货数量较大则其进货成本较低，因而销售价格较低，竞争力较强，可以得到较高的利润。同时经销商可以较好地控制价格，可以在某种程度上控制其他中间商。

在现代市场经济条件下，制造商品牌和经销商品牌之间经常展开激烈的竞争，也就是所谓品牌战。一般来说，制造商品牌和经销商品牌之间的竞争，本质上是制造商与经销商之间实力的较量。在制造商具有良好的市场声誉，拥有较大市场份额的条件下，应多使用制造商品牌，无力经营自己品牌的经销商只能接受制造商品牌。

相反，当经销商品牌在某一市场领域中拥有良好的品牌信誉及庞大的、完善的销售体系时，利用经销商品牌也是有利的。因此进行品牌使用者决策时，要结合具体情况，充分考虑制造商与经销商的实力对比，以求客观地做出决策。

（三）品牌名称决策

品牌名称决策是指企业决定所有的产品使用一个或几个品牌，还是不同产品分别使用不同的品牌。在这个问题上，可以大致有以下四种决策模式。

1. 个别品牌名称

个别品牌名称即企业决定每个产品使用不同的品牌。采用个别品牌名称，为每种产品寻求不同的市场定位，有利于增加销售额和对抗竞争对手，还可以分散风险，使企业的整个声誉不致因某种产品表现不佳而受到影响。如宝洁公司的洗衣粉使用了“汰渍”“碧浪”；肥皂使用了“舒肤佳”；牙膏使用了“佳洁士”。

2. 对所有产品使用共同的家族品牌名称

企业使用这种策略,即企业的所有产品都使用同一种品牌。对于那些享有高声誉的著名企业,全部产品采用统一品牌名称策略可以充分利用其名牌效应,使企业所有产品畅销,同时企业宣传介绍新产品的费用开支也相对较低,有利于新产品进入市场。如美国通用电气公司的所有产品都用 GE 作为品牌名称。

3. 各大类产品使用不同的家族品牌名称

企业使用这种策略,一般是为了区分不同大类的产品,一个产品大类下的产品再使用共同的家族品牌,以便在不同大类产品领域中树立各自的品牌形象。例如,史威夫特公司生产的一个产品大类是火腿;还有一个大类是化肥,就分别起名为"普利姆"和"肥高洛"。

4. 个别品牌名称与企业名称并用

企业使用这种策略,即企业决定其不同类别的产品分别采取不同的品牌名称,且在品牌名称之前都加上企业的名称,企业多把此种策略用于新产品的开发。在新产品的品牌名称上加上企业名称,可以使新产品享受企业的声誉,而采用不同的品牌名称,又可使各种新产品显示出不同的特色。例如,海尔集团就推出了"探路者"彩电、"大力神"冷柜、"大王子""小王子"和"小小神童"洗衣机。

(四) 品牌再定位决策

品牌再定位决策是指一种品牌在市场上最初的定位也许是适宜的、成功的,但是到后来企业可能不得不对之重新定位。原因可能来自多个方面,如竞争者可能继企业品牌之后推出类似的品牌,并削减企业的市场份额;顾客偏好也会随着时间的推移发生变化,使对企业品牌的需求减少;或者公司决定进入新的细分市场。

在做出品牌再定位决策时,首先,应考虑将品牌转移到另一个细分市场所需要的成本,包括产品品质改变、包装和广告费用等。一般来说,再定位的跨度越大,所需成本越高。其次,要考虑品牌定位于新位置后可能产生的收益,成本与收益永远是企业考虑的主要因素。

◆ **背景资料** ◆

EMS 品牌形象规划

一、品牌形象成效

精准传播品牌价值,建立竞争优势。EMS 新形象的推出,清晰的品牌定位,鲜明的品牌利益点,仅仅 5 个月的整合推广传播,深圳市场 EMS 的经营业绩已经同比提升 40%!

二、品牌背景

整个速递市场每年增长 30%,而 EMS 市场份额却以每年 4%的速度衰退;EMS 正面临着国际速递品牌如 UPS、DHL 等,国内民营速递公司如顺丰、宅急送等对 EMS 市场份额的蚕食,速度慢、价格贵几乎成了 EMS 的代名词。

三、解决方案

(1) 挖掘出 EMS 提速的最核心价值点。“EMS，一天就到！”，简明、扼要、口语化，非常容易记忆和传播，而且涵盖 EMS 提速的几个新业务特性。

(2) 以刘翔为 EMS 新形象的统一载体，强化品牌传播力量。刘翔是中国邮政形象代言人，我们在进行市场传播时，大范围以刘翔经典跨栏动作为主要形象，简明、形象，很好地传播了品牌价值。

(3) 充分利用邮政现有资源，扩大传播影响，降低传播成本。充分利用邮政营业厅、报刊亭、邮车、信报箱等 EMS 自有资源，以统一的品牌形象，低成本传播 EMS 提速的信息内容。

(4) 针对企业客户，以顾问式的销售模式进行突破。精心设计制作“EMS 精品业务手册”，精美、大气、严谨，成为 EMS 客户经理的重要洽谈武器，让商务客户在鉴赏之中达成很多业务。

精准的策略，不多的花费，“EMS 全新大提速”全新的品牌形象，给目标商务客户留下深刻的印象，EMS 重新建立了竞争优势。

(资料来源：http://www.chinawuliu.com.cn/xsyj/201103/03/144041.shtml)

三、品牌建设

品牌建设是一项长期的系统工程，涉及企业经营管理工作的各个方面，一般来说，品牌建设应做好以下工作。

(一) 品牌建设的基本思路

(1) 品牌建设与公司的整体发展战略相一致。企业在做战略规划时，就应该将企业的品牌塑造与企业宗旨有效结合起来。在企业发展的不同阶段，对于品牌建设的认识和投入也应有相应地规划。

(2) 建立合理的品牌结构。在品牌建设中，要将企业的商业氛围、企业环境和企业文化与品牌形象融合在一起。

(3) 品牌建设应保持一定的稳定性。过于频繁地改变品牌定位和内涵对于建设品牌的稳定性和增强消费者认知是不利的，因此，除非有必要，不应对品牌的定位进行改变。

(4) 全员重视品牌建设。品牌建设不仅是企业的外在形象，同时也需要从内部打好基础。从企业的管理者到企业的员工都应重视并参与到品牌的建设中去。

(5) 品牌建设需要一个过程。品牌不是短时间能够累积起来的，它是一个循序渐进的过程。有些认为通过短期的事件炒作来建设品牌的想法是靠不住的，品牌建设必须遵循科学的程序。

(6) 诚信是品牌建设的关键。诚信是衡量一个人的重要标准，在品牌建设中，诚信尤其重要。品牌标示着企业的信用和形象,是企业最重要的无形资产。在市场经济下,环境每天都在不断变化,谁拥有了诚信品牌,谁就掌握了竞争的主动权,就能处于市场的领导地位。

(二)品牌建设的阶段和具体步骤

品牌建设一般分为三个重要阶段,即品牌规划、品牌建设、品牌维护。

1. 品牌规划

一个好的品牌规划,等于完成了一半品牌建设;一个坏的品牌规划,可以毁掉一个事业。做规划时要根据企业的产品定位提出很明确的目标,然后进行企业品牌的规划设计。对于一个已经发展很多年的企业,还要先对这个企业的品牌进行诊断,找出品牌建设中的问题,总结出优势和缺陷。

2. 品牌建设

品牌建设是一个长期的过程。其中每一个步骤都会关系到品牌建设的成功与否,而且品牌还需要不断地推广,有效地利用各种媒体,增强品牌的传播和影响。

3. 品牌维护

企业要根据市场和企业自身发展的变化,对品牌进行不断地自我维护和提升,使之达到一个新的高度,从而产生品牌影响力,为企业带来增值的效应。

在品牌建设的过程中,如果从具体的步骤来讲,一般应包括以下几个步骤。

(1) 明确产品理念和准确的市场定位。

(2) 明确产品的设计风格和希望树立的企业形象,制定CIS系统。

(3) 生产或提供设定好的产品。

(4) 制订详细可行的营销计划和阶段性的目标。

(5) 在企业实行营销策略的同时,配合进行广告宣传策略,制订详细的企业形象、产品宣传计划,配合着营销工作扩大企业的影响力。

(6) 要时刻留意并考虑品牌的延伸,为品牌的未来发展设定好道路。可以考虑扩大品牌涉及的行业领域,延伸、扩展品牌的文化内涵。最重要的是,产品一定要与时俱进,要不断革新、创新,不断推出新产品,如果一个企业不具备自主研发的能力,那么这个企业就不具备竞争力。

(7) 注重品牌管理,品牌维护的工作。在产品不断推陈出新的过程中,一定要保持产品的理念和风格的一致性,不能偏离轨道。在售后服务、销售现场、服务态度、企业公关等任何一个环节都要传递出一致性,保持和维护品牌的完整,这就是品牌管理工作的重要使命和意义所在。

(8) 最后一点,一个好的品牌一定要具有公益性,能创造社会价值,或者成为振兴民族的栋梁。

本章小结

一、知识点

物流企业的产品是指为了满足顾客需要，从供应地到接收地提供运输、库存、装卸、搬运及包装存储的服务，物流产品不是一种有形的实体，而是一种无形的服务，是一个过程。

物流产品具有无形性、不可分离性、过程性、异质性、不可储藏性和增值性的特点。

产品生命周期是产品的市场寿命，即一种新产品从开始进入市场到被市场淘汰的整个过程。任何产品进入市场，都要经历开发、引入、成长、成熟、衰退等不同阶段。对于处于生命周期不同阶段的产品，应采取相应的营销策略。

开发并提供新产品对于企业的发展至关重要，对于企业来讲，凡是过去没有向市场提供过的或过去没有生产过的产品都可以称作新产品。新产品的开发须遵照一定的科学程序和步骤，才能确保新产品成功，特别需要注意的是，客户的真实需求，避免与市场脱节。

品牌是指组织及其提供的产品或服务的有形和无形的综合表现，其目的是借以辨认组织及其产品或服务，并使之同竞争对手的产品或服务区别开来。品牌和其他可以有别于竞争对手的标示、广告等构成公司独特市场形象的无形资产。

品牌对于企业来说非常重要，优秀的品牌一方面对于用户来说是品质和信誉的象征；另一方面也可以为企业带来额外的超额收益。但是必须注意品牌的建设是一个长期的过程。

二、关键概念

物流产品、产品组合、产品的组合和优化策略、产品生命周期、新产品的含义、新产品开发、品牌、品牌策略、品牌建设

思考题

1. 如何理解物流产品的概念和特点？
2. 如何把握物流产品的生命周期各阶段的特点和策略？
3. 举出几个你熟悉的物流企业新产品的例子，并说明新产品对物流企业的重要性。
4. 查找我国知名物流企业品牌的建设和发展背景资料，谈谈你对品牌建设的看法。

案例分析

白沙物流：专业经营成就核心竞争力

在 2007 年 6 月公司开展的外部客户满意度调查中，白沙物流业务服务总体顾客综合

满意度高达95.62%,后勤业务服务总体顾客综合满意度为85.36%,均较2006年下半年有所提高。白沙物流公司的负责人在欣慰之余,还提到了一件让该公司员工深感振奋的事。

2007年6月,白沙物流公司收到TCL公司对配送服务供应商的质量考核报表,结果显示,在其国内51家配送供应商名录中,深圳白沙物流公司的服务质量由2007年4月的第40名上升到5月的第2名,获得了TCL公司的优质服务质量奖和奖金。"我们非常重视来自客户的评价,这份报表是对我们公司的高度肯定!"白沙物流的负责人对记者说。

调整定位,以专业经营赢得市场

2006年年底,合并重组后的湖南中烟工业公司成为深圳白沙物流的股东,湖南中烟工业公司明确提出,要将白沙物流建设成为湖南中烟工业公司原辅料进口的周转基地、成品卷烟二次配送的区域配送中心。

虽然,深圳白沙物流公司有着优越的地理位置,有着十多年市场化的运作经验,公司仓库供不应求,但为更好满足湖南中烟工业公司在华南乃至全国的配送和进出口业务的发展,公司毅然对自身定位进行了一定的调整。

深圳白沙物流公司旨在利用深圳、湖南两地经济合作的优势,利用湖南中烟工业公司的雄厚资金和深圳特殊的经济地理位置,建立一个湖南中烟工业公司乃至整个湖南的对外窗口,为湖南中烟工业公司迈向跨国集团公司行列创造条件,为湖南中烟工业公司降低成本,减少环节,保障货物进出口通畅,提高履约能力,争取获得更高的经济效益和社会效益。

在经营方向上,白沙物流以"诚信经营、科学管理、先进技术"为宗旨,以"为全国客户提供优质的物流服务"为使命,最终打造"以区域配送与运输业务为支柱、具备现代化物流管理模式与经营理念"的综合型知名现代物流企业。公司将利用大规模的网点布局,为烟草主业发展提供优质专业的物流服务,发展成为湖南中烟在华南地区的重要窗口与物流基地。

"按此部署,我们为实现发展战略,已增加了经营范围,开办了国际货运代理业务。目前,公司正积极开展物流专业英语和报关业务知识培训,为发展做好充分的人力资源储备",公司负责人告诉记者。

事实证明,这些调整带来的是变革、活力和效益。

2006年年底,湖南中烟和深圳烟草在考察深圳白沙物流后,即达成合作意向,深圳白沙物流承接湖南中烟烟草辅料运输项目于3月正式启动。截至2007年,已为湖南中烟运输200多车,上万吨烟草辅料。与此同时,深圳烟草配送服务商都市物流也在年后进驻白沙物流仓库,每天早上40多台烟草配送车辆在白沙物流公司和深圳各区的香烟专卖店往来穿梭,车水马龙,公司上下一片繁忙,白沙物流小区已成为深圳烟草配送的第二个基地。

苦练内功，以优质服务彰显品牌

围绕中烟的最新定位，2007 年公司市场战略转移到“稳健发展珠三角、华南区域配送业务，积极拓展中南线货代运输”。今年上半年，运输配送业务稳步增长，运作效率和服务质量也明显提高。公司有关部门负责人介绍说，在仓储方面，公司拟定了建多层仓的方案，继续按照“精品仓储”路线提高仓储管理服务水平，还顺利承接了中烟辅料仓储管理和深圳烟草成品烟仓储的中转业务，目前仓库销售比较稳定，顺利实现了客户转仓和调仓的协调工作。

在运输配送方面，公司增加了国际货运代理业务，发展了中南运输精品线路，承接了中烟运输项目，同时开展了华南城市配送业务，成功引进 TCL、华为等大项目，设立了长沙网点，目前各网点业务增长前景良好。

“我们开展了目标客户的市场调查，狠抓流程优化和服务质量，顾客满意度明显提高”，白沙物流的负责人说。在内部管理上，顺利通过了深圳市认证中心 ISO 9001 和 OHSAS18001 双体系的外部审核，进一步落实了各部门的目标管理和绩效考核，改善了员工福利，开展了物流专业类课程的培训，提高了员工的素质和公司的凝聚力。

“品牌打造是我们不变的追求”，总经理罗卫对记者说，“白沙的品牌建设，是在以往中国百强物流企业、中国诚信物流企业和深圳最具竞争力品牌等基础上的更高追求”。今年 4 月，在由市物流协会、航空运输协会、海运协会、集装箱拖车运输协会、国际配送协会和《深圳特区报》、深圳新闻网联合主办的“第二届深圳物流界年度盛典风云榜”评比中，深圳白沙物流公司再次荣登“深圳物流年度盛典风云榜”，被评选为“深圳高端服务业十大成长型物流企业”，总经理罗卫也入选“深圳物流十大风云人物榜”，显示了公司在业内的声誉。

2007 年上半年，白沙物流公司又获得了“最受深圳市工商企业好评的物流与供应链公司”“深圳高端服务业十大成长型物流企业”等众多荣誉，公司品牌不断提升，品牌张力也日益显现。“我们的思路，就是通过专业经营，打造我们的核心竞争力”，罗卫充满自信地对记者说。

（资料来源：http://www.chinawuliu.com.cn/xsyj/200707/18/137772.shtml）

【案例讨论题】

1. 本案例中所提到的白沙物流公司的重新定位是什么？
2. 依据本案例白沙物流公司为湖南中烟工业公司提供了哪些物流服务产品？

第六章

物流产品价格策略

学习目标

◆ 知识目标 ◆

(1) 了解物流产品定价的依据及影响因素；

(2) 掌握物流产品定价方法及定价策略。

◆ 能力目标 ◆

树立正确的价格观念，灵活运用各种物流产品定价策略。

◆ 引导案例 ◆

另解“重赏之下，必有勇夫”

眼瞅着大半年过去了，销售计划只完成了1/3，怎么办？

某食品公司营销经理的张帅，一直为销售不畅苦恼，于是他决定搞一次大规模的促销活动，激励零售商大量进货。促销方法是：每进货一件产品，奖励现金50元。活动的效果非常好，零售商们在现金奖励的刺激下，进货积极性高涨，只用了一周的时间，公司就超额完成了上半年没有完成的任务。看着销售表，张经理心想：“真是有钱能使鬼推磨，重赏之下，必有勇夫！”

然而张经理没想到的是，不到一个月，市场上就发生了意想不到的事情：公司一直平稳的产品价格莫明其妙地直往下滑，无论是大商场还是小食杂货店都竞相降价甩货，不仅造成零售价格一片混乱，还直接影响公司的市场形象。老总着急了，急忙派人去阻止零售商的行为。零售商们当面表示支持，背后仍然低价出售，派去的人也无可奈何。

调查后发现，在高额促销费的驱动下，零售商们的进货量猛增，从表面上看，公司的库存下降了，而商圈内消费者的消费量是相对有限和固定的，零售商为了处理大量的产品库存，回笼资金，争相降价，导致市场上产品价格混乱，而且由于零售商彼此竞争，产品价格越卖越低。因为有高额的促销费作补贴，所以零售商只是少赚一点，并不赔钱，损失最惨重的是公司，除了公司形象受影响外，产品价格一旦降下来，再想涨起来几乎是不可能的。

于是，产品的售价越来越低，零售商的利润越来越薄，最后零售商就不经销此产品了，公司只好不再生产，张经理引咎辞职。

案例启示：销量与售价是相互关联的，制订促销活动方案时，要考虑多种因素和可能出现的问题，特别是各种因素之间的相互影响。

（资料来源：http://www.chinawuliu.com.cn）

第一节　物流产品价格概述

一、物流产品价格的含义

（一）经济学中的产品价格

狭义地说，价格是消费者购买产品或服务所支付的货币数目。广义地说，价格是消费者为取得同等价值的产品或服务所愿意支付的货币数目。价格是营销组合中唯一产生销售收入的因素，其他因素均属于成本。多数情况下，价格是购买者进行选择的主要决定因素。虽然在最近十年里，购买者选择行为中非价格因素的重要性有所提高，但是，价格仍是决定企业市场份额和盈利率的最重要因素之一。

在实际经济生活中，商品的价格是非常活跃的，其表现形式非常复杂。商品的价格以价值为中心，围绕价值上下波动。从发展趋势和波动的平均数考察，价格同价值是基本吻合的。因此，企业在制定和调整价格时，应遵循价值规律的客观要求，体现等价交换的原则，以商品的价值为基础，使价格基本符合价值。

在实际经济生活中，市场价格或许与企业定价不一致，这是因为价格的主要决定因素是消费者的支付能力及购买意愿。对于消费者,价格是购买商品支付给卖方的货币额,该货币额表示商品在市场上的价值,因此,此价格与商品价值在消费者心目中必须相称,若消费者认为物非所值,就可能拒绝购买。

商品的最理想价格是使利润达到最大化的价格,不一定是使销售量或销售额达到最大化的价格。一般而言,最理想的价格以企业的产品成本及消费者愿意支付的价格为依据来制定,企业的产品成本应视为价格的下限,而消费者愿意支付的价格则应视为价格的上限。原则上价格应大于产品成本以赚取利润,同时应低于消费者愿意支付的价格从而吸引更多顾客,扩大销售量。

(二)营销学中的产品价格

从经济学的角度来讲,价格是商品价值的反映。商品价值量是由生产商品所需要的社会必要劳动时间所决定的,生产商品的社会必要劳动时间发生变化,商品价值与价格都随之相应地改变。

在实际经济生活中,商品价格的制定是以产品的成本或顾客的需求为基础的。不同的价格基础观,反映不同的市场观念,也决定企业不同的市场命运。

以产品成本为基础的价值观,产品的供应方在市场行为中占据主导地位,组织在进行营销活动时,主要是从自身角度,即从生产商的角度来决定产品的销售活动。无论是以生产、产品还是推销为导向的营销观,都忽视产品消费者的要求,其价格来源于产品的生产成本,主要采用以成本为基础的定价方法。

目前,供大于求的市场现状使得不注重消费市场需求的企业行为,将会逐渐被市场淘汰。以顾客需求为基础的产品价值观,是产品的需求方在市场行为中占主导地位,适应消费者需求并与其购买力相符的产品,才可以被市场尽快接受,并为企业带来丰厚利润。否则,不符合市场需求特征的产品,或者消费者的购买能力达不到的产品,将会在激烈的市场竞争中处于劣势。

以成本为基础的定价与以需求为基础的定价的出发点是不同的,其区别比较如图 6-1所示。

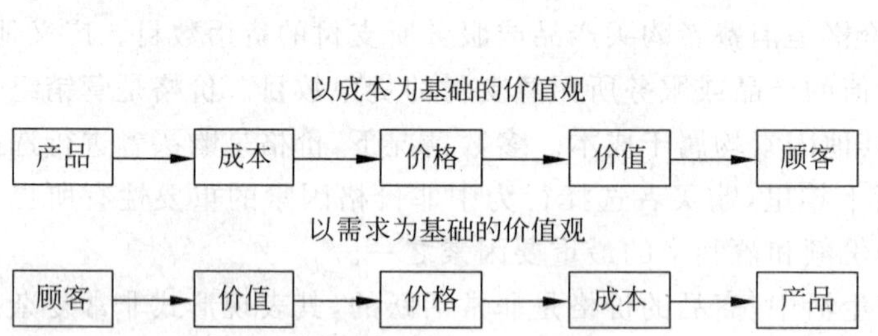

图 6-1 不同价值观的对比

基于成本的价值观,是从产品开始的,企业设计一个自己认为不错的产品,然后把生产成本汇总,再加上预期的目标利润制定一个价格。销售产品时,企业需要让顾客感到他们的购买是值得的。如果顾客感觉价格太高，企业要么降价，要么就降低预期的销售数量，其利润情况是不确定的。因为企业不确定该产品是否可以为市场所接受和喜欢，所以产品所承担的市场风险很大。

基于需求的价值观，是企业先进行市场调查与预测，了解消费者的需求偏好与其购买力水平，了解消费者某种需求下的目标价值，然后为产品制定一个目标价格，用整个目标价格引导产品设计，倒推出产品的成本，并最终决定该产品是否值得生产。

这种营销行为，是从分析消费者需求出发，预测其对价值的看法为基础的，所以制定出的价格能够与消费者感知价值一致，从而使产品很快就被市场接受，使企业很顺利地进行产品销售，并且为企业带来丰厚的利润。

随着市场经济的发展，企业越来越接受基于需求的价值观，越来越多的企业在开发新产品，为产品制定价格时，以顾客需求为导向，为产品拥有良好的市场前景奠定基础。

（三）物流产品价格

物流产品价格是指物流企业按照客户的要求对特定的物品提供物流服务的劳务价格。物流产品价格具有以下特点：一是物流产品价格是一种劳务价格；二是物流产品价格是商品销售价格的组成部分；三是物流产品价格体现消费者预期价值。

二、影响物流产品定价的因素

物流产品，提供的是物流服务，本质上是服务。服务的特征之一是无形性，这一特性使得服务产品的定价远比有形产品的定价更为困难，所以物流产品的定价是困难的。服务产品价格的上限和下限之间的定价区域一般要比有形产品的定价区域宽，最低价格与最高价格的差距较大。

影响物流产品定价的因素很多，有些来源于企业的内部，也有些来源于企业的外部；有些是主观因素，也有些是客观因素。概括起来，大体上可以分为产品成本、市场需求、社会环境因素和其他因素四个方面。

（一）产品成本

从企业的角度来说，价格的合理与公平直接来源于产品的成本核算，成本是企业进行产品定价的下限，也是企业能够正常经营的底线。企业希望产品价格在能够补偿制造、分销、出售的成本的同时，还能够实现回报企业努力与承担风险的正常报酬率。因此，提供产品或服务的成本必然会影响到产品定价决策，企业只有为了吸引顾客才会偶然地亏本出售产品，因为低于成本的定价将给企业造成损失。

在实际工作中，产品的价格是由成本、利润和税金三部分构成的。按成本性态还可将成本分解为固定成本和变动成本。产品的价格有时是由总成本决定，有时又仅由变动成本决定。成本还可以分为社会平均成本和企业个别成本。属于社会同类产品的，其市场价格主要受社会平均成本影响。这类产品，在竞争很充分的情况下，企业个别成本高于或低于社会平均成本,对产品价格的影响不大,产品价格由市场决定。

统计资料显示,目前工业产品的成本在产品出厂价格中平均占比为70%。换言之,成本是工业产品构成价格的主要因素,这是从价格数量比例角度考虑的。如果从制定价格时重要性考虑,成本无疑也是最重要的因素之一。因为如果价格过高于成本就会有失社会公平,价格过低于成本,则企业无法持续经营。

企业进行产品定价时,不应孤立地考虑成本因素,还要考虑产量、销售量、资金周转速度等因素。成本因素还需要与影响价格的其他因素结合起来考虑。

(二) 市场需求

从消费者的角度来说,价格的公平、合理取决于消费者自身的经济状况和心理的承受能力,它不是来源于企业产品的成本核算,而是来源于产品过去或将来的价格、其他区域的销售价格、可替代产品的价格、配套消费的互补产品的价格或消费者自己了解的其他相关产品价格,以及购买者的数量、销售厂商的数量等。

产品价格除受成本影响外,还受市场需求的影响,即受产品供给与需求的相互关系的影响。当产品的市场需求大于供给时,价格应高一些;当产品的市场需求小于供给时,价格应低一些。反过来,价格变动影响市场需求总量,从而影响到企业的销售量,进而影响企业利润目标的实现。因此,企业制定价格就必须了解价格变动对市场需求的影响程度。总的来说,市场因素主要是指市场供求状况和市场竞争情况。

1. 市场供求状况

对于供不应求的产品而言,由于市场需求超过了生产厂商所能提供的数量,所以在买卖双方的讨价还价中,卖方处于有利地位,可以适当抬高产品的价格以获得更多的利润;而对于供过于求的产品来说,情况正好相反,由于买方占据了讨价还价中的有利地位,卖方为了能使自己的产品卖出去,可能就需要提供比竞争者低一些的价格或是比竞争者更好的品质。提价和降价所产生的效果会因产品需求弹性不同而有所差异。

2. 市场竞争情况

按照竞争与垄断程度的不同,市场竞争格局可分为完全竞争市场、垄断竞争市场、寡头垄断和完全垄断四种模式,企业应当根据市场竞争的特点制定价格。

(1) 完全竞争市场。在完全竞争市场上,由于买者和卖者众多,产品高度同质化,任何单个经营者的产品只占总量的一小部分,因此,买者和卖者都只能是价格的接受者,而不是价格的决定者。产品价格是在供给和需求的作用下自发形成的,企业只能按照这个市场价格出售其产品。

(2) 垄断竞争市场。在垄断竞争市场上,虽然有多个卖主和买主,但各个卖主所提供的产品在品牌、质量、花色、式样和服务等方面存在差异,因此各个卖主的产品拥有一定的垄断性,能在一定程度上控制产品价格。在这种情况下,卖主已不是价格的被动接受者,其产品的独特性,使其拥有一定的控制价格的能力。

(3) 寡头垄断。在寡头垄断的条件下，一个行业中只有少数几家大卖主，他们所生产和销售的产品数量占这种产品总量的绝大部分。因此，他们有能力影响和控制产品价格。但由于各个寡头间相互依存和相互影响，所以任何一个寡头的产品定价都必须考虑其他竞争对手的反应，受其他寡头企业产品定价政策的制约。

(4) 完全垄断。完全垄断是指在一个行业中某种产品的生产和销售完全由一个卖主独家经营和控制。由于没有竞争，卖主可以在国家法律允许的范围内随意定价。卖主对产品价格拥有绝对的控制权，而消费者只能被动接受该产品价格。

(三) 社会环境因素

社会环境因素主要包括经济、政治、文化、法律等方面的因素。从整个社会来看，最终的产品价格其实是政府、居民、厂商随着经济增长与社会进步动态整合出的合理价格，经济增长，资源的减少与技术的进步，消费习俗和偏好的变化，政策、舆论与文化的倾向性，投资与经营状况等都对产品的销售价格有重要影响。

例如，资源的减少会导致这些日益稀缺的资源价格以及以这些资源为原料的加工品或制成品的价格上涨；技术的进步可以降低产品的生产成本，从而使价格也随之下降，或者改进原先产品，使其在市场中脱颖而出，以其独特的优势获得以较高价出售的机会；政策、舆论、文化鼓励消费者消费的产品，其价格可能会高一些，而不鼓励的产品的价格就可能要低一些；等等。

(四) 其他因素

企业的定价策略除受到成本、需求以及竞争状况的影响外，还受到其他多种因素的影响。这些因素包括政府或行业组织的干预、消费者习惯和心理、企业或产品的形象等。

1. 政府或行业组织的干预

政府为了维护经济秩序，或为了其他目的，可能通过立法或者其他途径对企业的价格策略进行干预。政府的干预包括规定毛利率，规定最高、最低限价，限制价格的浮动幅度或者规定价格变动的审批手续，实行价格补贴等。

例如，通过制定相关法律条款，美国某些州政府将房租控制在较低的水平上，将牛奶价格控制在较高的水平上；法国政府将宝石的价格控制在低水平上，将面包价格控制在高水平上；我国某些地方为反暴利对商业毛利率进行限制；一些贸易协会或行业性垄断组织也会影响企业的价格策略。

2. 消费者习惯和心理

价格的制定和变动在消费者心理上的反应也是价格策略必须考虑的因素。在现实生活中，很多消费者存在"一分价钱一分货"的观念。面对不太熟悉的产品，消费者常常用价格来判断产品的好坏，从经验出发，认为高价格产品拥有高的产品品质。消费者习惯和心理上的反应比较复杂，某些情况下可能会出现完全相反的反应。

例如，在一般情况下，产品价格上涨会使消费者购买数量减少，但有时涨价会引起抢购,反而会增加购买量。因此,在研究消费者心理对定价的影响时,要持谨慎态度,要深入了解消费者心理及其变化规律。

3. 企业或产品的形象

有时企业根据企业理念和企业形象设计的要求,需要对产品价格进行修订。例如,企业为了树立热心公益事业的形象,会将某些有关公益事业的产品价格定得较低;为了树立"高端大气上档次"的企业形象,将某些产品价格定得较高等。

三、物流产品定价的目标

定价目标是指企业通过制定一定水平的价格所要达到的预期目的。定价目标一般可分为利润目标、销售额目标、市场占有率目标和稳定价格目标。

(一) 利润目标

利润目标是企业定价目标的重要组成部分,获取利润是企业生存和发展的必要条件,是企业经营的直接动力和最终目的。因此,利润目标为大多数企业所采用。由于企业的经营哲学及营销总目标的不同,这一目标在实践中有两种形式。

1. 以追求最大利润为目标

以追求最大利润为目标是通过所定价格尽快实现最大限度的利润或投资收益。持有此目标的经营者会制定高价,以求快速得到最大利润。但是,选择这样的定价目标须满足一定的条件:经营者所经营的产品技术领先,质量良好且替代品较少;或者产品的需求弹性小,不致因价格过高而导致销售减少过多;或者市场供不应求,采取高价虽在一定程度上抑制销售,但不影响经营者目标销售量。

以追求最大利润为目标并不必然导致高价,价格太高,会导致销售量下降,利润总额可能因此而减少。有时,高额利润是通过采用低价策略,待占领市场后再逐步提价来获得的;有时,企业可以采用招徕定价艺术,对部分产品定低价,赔钱销售,以扩大影响,招徕顾客,带动其他产品的销售,以获取最大的整体效益。

2. 以获取适度利润为目标

以获取适度利润为目标是指企业在补偿社会平均成本的基础上,适当地加上一定量的利润作为商品价格,以获取正常情况下合理利润的一种定价目标。以追求最大利润为目标,尽管从理论上讲十分完美,也十分诱人,但实际运用时常常会受到各种限制。所以,很多企业按适度原则确定利润水平,并以此为目标制定价格。采用适度利润目标有各种原因,以获取适度利润为目标使产品价格不会显得太高,从而可以阻止激烈的市场竞争,或某些企业为了协调投资者和消费者的关系,树立企业良好的形象,而以获取适度利润为其目标。

以获取适度利润为目标确定的价格不仅使企业可以避免不必要的竞争,又能获得长期利润,并且价格适中,消费者愿意接受,而且符合政府的价格指导方针,因此这是一种企业利益和社会利益双赢的定价目标。需要指出的是,适度利润的实现,必须充分考虑产销量、投资成本、竞争格局和市场接受程度等因素。否则，适度利润只能是一句空话。

（二）销售额目标

销售额目标是在保证一定利润水平的前提下，谋求销售额的最大化。某种产品在一定时期、一定市场状况下的销售额由该产品的销售量和价格共同决定，因此销售额的最大化既不等于销量最大，也不等于价格最高。

对于价格需求弹性较大的产品，降低价格而导致的损失可以通过销量的增加而得到补偿，针对这类产品，企业宜采用薄利多销策略，在保证总利润不低于企业最低利润的条件下，尽量降低价格，促进销售，扩大盈利；反之，若产品的价格需求弹性较小时，降价会导致收入减少，而提价则使销售额增加，企业此时则宜采用高价、厚利、限销的策略。

将销售额作为指标的经营者其定价目标是要促进销售额的增长。一般情况下，销售额的增长会带来一定的规模效益，使成本下降，利润提高。但是，情况并非总是这样，当企业成本增加速度超过销售额增长速度时，会引起总利润的减少。所以企业在采用销售额定价目标时，一定要考虑销售额与利润的辩证关系，在保证总利润增长的情况下，合理确定能促进销售增长的价格。在两者发生矛盾时，除非是特殊情况（如为了尽量地回收资金），应以保证最低利润为原则。

（三）市场占有率目标

市场占有率，又称市场份额，是指企业的销售额占整个行业销售额的百分比，或者是指某企业的某产品在某市场上的销量占同类产品在该市场销售总量的百分比。市场占有率是企业经营状况和企业产品竞争力的直接反映。作为定价目标，市场占有率与利润有很强的相关性，从长期来看，较高的市场占有率必然带来高利润。保持或扩大市场份额，是很多企业重要目标之一。企业领导人从长远考虑，有时会降低价格，牺牲一些眼前的利润，以达到保持或提高市场占有率的目的。

例如，美国可口可乐企业董事长德拉夫在第二次世界大战时，让每个战区的美国士兵花 5 美分就可以得到 1 瓶可口可乐，而不考虑销售成本。5 美分的定价使该企业向全世界发售 50 亿瓶可口可乐，极大地占领了市场。

市场占有率目标在运用时存在着保持和扩大两个相互递进的层次。保持市场占有率的定价目标的特征是根据竞争对手的价格水平不断调整价格，以保证足够的竞争优势，防止竞争对手挤占自己的市场份额。扩大市场占有率的定价目标就是从竞争对手那里夺取市场份额，以达到扩大企业销售市场乃至控制整个市场的目的。

在实践中，市场占有率目标被国内外许多企业所采用，其方法是以较长时间的低价策略来保持和扩大市场占有率，增强企业竞争实力，最终获得最优利润。但是，这一目标的顺利实现至少应具备三个条件。

(1) 企业有雄厚的经济实力，可以承受一段时间的亏损，或者企业本身的生产成本较之竞争对手有明显的优势。

(2) 企业对其竞争对手情况有充分了解,有从其手中夺取市场份额的绝对把握。否则,企业不仅不能达到目的,反而很有可能会损失惨重。

(3) 政府未对市场占有率做出政策和法律的限制。在美国,为防止少数企业垄断市场,政府制定有“反垄断法”,对单个企业的市场占有率进行限制,在这种情况下,盲目追求高市场占有率往往会受到来自政府的干预。

(四) 稳定价格目标

稳定价格通常是大多数企业获得一定目标收益的必要条件,市场价格越稳定,经营风险也就越小。稳定价格目标的实质是通过企业产品的定价来控制整个市场价格,避免不必要的价格波动。按这种目标定价,可以使市场价格在一个较长的时期内相对稳定,减少企业之间因价格竞争而产生的损失。

为达到稳定价格的目的,通常情况下是由那些拥有较高的市场占有率、经营实力较强或较具有竞争力和影响力的行业领导者先制定一个价格,其他企业的价格则与之保持一定的距离或比例关系。对大企业来说,这是一种比较稳妥的价格保护政策;对中小企业来说,由于大企业不愿意随便改变价格,竞争性减弱,其利润也可以得到保障。在钢铁、采矿业、石油化工等行业内,稳定价格目标得到最广泛的应用。

将定价目标分为利润目标、销售额目标、市场占有率目标和稳定价格目标,只是一种实践经验的总结,它既没有穷尽所有可能的定价目标,又没有限制每个企业只能选用其中的一种。由于资源的约束,企业规模和管理方法的差异,企业可以从不同的角度选择自己的定价目标,也可以把多个目标组合起来作为企业的选择。

不同行业的企业有不同的定价目标,同一行业的不同企业也可能有不同的定价目标,同一企业在不同时期、不同市场条件下也可能有不同的定价目标,即使采用同一种定价目标,其价格策略、定价方法和技巧也可能有所差异。企业应根据自身的性质和特点,具体情况具体分析,权衡各种定价目标的利弊,灵活确定定价目标。

第二节 物流产品定价方法

企业制定价格是一项复杂的工作,正如第一节中讲到的,要综合考虑多方面的因素,如产品的市场需求、产品的成本费用及市场竞争情况等,采取一系列步骤和措施确定价格。

对于物流企业来讲,因其产品是向用户提供劳务服务,产品是无形的,因此影响产品价格的因素相对于有形产品如手机、电视机等就显得更难以把握,为了制定好产品价格,从市场营销管理的价格策略上提高物流企业的竞争力,首先应从总体上熟悉物流企业的产品情况;其次全面分析产品的因素,灵活运用各种定价方法和技巧,才能更好地为物流产品定价。

一、成本导向定价

基于成本的定价法通常是以产品成本为基础，加上目标利润来确定产品价格的成本导向定价法，是企业最常用、最基本的定价方法。主要包括以下三种方法总成本加成定价法、目标收益定价法和收支平衡定价法。

（一）总成本加成定价法

总成本加成定价法是一种最基本的定价方法，是按照产品单位成本加上一定百分比的加成作为产品销售价格的方法。要把所有为生产某种产品而发生的耗费均计入成本的范围，计算单位产品的变动成本，合理分摊相应的固定成本，再按一定的目标利润率来决定价格，其计算公式如下：

单位产品价格＝单位产品总成本×（1＋目标利润率）

与成本加成的定价方法类似，还有一种售价加成定价法，零售商一般采用这种定价方法。该方法以售价为基础形成加成率，即

$$加成率=\frac{售价-进价}{售价}$$

这种定价方法的特点是：成本的不确定性一般比需求少，将价格盯住单位成本可以大大简化企业定价程序，而不必根据需求情况的变化而作调整；如果同行业的企业都采用这种定价方法，且各家的成本和加成比例接近，则定出的价格相差不多，可能会缓和同行业间的价格竞争；根据成本加成，对于买卖双方更加公平合理，卖方只是“降本求利”，不会在消费者需求强烈时谋取额外利润，但这种方法的不足是缺乏营销管理中很重视销售的灵活性的特点。

许多情况下，其定价反应会较市场变化滞后。因此在企业的产品生产成本大于相同产品的社会必要生产成本时，采用此方法有可能导致产品滞销。采用这种方法的关键问题是确定合理的成本利润率。成本利润率的确定，必须考虑市场环境、行业特点等多种因素。以美国为例，零售业中一般对烟草制品加成率为20%，照相机加成率为28%，服装加成率为41%，书籍加成率为34%；而对食品杂货中的咖啡、牛奶、糖果的平均加成率较低。此外，季节性强的产品的加成率往往较高，特殊品、周转慢的产品、储存和搬运费用高的产品以及需求弹性低的产品加成率也较高，如应季的农产品。

这种定价方法应用面广，不仅生产商和中间商长期使用，建筑业、科研部门、农业部门也常使用。不过，它最适用于产量与单位成本相对稳定，所定价格可以精确实现预期销售量，供求双方的竞争都不很激烈的产品。

由于此法应用历史悠久，可以从中总结出一些应用规律，例如，加成率和单位成本一般成正比；加成率与价格需求弹性成反比；加成率和资金周转率一般也成正比；使用中

间商品牌的加成率一般应高于使用生产商品牌的加成率；对不同供求情况、不同行业、不同地区的不同产品，也应有不同的加成率。

这种方法的优点是：简化了定价工作，便于经济核算；价格竞争会减少；在成本加成基础上制定出来的价格对买卖双方都比较公平。其缺点是没能考虑成本构成的各因素，忽视了市场竞争和供求变动的影响，定价缺乏一定的灵活性和竞争性。

(二) 目标收益定价法

目标收益定价法又称投资收益率定价法，根据某一估计销售量下总资本的特定利润率来确定产品利润和价格。使用时先估计未来可能达到的销售量和总成本，在收支平衡的基础上，加上预期的目标收益额(即投资或资产报酬额)，然后再计算出具体的价格。这种方法简便易行，可提供获得预期收益时最低可能接受的价格和最低的销售量，并且更全面地考虑了企业资本投资的经济效益。

国外大型的公用事业，因为投资大，业务具有垄断性，又与公众利益息息相关，政府对它的定价往往进行限制，常采用这种方法。但是，由于它是根据预计销售量推算价格，因此必须做好前期的市场调研，使所定价格保证达到预期的销售量水平。

其计算公式为

$$单位产品价格=\frac{总成本+目标收益率\times 资本总额}{预计销售量}$$

或

$$单位产品价格=\frac{单位成本+目标收益率\times 资本总额}{预计销售量}$$

其中，目标收益率$=\frac{1}{投资回收期}$。

与总成本加成定价法相类似，目标收益定价法也是一种生产者导向的产物。其缺陷表现为：很少考虑到市场竞争和需求的实际情况，只是从保证生产者的利益出发制定价格；先确定产品销售量，再计算产品价格的做法完全颠倒了价格与销量的因果关系，把销量看成价格的决定因素，在实际上很难行得通。尤其是对于那些需求价格弹性较大的产品，用这种方法定出来的价格，无法保证销量的必然实现。

(三) 收支平衡定价法

收支平衡定价法，又称盈亏平衡定价法，或者保本点定价法。保本点即收支平衡点，也叫损益平衡点，是投入与产出平衡、盈利为零的销售量。按此方法定价，首先要找出企业的收支平衡点。其计算公式为

$$收支平衡销售量=\frac{固定成本}{单位产品价格-单位产品变动成本} \tag{6-1}$$

在此价格水平下实现其销售量，表明企业刚好做到不赔不赚，该价格实际是保本价格。由式(6-1)可以推出下面的公式：

$$保本单位产品价格 = \frac{固定成本}{收支平衡销售量} + 单位产品变动成本 \quad (6\text{-}2)$$

在保本单位产品价格基础上加上预期利润，即为产品售价。

$$产品售价 = \frac{固定成本 + 预期利润总额}{销售数量} + 单位产品变动成本 \quad (6\text{-}3)$$

如果该销售量能够实现，式(6-2)可以提供确保企业不亏损的价格最低限度。式(6-3)可以计算企业目标利润的可行价格。如果企业销售条件不利，式(6-3)和式(6-2)的差额可作调价的范围。

这种定价方法的实质就是确定总收入等于总支出时的价格，以盈亏平衡点确定价格只能使企业的生产耗费得以补偿，而不能得到收益，若实际价格超过收支平衡价格，企业就可以盈利。因此，科学地预测销售量，已知固定成本和单位产品变动成本是盈亏平衡定价的前提。

收支平衡定价法侧重于企业总成本费用的补偿，这一点对于生产或经营多条产品线和多种产品项目的企业尤为重要，一种产品盈利而其他产品亏损的现象时有发生，生产或经营某种产品时所获取的高额利润并不一定能使企业的总利润增加，因此，从保本考虑定价是非常必要的。

当某种产品预期销售量难以实现时，要相应提高其他产品产量或价格，逐步在整体上实现企业产品结构及产量的优化组合。而且，在市场不景气的状况下，保本经营比停业损失要小得多，从而使企业有较大的回旋余地。

从本质上讲，成本导向定价是一种卖方定价导向。它忽视了市场需求、竞争和价格水平的变化，有时与定价目标相脱节。此外，运用这一方法制定的价格均是建立在对销售主观预测的基础上，从而降低了价格制定的科学性。因此，在采用成本导向定价时，还需要充分考虑需求和竞争状况，进而确定最终市场价格水平。

二、需求导向定价

从经济学来讲，在市场经济条件下，当供应能力普遍过剩时，产品的供给与需求两个影响产品的因素中，需求对产品产量与价格的影响更重要一些。如果提供的产品不符合用户需求这个基本条件，则企业将很难通过销售产品获得可观的利润回报。因此，第二种制定产品价格的方法是从顾客的需求和欲望出发来制定产品价格的，但这并不意味着所提供的产品的价格是尽可能低的。

需求导向定价是以消费者对产品的需求或对产品价值的认知程度为基本依据，主要有推定定价法、区分需求定价法和拍卖定价法三种方法。

（一）推定定价法

推定定价又称认知价值定价法，或者理解价值定价法，是企业根据消费者对产品或劳务价值的认识，或者说是根据买主的价值观念来制定产品价格的一种方法。

这种定价法的关键在于企业要正确估计用户所能承受的价值。企业主要是利用各种营销因素,从提供的服务、质量、价格等方面为企业树立一种形象,然后再根据客户对于这种形象的理解定价。用户价值模式的形成对产品的价格水平和加快产品市场接受速度非常重要。

例如,某企业计划推出一种新产品,他们首先通过各种展示会向消费者广泛宣传、展示。因为当买主花费不低的价格接纳一种新产品时,卖主首先应花代价让买主理解。然后,通过市场调查等方式了解顾客的期望价格,这是第一步工作,称为拟定价格。第二步再了解经销该产品的中间商的成本构成情况及其他费用情况,推算出该产品的出厂价格。第三步根据成本,综合考虑其他一些因素,研究所拟定的产品价格的可接受性,制定出该产品的最终价格。

采用推定定价法制定的价格是较为切实可行的。但采用这种方法最重要的一点是对买主的觉察价值要估测得较准确,估测过高,则造成定价过高影响销售量;估测过低,则会在参照成本核定时觉得无利可图而失去市场机会,或因定价过低而影响企业的经济效益。

(二)区分需求定价法

区分需求定价法又叫价格歧视定价法或差别对待定价法,是指以不反映成本费用差异的差异价格来分别对待不同的顾客。也就是说,对同一质量、功能、规格的商品或服务,对不同需求的顾客采用不同的价格,价格差异并非取决于成本的多少,而是取决于顾客需求的差异。即以销售对象、销售地点、销售时间等条件变化所产生的需求差异作为定价的基本依据。企业使用这种定价法时,要充分考虑顾客需求、顾客心理、产品差异、地区差别、时间差别等,制定出灵活的价格。

例如,物流企业可以分线路、分车型、分业务量进行公路运输定价。差别定价主要有以下几种形式。

1. 针对不同顾客群的不同定价

对不同的顾客群,可以用不同的价格,甚至可以讨价还价。顾客因职业、阶层、收入、年龄等原因会有不同需求,企业定价时给予相应的优惠或提高价格,可以促进销售。例如,物流企业对于长期固定顾客和零散顾客的物流定价就可以是有差别的定价。

2. 针对不同外观的同种产品

针对不同外观的同种产品,可以规定不同的售价。例如,同等质量、规格而花色不同的产品,花色陈旧的价格要定低些,花色新颖的价格可定高些,标有某种纪念符号的产品价格也要定得高些。比如,奥运会纪念版的手表就比普通手表定价要高。

3. 针对不同区域制定差价

对不同的销售或服务区域,可以规定不同的地区差价。比如,同样的饮料,在公园售货亭中的价格要高于街边便利超市的价格。同种产品卖给不同的国家或地区,也可以制定不同的售价。

4. 针对不同季节和时间段制定差价

对不同季节、不同时间的产品或服务,可以规定不同价格。例如,在服务行业中,旺季与淡季、白天与夜间、平时与节假日等,收费标准是不同的。又如,长途电话按一天的不同时段,以及按周末与工作日分段收费。时间定价的一种特定形式是占位定价(Yield Pricing),旅馆和航空企业为了保证高上座率,常常采用这种方法。例如,游船为了保证满座,在开航前两天购票可以降价。

实行差别定价必须具备下列条件。

(1) 市场必须能够细分,而且这些细分市场要显示不同的需求程度。

(2) 支付低价的细分市场人员不能将产品转手或转销给付高价的细分市场。

(3) 在高价的细分市场中,竞争者无法以低于企业的价格出售。

(4) 划分细分市场所增加的费用不应超过差别定价所得的额外收入。

(5) 采用这种定价法不会引起顾客反感。

(6) 差别定价的特定形式是合法的。

(三) 拍卖定价法

拍卖定价法是由卖方按照顾客愿意出的最高价格为产品定价,即卖方预先发表公告,展示拍卖物品,买方预先看货,在规定时间公开拍卖,由买方公开叫价竞购,不断抬高产品价格,直到不再有人竞争的最高价格即为成交价格,卖方按此价格出售产品。在现实生活中,艺术品、古董、房地产等交易多采用这种方法。处置积压产品或旧货时也可采用这种方法。

三、竞争导向定价

竞争导向定价是研究竞争对手同类产品的价格,生产条件、服务状况等,结合企业自身的发展需求,以竞争对手的价格为基础进行产品定价的一种方法,其特点是价格与成本和市场需求不发生直接关系。企业以市场主要竞争者的产品价格为其定价的基准,考虑企业与竞争者之间的产品特色,制定具有竞争力的产品价格并随时根据竞争者价格的变动而进行调整。竞争导向定价主要有以下四种。

(一) 随行就市定价法

随行就市定价法又称为流行水准定价法,是竞争导向定价中被企业广泛接受的最简单的一种定价方法,是企业在一个竞争比较激烈的行业或部门中,根据市场竞争格局,跟随行业或部门中主要竞争者的价格,使自己的产品价格与竞争产品的平均价格保持一致。这种“随大流”的定价方法,主要适用于需求弹性比较小或供求基本平衡的产品。

在这种情况下,单个企业把价格定高了,就会失去顾客;而把价格定低了,需求和利润也不会增加。所以,随行就市成了较为稳妥的一种定价方法。这样,既避免激烈竞争,减少风险,又补偿平均成本,从而获得平均利润,而且易被消费者接受。如果企业能努力降低成本,还可以获得更多利润。

采用随行就市定价法,企业不必全面了解消费者对不同价差的反应,也不会引起价格波动,为营销、定价人员节约了很多时间。采取随行就市定价法的情境主要有:难以估算成本;与同行业企业和平共处避免发生激烈竞争的同质产品市场;很难了解购买者和竞争者对本企业另行定价的反应;在完全竞争与寡头竞争市场条件下,这种定价方法经常使用。

但需要注意的是,这种定价方法以竞争对手的价格为依据,并不否认本企业商品的成本、质量等因素对价格形成的直接作用。

(二)追随市场领导者定价法

追随市场领导者定价法是指按照本行业中处于领导地位企业的价格水平为本企业产品定价。这种定价方法通常是在垄断竞争市场条件下企业所采用的一种定价方法;采用这种定价方法一是有助于避免招致竞争对手的报复,与竞争者和平共处;二是有助于提升企业或品牌形象,赢得更多的顾客。需要说明的是,采用这种定价方法必须以产品质量不低于竞争对手或者高于竞争对手为前提,否则就难以赢得顾客。

(三)主动竞争定价法

主动竞争定价法是指企业为了击败竞争对手而主动将本企业产品价格定得较低的一种定价方法,与随行就市定价法和追随市场领导者定价法相反,主动竞争定价法不是消极被动地接受本行业的平均价格,而是积极主动地利用价格手段进攻和打击竞争对手。主动竞争定价法通常是行业中的领袖企业打压中小企业或实力雄厚的大企业挑战市场领袖企业所采用的一种有效定价方法。

(四)竞争投标定价法

竞争投标定价法又称为密封投标定价法,是指企业根据招标方的条件,主要考虑竞争情况来确定标的价格的一种方法。许多大宗商品、原材料、成套设备和建筑工程项目的买卖和承包、征招经营协作单位以及出租出售小型企业等,往往采用发包人招标、承包人投标的方式来选择承包者,并确定最终承包价格。由于供货企业参加投标的目的是中标,因此,它的报价不是根据成本费用或市场需求来制定,而是根据对竞争者报价的估计来确定,即一般要低于竞争对手的价格。

竞争者投标定价水平的高低是影响企业中标的关键因素。标的物的价格是由参与投标的各个企业在相互独立的条件下确定,在买方招标的所有投标者中,报价最低的投标者通常中标,他的报价就是承包价格。一般来说,期望利润与报价成正比,而与中标概率成反比。企业在报价时会在目标利润和中标概率的各种组合之间进行选择。这种方法最大的困难在于正确估计中标概率,这涉及对竞争者投标情报的掌握。企业可通过市场调研以及对过去投标资料的分析进行大致估计。

竞争导向定价最大的优点在于考虑到了产品价格在市场上的竞争力。但其主要缺点如下。

(1) 过分关注价格的竞争,容易忽略其他营销组合,可能丧失产品差异化的竞争优势。

(2) 容易引起竞争者报复,导致恶性降价竞争,价格战会使企业毫无利润可言。

(3) 实际上竞争者的价格变化并不能被精确地估算。

第三节　物流产品定价策略

一、新产品定价策略

新产品定价是新产品营销中十分重要的问题。新产品定价的难点在于无法确定消费者对于新产品的理解价值。新产品定价的高低直接关系到产品能否被市场接受。如果定价高,消费者难以接受,影响新产品顺利进入市场;如果定价低,则会影响企业效益。新产品定价的高低也关系到是否会引起竞争者的加入,影响到可能出现的众多竞争者。常见的新产品定价策略有三种截然不同的形式:撇脂定价、渗透定价和适中定价。

(一) 撇脂定价

撇脂定价(Skimming Pricing)策略又称高价策略,是指新产品上市之初,将新产品价格定得较高,以获取超额利润,在短期内收回投资并取得较高收益。这一定价策略就像从牛奶中撇取其精华——奶油一样,所以称为撇脂定价策略。一般而言,可以采用这一策略的产品主要有全新产品、受专利保护的产品、需求价格弹性小的产品、流行产品、未来市场形势难以测定的产品等。

例如,苹果 iPod 是近几年来最成功的消费类数码产品之一。第一款零售价高达399 美元,但是很多"果粉"还是愿意排队购买,苹果公司为了得到更高的投资回报,不到半年推出容量更大的 iPod,定价 499 美元,"果粉"们还是争相购买。

高价产生的高额利润,使企业能够在新产品上市之初,迅速收回投资,减少投资风险,这是使用撇脂定价策略的根本好处。此外,撇脂定价策略还有以下几个优点。

(1) 在全新产品或换代新产品上市之初,顾客对其尚无理性的认识,此时的购买动机多属于求新求奇。利用这一心理,通过制定较高的价格,提高产品身份,创造高价、优质、名牌的印象。

(2) 先制定较高的价格,在新产品进入成熟期后可以拥有较大的调价余地,不但可以通过逐步降价保持企业的竞争力,而且可以从现有的目标市场上吸引潜在需求者,甚至可以争取到低收入阶层和对价格比较敏感的顾客。

(3) 在新产品开发之初，由于资金、技术、资源、人力等条件的限制，企业很难以现有的规模满足所有的需求，利用高价可以限制需求的过快增长，缓解产品供不应求状况，并且可以利用高价获取的高额利润进行后续的投资，逐步扩大生产规模，使之与需求状况相适应。

当然，撇脂定价策略也存在以下缺点。

(1) 高价产品的需求规模有限，高价不利于增加销量、开拓市场，也不利于占领和稳定市场，容易导致新产品开发失败。

(2) 高价高利会导致竞争者的大量涌入，迅速出现仿制品、替代品，从而迫使价格急剧下降。此时若无其他有效策略相配合，则企业苦心经营的高价优质形象可能会受到损害，失去一部分消费者。

(3) 价格远远高于价值，在某种程度上损害了消费者利益，容易招致公众的反对和消费者抵制，甚至会被当作暴利加以取缔，诱发公共关系问题。

从根本上看，撇脂定价是一种追求短期利润最大化的定价策略，若处置不当，则会影响企业的长期发展。因此，在实践当中，特别是在消费者日益成熟、购买行为日趋理性的今天，采用这一定价策略必须谨慎。

◆ 小知识 ◆

使用撇脂定价策略的前提条件如下。

◇ 属于技术创新型产品，科技、知识含量较高，具有高质量、好形象的特征，能够吸引足够的消费者愿意以高价购买产品；

◇ 市场有足够的购买者，产品价格弹性小的高档产品和奢侈品。即使把价格定得很高，市场需求也不会大量减少；

◇ 产品生命周期短，市场资源不足，供应紧张，在一定范围内的某些紧缺产品及企业生产能力短期不足，一时难以扩大生产的产品；

◇ 市场壁垒高，竞争对手不能轻易将竞争品引入；

◇ 由于新技术尚未公开或有专利权，能保证独家生产或经营的产品。

(二) 渗透定价

渗透定价(Penetration Pricing)策略又称低价策略，是指产品上市初期，将产品价格定得低于预期价格，以提高市场占有率为目标。它是利用低价来进行市场渗透，达到扩大销售量，占有市场的目标。

采用渗透定价的好处主要有：低价使得新产品易于被顾客接受，有利于迅速打开销路并能借助销售量的迅速增长和市场占有率的提升，保证企业长期稳定发展；低价使得企业只能获得微利，有效地排斥竞争者进入，增强自身的市场竞争力，能在较长时期内占领市场。

采用渗透定价的劣势在于：由于新产品刚上市就实行低价，影响同类产品的销售，造成同类产品市场周期短；不利于产品高质量形象的树立，会影响产品的声望；因成本发生变化需要提高产品价格时，会引起顾客的不满，造成产品销售困难。

利用渗透定价的前提条件有：新产品的需求价格弹性较大，低价会带来销售量的增加；新产品存在规模经济效益，因销售量的扩大可以使生产和销售成本迅速下降的产品；潜在市场大的产品以及竞争者很容易进入的市场，通过低价低利，可以阻止竞争者进入；消费者购买力较为薄弱的市场，低价易为消费者接受。例如，日本精工手表采用渗透定价策略，以低价在国际市场与瑞士手表角逐，最终夺走瑞士手表的大部分市场份额。

（三）适中定价

适中定价策略又称为满意价格策略，是指将新产品价格定在高价与低价之间，使各方面都满意的定价策略。新产品在上市初期采用高价或低价，都比较极端，在某些情况下往往会损害中间商、消费者和同行业其他企业等的利益，使企业处于不利的境地，影响企业市场形象。采用适中定价，既不是利用价格来获取高额利润，也不以低价排斥同行，在价格上与人为善。

这种策略的优点在于制定出的价格既能吸引广大消费者购买，又能赢得各方的信任与尊敬，使各方均满意；其缺点在于：定价缺乏鲜明特色，对各方面兼顾太多。在很多特殊市场环境下，适中定价容易丧失提高市场占有率及获得高额利润的机会。

适中定价与前两者的不同之处在于，适中定价的前提是市场竞争不是很激烈，产品没有很强的市场攻击性。而前两者的市场竞争优势都很明显，分别是质量领先与成本领先，同时是以市场抢占者的身份参与竞争，具有很强的市场攻击性，结果往往成为其目标市场上的领导者。相对撇脂定价和渗透定价，适中定价更追求稳妥和合理，通常适用于一般日用必需品和重要的生产资料。

三种新产品的定价策略各有利弊，在选择使用时，应考虑以下几方面。

(1) 企业生产能力的大小。生产能力大，新产品可大量投放市场，宜采用低价策略，薄利多销，兼收大量生产之利；反之，若生产能力有限，则采用高价策略。

(2) 新技术是否已公开以及是否易于实施和采用。如果新技术易于采用，竞争者易于进入，宜采用低价策略。

(3) 产品需求弹性的大小。需求弹性大的新产品，宜采用低价策略；否则，可采用高价策略或适中策略。

(4) 消费者的理性程度。如果消费者的理性程度低，用高价易抬高产品的身份，可以扩大销售。若消费者的理性程度高，对产品的客观认知程度高，则宜采用适中策略或低价策略。

二、区域定价策略

当企业产品面向外部区域市场或国际市场时，就涉及不同地区以及国际市场上产品的定价问题。区域定价策略就是企业要决定对于不同地区(包括当地市场和外地市场)的某种产品,是分别制定不同的价格,还是制定相同的价格?也就是说,企业需要决定产品是否存在地区差价。区域定价策略主要有以下三种形式。

(一) FOB原产地定价

所谓FOB原产地定价(FOB-origin Pricing),就是顾客(买方)按照厂价购买某种产品,企业(卖方)只负责将这种产品运到产地某种运输工具(如卡车、火车、船舶、飞机等)上交货,卖方的产品价格中包含货物装到运输工具上之前的一切费用和风险。交货后,产品所有权即归买方所有,交货之后发生的一切风险和运杂费及保险费等全部由买方自行负担。

这种价格是单一价格,适合各个地区的顾客,对卖方最便利省事,也节省费用,但是对扩大销售和提高市场占有率不利,因为离企业生产地远的买方可能不愿购买该企业的产品,更倾向于购买附近企业的同类产品。

◆ 小知识 ◆

FOB(Free on Board)在我国习惯上称为"离岸价格"。通常按照以下公式计算:离岸价格=成交价格+国内运费+其他国内费用。这一价格术语是指卖方在合同规定的装运港把货物装到买方指派的船上,并负责承担货物在装运港越过船舷前的一切费用和风险。按照《国际贸易术语解释通则》的解释,买卖双方的具体责任如下。

1) 卖方承担的责任和义务

(1) 负责在合同规定的装运港和期限内,将货物装上买方指定的船只,并及时通知买方;

(2) 负责货物在装运港越过船舷以前的一切费用和风险;

(3) 负责办理出口手续;

(4) 负责提供有关货运单据。

2) 买方承担的责任和义务

(1) 负责租船订舱,支付运费,并将船期和船名及时通知卖方,以使卖方准备好货物装船;

(2) 负责货物在越过船舷之后的一切风险和费用;

(3) 接受卖方提供的有关货运单据,并按合同规定支付货款;

(4) 负责办理保险和支付运费,办理在目的港收货和进口手续。

(二) 统一交货定价

统一交货定价(Uniform-delivered Pricing),即不分买方路途远近,一律由卖方将产品送到买方所在地,收取同样的价格,也就是运杂费、保险费等均由卖方承担。这种定价方法使买方认为运送产品是一项免费的附加服务,从而愿意购买,扩大了产品辐射力从而提高市场占有率。

（三）分区定价

分区定价(Zone Pricing)，是介于FOB原产地定价和统一交货定价之间的一种定价方法。其策略是，企业把市场区域划分为若干价格区，对于不同价格区域、不同需求弹性市场上顾客的某种产品，分别制定不同的地区价格。例如，DHL的快递服务按不同地域定价。

它将228个国家划分为10个区，每个区内不同国家适用同样的价格，操作简便。再如，根据客户消费量大小的区别划分为大客户市场和中小客户市场，以及长期合同客户和一次性交易客户。显然针对不同的客户类型，物流企业须采用不同的定价方法，如对大客户和长期客户采取优惠价格，以保证企业的长期利润。

分区定价策略适用于市场可以分隔，各市场区域距离企业的远近不同，且市场的需求强度也存在差异的情况。距离企业远的区域市场，价格定得高些；距离企业近的区域市场，价格就相对低一些。在各个价格区范围内实行统一价格。同样，对于需求弹性小、需求强度大的区域市场，可以定价适当高些；反之，通过较低的定价，来达到结构优化、整体效益最佳的效果。

三、心理定价策略

企业生产产品是为了满足消费者某一方面的需求，其价值与消费者的心理感受有着很大的关系。企业在定价时可以根据消费者的购买心理为产品定价；从而诱导其购买。这种定价策略主要运用于零售企业。常用的心理定价策略有整数定价、尾数定价、声望定价和招徕定价。

（一）整数定价

整数定价是把产品价格定为一个整数，不带尾数。对于那些无法明确显示其内在质量的商品，消费者往往通过其价格的高低来判断其质量的好坏，因此，高档商品、奢侈品常采用整数定价策略。在整数定价方法下，价格高并不是绝对的高，而只是凭借整数价格来给消费者造成高价的印象。整数定价常常以偶数，特别是"0"作尾数。例如，精品店的服装可以定价为1000元，而不必定为998元。这样定价有以下好处。

(1) 可以满足购买者炫耀富有、显示地位、崇尚名牌、购买精品的虚荣心。

(2) 省却找零的麻烦，方便企业与顾客价格结算。

(3) 花色品种繁多、价格总体水平较高的商品，利用产品的高价效应，在消费者心目中树立高档、高价、优质的产品形象。

整数定价策略适用于需求的价格弹性小、价格高低不会对需求产生较大影响的商品，如流行品、时尚品、奢侈品、礼品、星级宾馆、高级文化娱乐城等，由于其消费者都属于高收入阶层，也甘愿接受较高的价格。

（二）尾数定价

尾数定价又称"奇数定价""非整数定价"，是指依据消费者认为零数价格比整数价格便宜的消费心理而采取的一种定价策略。制定非整数价格,而且常常以奇数作尾数,尽可能在价格上不进位。比如,把毛巾的价格定为2.97元,而不是3元;将台灯价格定为19.90元,而不是20元,可以在直观上给消费者一种便宜的感觉,使其愿意购买,达到增加销售的目的。

使用尾数定价,可以使价格在消费者心中产生四种特殊的效应。

(1) 便宜。标价99.97元的商品和100.07元的商品,虽仅相差0.10元,但前者给购买者的感觉是还不到"100元",后者却使人认为"100多元",因此前者可以给消费者一种价格偏低、商品便宜的感觉,使之易于接受。

(2) 精确。带有尾数的定价可以使消费者认为商品定价是非常认真、精确的,连几角几分都算得清清楚楚,进而会产生一种信任感。

(3) 中意。由于民族习惯、社会风俗、文化传统和价值观念的影响,某些数字常常会被赋予一些独特的含义,企业在定价时如加以巧用,则其产品将因之而得到消费者的偏爱。

例如,我国南方某市一个为"9050168"的电话号码,拍卖价竟达到十几万元,就是因为其谐音为"90年代我一定一路发"。当然,某些为消费者所忌讳的数字,如西方国家的"13"、日本国的"4",企业在定价时则应有意识地避开,以免引起消费者的厌恶和反感。

在实践中,无论是整数定价还是尾数定价,都必须根据不同的地域而区别对待。比如,美国、加拿大等国的消费者普遍认为单数比双数少,奇数比偶数显得便宜,所以,在北美地区,零售价为49美分的商品,其销量远远大于价格为50美分的商品,甚至比48美分的商品也要多一些。但是,日本企业却多以偶数,特别是"零"作结尾,这是因为偶数在日本象征着对称、和谐、吉祥、平衡和圆满。

(三) 声望定价

声望定价是根据产品在消费者心中的声望、信任度和社会地位来确定价格的一种定价策略。这种定价方法利用消费者仰慕名牌产品或名店声望的心理。声望定价可以满足某些消费者的特殊欲望,如地位、身份、财富、名望和自我形象等,还可以通过高价格显示名贵优质,因此,这一策略适用于一些传统的名优产品、具有历史地位的民族特色产品,以及知名度高、有较大的市场影响、深受市场欢迎的驰名商标。

比如,台湾地区宝丽来太阳镜价格高达240~980元,我国的景泰蓝瓷器在国际市场价格为2000多法郎。

为了使声望价格得以维持,需要适当控制市场拥有量。英国名车劳斯莱斯的价格在所有汽车中雄踞榜首,除了其优越的性能、精细的做工外,严格控制产量也是一个很重要的因素。在过去的50年中,只生产了15 000辆轿车。

这种定价策略既补偿提供优质产品或服务的商家的必要耗费,又有利于满足高层次的消费需求。

（四）招徕定价

招徕定价是指将某几种产品的价格定得非常之高，或者非常之低，在引起消费者的好奇心理和观望行为之后，带动其他产品的销售。这一定价策略综合性百货商店、超级市场甚至高档商品的专卖店经常采用。招徕定价运用较多的是将少数产品价格定得较低，吸引顾客在购买“便宜货”的同时，购买其他价格比较正常的产品。

美国有家“99 美分商店”，不仅一般商品以 99 美分标价，甚至每天还以 99 美分出售 10 台彩电，极大地刺激了消费者的购买欲望，商店每天门庭若市。一个月下来，每天按每台 99 美分出售 10 台彩电的损失不仅完全补回，企业还能盈利。

将某种产品的价格定得较低，甚至亏本销售，而将其相关产品的价格定得较高，也属于招徕定价的一种运用。

值得注意的是，用于招徕的降价品，应该与低劣、过时商品明显地区别开来。招徕定价的降价品，必须是品种新、质量优的适销产品，而不是处理品。否则，不仅达不到招徕顾客的目的，反而可能使企业声誉受到影响。

四、打折方式与方法

折扣定价是指在原定价格的基础上减收一定比例的货款的方式，直接或间接降低价格，以争取顾客，扩大销量。其中，直接折扣的形式有数量折扣、现金折扣、功能折扣、季节折扣；间接折扣的形式有回扣和津贴。

（一）数量折扣

数量折扣是指按购买产品数量的多少、按其达到的标准，分别给予不同的折扣，购买数量越多，折扣越大。其目的是鼓励大量购买，或集中从本企业购买。数量折扣包括累计数量折扣和一次性数量折扣两种形式。

累计数量折扣规定顾客在一定时间内，购买产品若达到一定数量或金额，则按其总量给予一定折扣，其目的是鼓励顾客经常向本企业购买，与顾客建立长期稳定关系，有利于企业掌握销售规律，预测销售量。较多适用于推销过时和易腐易坏产品。一次性数量折扣规定一次购买某种产品达到一定数量或购买多种产品达到一定金额，则给予折扣优惠，这种策略不仅对顾客有利，企业也可以节省销售费用，其目的是鼓励顾客大批量购买，促进产品多销、快销。

数量折扣的促销作用非常明显，企业因单位产品利润减少而产生的损失完全可以从销量的增加中得到补偿。此外，销售速度的加快，使企业资金周转次数增加，流通费用下降，产品成本降低，保证企业总盈利水平上升。

运用数量折扣策略的难点是确定合适的折扣标准和折扣比例。如果享受折扣的数量标准定得太高，比例太低，则只有很少的顾客能获得优惠，绝大多数顾客将感到失望；购买数量标准定得过低，比例不合理，又起不到鼓励顾客购买和促进企业销售的作用。因此,企业应结合产品特点、销售目标、成本水平、资金利润率、需求规模、购买频率、竞争者手段以及传统的商业惯例等因素来制定科学的折扣标准和比例。

（二）现金折扣

现金折扣是指对在规定的时间内提前付款或用现金付款者所给予的一种价格折扣,其目的是鼓励顾客尽早付款,不拖欠货款,可以加速企业资金周转,减少财务风险。采用现金折扣一般要考虑三个因素：折扣比例；给予折扣的时间限制；付清全部货款的期限。在西方国家,典型的付款期限折扣表示为“3/20,Net 60”。其含义是在成交后20天内付款,买者可以得到3%的折扣,超过20天,在60天内付款不予折扣,超过60天付款要加付利息。

当产品的销售方式为赊销或分期时,可能产生现金折扣。有些企业采用附加风险费用、管理费用的方式,以避免可能发生的财务风险。同时,为了扩大销售,分期付款条件下买者支付的货款总额不宜高于现款交易价太多,否则就起不到“折扣”促销的效果。

提供现金折扣等于降低价格,所以,企业在运用这种手段时要考虑产品是否有足够的需求弹性,保证通过需求量的增加使企业获得足够利润。此外,由于我国的许多企业和消费者对现金折扣还不熟悉,运用这种手段的企业必须结合宣传手段,使买者更清楚自己将得到的好处。

（三）功能折扣

功能折扣也称为交易折扣,是由企业向中间商提供的一种折扣。中间商在产品分销过程中所处的环节不同,其所承担的功能、责任和风险也不同,企业据此给予不同的折扣。对生产性用户的价格折扣也属于一种功能折扣。功能折扣的比例,主要考虑中间商在分销渠道中的地位、对产品销售的重要性、购买批量、完成的促销功能、承担的风险、服务水平、履行的商业责任以及产品在分销中所经历的层次和在市场上的最终售价,等等。功能折扣的结果是形成购销差价和批零差价。

鼓励中间商大批量订货,扩大销售,争取顾客,并与生产企业建立长期、稳定、良好的战略合作关系是实行功能折扣的一个主要目标。功能折扣的另一个目的是对中间商经营的有关产品的成本和费用进行补偿,并让中间商有一定的盈利。

（四）季节折扣

有些产品的生产是连续的,而其消费却具有明显的季节性。为了调节供需的季节矛盾,这些产品的生产企业便采用季节折扣的方式,对在淡季购买产品的顾客给予一定的优惠,使企业的生产和销售在一年四季能保持相对的稳定。例如,啤酒生产厂家对在冬季进货的经销商给予大幅度让利,羽绒服生产企业则为夏季购买其产品的客户提供折扣。

季节折扣比例的确定,应考虑成本、储存费用、基础价格和资金利息等因素。季节折扣有利于减轻库存,加速产品流通,迅速收回资金,促进企业均衡生产,充分发挥生产和销售潜力,避免因季节需求变化所带来的市场风险。

（五）回扣和津贴

回扣是间接折扣的一种形式，是指购买者在按价格目录将货款全部付给销售者以后，销售者再按一定比例将货款的一部分返还给购买者。津贴是企业为了特殊目的，对特殊顾客以特定形式所给予的价格补贴或其他补贴。

例如，当中间商为企业产品提供了包括刊登地方性广告、设置样品陈列窗等在内的各种促销活动时，生产企业给中间商一定数额的资助或补贴。又如，汽车4S店开展以旧换新业务，将旧车折算成一定的价格，在新车的价格中扣除，顾客只支付余额，以刺激消费需求，促进产品的更新换代，扩大新一代汽车的销售。这也是津贴的一种形式。

上述各种折扣价格策略增强了企业定价的灵活性，对于提高厂商收益和利润具有重要作用。但在使用折扣定价策略时，必须注意国家的法律限制，保证对所有顾客使用同一标准。

本章小结

一、知识点

物流市场营销组合的4P中，只有价格是唯一产生收入的因素，其他3P只表现为成本。

影响产品定价的因素有产品成本、市场需求、社会环境因素和其他因素四个方面。

成本导向定价包括总成本加成定价法、目标收益定价法和收支平衡定价法三种方法。

需求导向定价有推定定价法、区分需求定价法和拍卖定价法三种方法。

竞争导向定价有随行就市定价法、追随市场领导者定价法、主动竞争定价法、竞争投标定价法四种方法。

新产品定价策略有撇脂定价法、渗透定价和适中定价三种截然不同的形式。

常用的心理定价策略有整数定价、尾数定价、声望定价和招徕定价。

直接折扣的形式有数量折扣、现金折扣、功能折扣、季节折扣；间接折扣的形式有回扣和津贴。

二、关键概念

物流产品价格、成本导向定价、需求导向定价、竞争导向定价

思考题

1. 如何理解产品的价格？
2. 影响物流产品定价的因素有哪些？

3. 物流产品定价的基本方法有哪些?

4. 谈谈你对新产品定价策略的认识。

案例分析

京东物流的配送收费新模式

京东物流推出"仓配一口价"每单商品最低10元即可送达。

近日,京东物流面向全行业、全渠道、多平台商家推出"仓配一口价",商家可以体验到商品多地入仓、全国统一配送的服务,每单商品最低10元即可送达,突破行业最低价。京东"仓配一口价"面向所有品类,有效缩短派送时间,保证商品送达的时效性,提升消费者购物体验。

京东物流"仓配一口价"的收费标准低于同行业,商家可以预知全部成本。京东"仓配一口价"明确了同(跨)区物流配送定价标准,"仓配同区"按10元/单、续重1元/kg收取费用,"仓配跨区"按12元/单、续重2元/kg收取费用,每单均可包含3件商品、首重2kg。在执行过程中,商家的商品进入京东仓库,不管是单仓还是多仓,均可实现全国配送,体现了京东物流的灵活性。

目前,京东物流在全国共划分华北、东北、西北、西南、华东、华中、华南七个大区,以华北区为例,商品在京东华北区入仓,在华北区范围内配送按10元/单支付,若配送至其他区域,则按12元/单支付。

此次推出的"仓配一口价"适用于即日起与京东物流新签合同的所有行业的商家,京东物流相关负责人表示:"针对不同行业的全生命周期、全分销供应链特点,京东为商家量身定制的物流解决方案可实现线上线下、多渠道多平台的库存共享及订单集成处理。京东特有的柔性供给服务,使商家得以从容面对'618''双11'等大促期间的激增订单,此外结合京东平台上的大数据为商家提供合理的库存管理和分仓建议。仓配一体的解决方案同时还为入仓商家提供'211限时达'等时效服务和代收货款等增值服务。"

截至2015年3月31日,京东在全国范围内拥有七大物流中心,在43座城市运营了143个大型仓库,拥有3539个配送站和自提点,覆盖全国范围内的1961个区县,这样的网络布局为京东仓配一体的运营提供了有效保障。业内人士表示,京东物流推出"仓配一口价"可以更加合理配置仓储配送资源,节省配送时间与成本,这不仅让合作商家得到了更多实惠与方便,也将进一步提升消费者的购物体验。

(资料来源:http://www.chinawuliu.com.cn/xsyj/201508/11/304116.shtml)

【案例讨论题】

1. 京东物流推出"仓配一口价"每单商品最低10元即可送达的目的是什么?

2. 谈谈你对京东物流服务的看法。

第七章

物流产品渠道策略

学习目标

◆ 知识目标 ◆

（1）掌握物流产品渠道的概念；

（2）学习物流产品渠道的设计方法；

（3）了解物流产品渠道的管理和评价方法。

◆ 能力目标 ◆

设计物流产品渠道系统和进行物流产品渠道的管理。

◆ 引导案例 ◆

宝洁公司的分销策略及对分销渠道的管理

（1）宝洁在国内市场上第一个建立起一个完整意义上的分销市场体系，包括如何分销，如何让产品摆上货架，如何助销，如何运用海报以及其他终端宣传等。

（2）在经销商的选择上，最初宝洁在一个地区通常会选择两个经销商，因为有两个经销商，它们之间会产生竞争，服务终端客户时就会有良好表现,同时两个经销商又不至于出现过度竞争,导致终端混乱。

(3) 在付款方式上的创新。为了鼓励早付款,宝洁出台了一项政策,假如7日之内付款,就可得到3%的折扣;如果超过30日不付款,将被取消代理宝洁产品的资格。由于3%的折扣优惠比银行的贷款利率高,使得许多经销商自己贷款也愿意提前付款,使企业回款迅速,效果显著。

(4) 建立分销商生意系统网络信息交易平台,用于提高分销效率。由于受客观条件的限制,在大多数经销商不会使用的情况下,宝洁派人亲自上门安装并培训经销商使用方法,同时向经销商解释使用这套系统能够减少无效库存,提高资金和仓库利用效率等好处,宝洁还采取强制性措施,对于不采用这套系统的经销商不再进行合作。通过一年时间,基本完成用这套分销商生意系统管理所有经销商的工作。

(5) 将宝洁原先的经销商、供货商转为服务商的革新。宝洁为他们提供仓储物流方面的服务并为他们支付一定的服务费。这一政策针对当时大卖场崛起导致经销商利润变薄,积极性受挫而制定,为经销商提供了一定的物质补偿。

由于分销商过多,出现控制力下降及区域窜货现象,宝洁公司加强了对分销商的管理。1999年7月,宝洁着手对分销商进行整改,留下与宝洁配合最好、最密切的大型分销商,同时推进分销商转型。分销商的角色由以前靠低进高出获取产品销售差价向现代专业服务提供商转变,以服务佣金为导向,提供市场分销覆盖、实施补货、保证物流供应及帮助生产商进行零售终端店内管理和资源争夺。

在20世纪90年代末,现代零售终端,特别是大卖场在中国出现并普及后,宝洁的渠道管理政策便开始以分销为中心,转向分销、直供并驾齐驱。"宝洁的分销商更像是宝洁渠道政策的执行者,宝洁公司内部也专门设立分销商管理人员,加强了对分销商的管理和有效掌控。"

(资料来源:分销渠道管理案例,http://www.hztbc.om/news/news_29621.html)

第一节 物流产品渠道概述

一、物流产品渠道策略的含义

营销渠道(Marketing Channels)是指制造商的产品或劳务从制造商向消费者转移的过程中,参与这种货物或劳务的所有权谈判的所有企业和个人。在市场营销理论中,有两个与渠道有关的术语经常不加区分地交替使用,这就是市场营销渠道(Marketing Channels)和分销渠道(Distribution Channels)。

市场营销渠道是指协同生产、分销和消费某一生产者的产品或服务的企业和个人，包括这些产品的供、产、销过程中所涉及的所有企业和个人。分销渠道也称贸易渠道，是指促使产品或服务顺利地被使用或消费的一整套相互依存的组织，包括商品转移时取得商品或劳务所有权或帮助转移所有权的全部企业和个人。

菲利普·科特勒认为："一条分销渠道是指某种货物或劳务从生产者向消费者移动时，取得这种货物或劳务的所有权或帮助转移其所有权的所有企业和个人。"因此，一条分销渠道主要包括经销中间商(因为它们取得所有权)和代理中间商(因为它们帮助转移所有权)。此外，它还包括作为分销渠道的起点和终点的生产者与消费者。但是，它不包括供应商、辅助商等。

肯迪夫和斯蒂尔给分销渠道的定义是：分销渠道是指"当产品从生产者向最后消费者或产业用户移动时，直接或间接转移所有权所经过的途径"。

科特勒认为，严格地讲，市场营销渠道和分销渠道是两个不同的概念。他说："一条市场营销渠道是指那些配合起来生产、分销和消费某一生产者的某些货物或劳务的一整套所有企业和个人。"这就是说，一条市场营销渠道包括某种产品的供产销过程中所有的企业和个人，如资源供应商(Supplier)、生产者(Producer)、商人中间商(Merchant, Middleman)、代理中间商(Agent, Middleman)、辅助商(Facilitator)(又译作"便利交换和实体分销者"，如运输企业、公共货栈、广告代理商、市场研究机构，等等)以及最终消费者或用户(Ultimate Customer 或 User)等。现在市场营销渠道和分销渠道这两个概念经常被混用。

物流产品渠道是指物流服务从由物流服务提供者向消费者移动时取得这种服务的所有权或帮助转移其所有权的所有企业和个人。即物流服务从供应商向客户转移所经过的通道。物流产品渠道成员包括运输企业、货主、仓库、货运站场以及各种中间商和代理商，起点是物流企业，终点是对物流服务有需求的货主，中间环节包括车站、码头、机场等站场组织，航运代理、货运代理、航空代理、船务代理以及受物流公司委托建立的售票点、揽货点等代理商，铁路、公路、水路、航空运输公司等联运公司。

物流产品渠道主要有以下特点。

(1) 层次少。物流服务与其他产业的产品不同，突出的特点是产品的生产与消费同时发生，所以在分销渠道的层次上，物流服务的分销渠道绝大多数为零层渠道，即直接分销渠道，产品从生产者流向最终消费者的过程中不经过任何中间商转手的分销渠道。

(2) 可控性强。正由于物流服务分销渠道具有层次少的特点，因此在日常的运作过程中，物流企业可以对自身产品的营销进行直接的控制，不像其他产品的营销活动受其他因素影响过大。

二、物流产品渠道系统

物流企业的分销渠道系统是渠道成员之间形成的相互联系的统一体系，这一体系的形成是物流运作一体化的产物。

物流产品渠道系统主要包括垂直营销系统和水平营销系统。

(一)垂直营销系统

垂直营销系统是近年来渠道发展中最重大的发展之一,它是作为对传统营销渠道的挑战而出现的。传统营销渠道由独立的生产者、批发商和零售商组成。每个成员都作为一个独立的经济实体追求利润最大化,即使是以损害系统整体利益为代价,没有一个渠道成员能够对其他成员拥有全部的或者足够的控制权。

麦克康门把传统营销渠道描述为"高度松散的网络,其中,制造商、批发商和零售商松散地联结在一起,相互之间进行不亲密的讨价还价,对于销售条件各执己见,互不相让,所以各自为政,自行其是"。

垂直营销系统则相反,它是由生产者、批发商和零售商所组成的统一系统。某个渠道成员拥有其他成员的产权,或者是一种特约经营关系,或者这个渠道成员拥有相当实力,其他成员愿意合作。垂直营销系统可以由生产者支配,也可以由批发商,或者零售商支配。垂直营销系统的特点是采用专业化管理、集中计划,销售系统中的各成员有共同的利益目标,都采用不同程度的一体化经营或联合经营。

垂直营销系统有利于协调渠道的整体行动,消除渠道成员为追求各自利益而造成的冲突,能够通过其规模,谈判实力和重复服务的减少而获得效益。垂直营销系统主要有以下形式。

1. 公司式垂直营销系统

公司式垂直营销系统是指一家公司拥有和统一管理若干工厂、批发机构、零售机构,控制分销渠道的若干层次,甚至整个分销渠道,综合经营生产、批发、零售业务的系统。这种渠道系统又分为两类:工商一体化经营系统和商工一体化经营系统。工商一体化是指大工业公司拥有和统一管理若干生产单位和商业机构,采取工商一体化经营方式。

例如,美国凡士通轮胎橡胶公司不仅拥有橡胶种植园、轮胎制造厂,还拥有轮胎的批发机构和零售机构,其销售门店(网点)遍布全美国。商工一体化是指由大零售公司拥有和管理若干生产单位的系统,如美国零售业巨头沃尔玛、星巴克等拥有和统一管理若干批发机构、工厂等,采取商工一体化经营方式,综合经营零售、批发、加工生产等业务。

2. 管理式垂直营销系统

在西方国家,许多制造商(即使是某些大制造商)不能耗费巨资建立推销其产品所需要的全部商业机构,因此,有些大制造商为了实现其战略计划,往往在销售促进、库存供应、定价、商品陈列、购销业务等问题上与零售商协商一致,或予以帮助和指导,与零售商建立协作关系,这种渠道系统叫作管理式垂直营销系统。

如美国 Kraft 食品企业积极改善产品包装,广泛开展销售促进活动,对食品杂货商提供购销业务指导,帮助他们改进商品陈列。

3. 合同式垂直营销系统

合同式垂直营销系统是指不同层次的独立制造商和经销商为了获得单独经营达不到的经济利益，以要约为基础实行的联合体，即特许经营组织，它主要分为三种形式。

(1) 特许经营方式。这种渠道系统也可分为三种方式。

① 制造商倡办的零售商特许经营和代理商特许经营。零售商特许经营多见于消费品行业，代理商特许经营多见于生产资料行业。丰田公司对经销自己产品的代理商、经销商给予专卖买断权，即丰田公司与某个经销商签订销售合同后，赋予经销商销售本公司产品的权利而不再与其他经销商签约，同时也规定该经销商只能销售丰田品牌的汽车，实行专卖，避免了经营相同品牌汽车的经销商为抢客户而竞相压价，损害公司名誉。

② 制造商倡办的批发商经营系统。大多出现在饮食业，例如，美国可口可乐、百事可乐与某些瓶装厂商签订合同，授予其在某一地区分装的特许权，以及向零售商发运可口可乐、百事可乐的特许权。

③ 服务企业倡办的零售商特许经营系统。大多出现于快餐业(如肯德基快餐)和汽车出租业。

与公司自建渠道相比，通过特许经营方式实施扩张有两大优势。首先，由于被许可方支付了大部分资金，因而可以实现迅速的扩张。唯一的局限就是：需要实施必要的控制。如选择申请人、新店选址、确保经营的一致性，等等。其次，特许经营可找到更多认真负责的人来经营，因为特许经营方式下的门店经营好坏与经营者个人利益密切相关。

◆ 小知识 ◆

特许经营的历史至少可以追溯到20世纪初。当时，通用汽车企业最早建立了第一家销售汽车并提供服务的独立经销商。可口可乐及其他软饮料制造商也将其特许权授予装配商。到1910年，特许经营已成为汽车及汽油产品的主要营销方式。

到1910年，又广泛应用于食品、药品、杂货、五金、汽车配件等方面的经营。特许经营的迅速发展始于第二次世界大战后，其中在软冰激凌的经营方面发展最快。1945年，美国的软冰激凌摊位只有100多个，到1960年发展到1.8万个。产品和服务的特许销售额占企业销售总额的30%，在美国的50多万家特许经营店中，就业人口达400万之多。

第二次世界大战后，特许快餐馆对整个食品服务业产生了重要影响。20世纪70年代特许快餐店的就业人数在特许经营店和美国饮食业就业总数中平均占30%左右。

(2) 批发商倡办的自愿连锁。这种自愿连锁和西方国家零售商业中的一般连锁商店不同。

首先，自愿连锁(又叫契约连锁)是若干独立中小零售商为了和连锁商店这类大零售商竞争而自愿组成的联营组织，参加联营的各个中小零售商仍保持自己的独立性和经营特点。而连锁商店是属于一家大零售企业所有的某种类型的零售商店(如百货商店、超级市场等)集团，这些零售商店是这家大零售企业的分店和联号。

其次，自愿连锁实际上是参加联营的各个独立中小零售商的进货要在采购中心的统一管理下统一进货，但分别销售，实行“联购分销”，联营组织还会为各个成员提供各种服务。而连锁商店是由总公司设中央采购处，连锁商店本身是零售组织。

最后，西方国家的自愿连锁通常是由一个或一个以上独立批发商倡办的。例如，德国的自愿连锁是由一个独立批发商和一群独立中小零售商组织的；英国、比利时的自愿连锁是由一个或一个以上独立批发商和一群独立中小零售商组织的。这些独立批发商为了和大制造商、大零售商竞争，维护自己的利益，帮助与其有业务往来的一群独立中小零售商组成自愿连锁，统一进货，推销批发商经营的商品。

◆ 小知识 ◆

自愿连锁应遵循以下原则。

① 共同原则。在自愿连锁经营中，总部及加盟店必须积极地开展共同行动，在总部全心全意对加盟店进行支援、指导的同时，加盟店也应积极与其配合，确保共同行动的进行。

② 利益原则。自愿连锁总部依靠与加盟店结合获得组织利益，总部的责任在于确保连锁组织成员的利益。总部以组织形式获得利益，要以培养人才、加强物流系统、信息系统等进行战略性再投资的形式，向加盟店偿还，以繁荣加盟店，强化连锁经营系统。

③ 调整原则。在自愿连锁活动中，应尊重、重视各加盟店的营业范围，但这并不否认营业范围内加盟店彼此间的有效竞争，但是，应尽可能调节加盟店彼此间的过分竞争。

④ 为地区社会做贡献的原则。努力满足顾客需求，是自愿连锁组织的战略。加盟店要有“商店是为顾客而存在”的“顾客不可缺少的设施”，进而确保自己商店的发展、繁荣。

(3) 零售商合作社。零售商合作社是一群独立中小零售商为了和大零售商竞争而联合经营的批发机构(每一个参加联营的独立中小零售商要缴纳一定的股金)，各个成员通过这种联营组织，以共同名义统一采购一部分货物(向国内外制造商采购)，统一进行宣传广告活动以及共同培训职工等，有时还联合进行某些生产活动。

例如，荷兰中小零售商组成“采购联营组织”，直接向国外订购货物，并有自己的仓库，这种组织实际上是中小零售商联合经营的进口批发机构；瑞典的ICA是由5000多家零售商联合经营的批发机构；美国联合食品杂货商企业实际上也是一个零售商合作社。

在西方国家，工商企业为了扩大销售，获得更多利润，在激烈竞争中求得优势，不仅在渠道系统内采取垂直一体化经营或联合经营的方式，而且在同一层次的若干制造商之间、若干批发商之间、若干零售商之间也采取横向联合经营的方式。

◆ 小知识 ◆

零售商合作社一般由本部、分店、配送中心三部分构成，三者的专业分工及功能各不相同。

本部担当着如下机能。

◇ 经营管理机能。负责整个企业的经营管理，如分店经营计划的拟订、指导执行及考核；商品从采购、库存管理到分销的流程控制等。

◇ 统筹进货机能。统筹采购商品，并拟订商品计划及经营指导。

◇ 教育训练与指导机能。人员的开发、培训及经营指导等教育训练。

◇ 促销机能。共同的广告宣传和促销活动。

◇ 开发机能。新产品、新店铺、新系统的开发。

◇ 融资机能。提供分店资金的融通与垫付贷款。

◇ 信息机能。收集和加工来自各分店的销售额等各种数据，把有价值的销售信息提供给分店。

分店则有如下机能。

◇ 商品销售机能。负责销售商品及相关的促销活动。

◇ 订货机能。根据商品销售情况，定时向总店订货。

◇ 现场管理机能。负责销售现场的商品陈列和管理。

◇ 库存管理机能。分店库存商品的管理。

◇ 顾客服务机能。提供顾客需要的服务，如提供顾客休息室、送货上门、商品介绍及操作示范、邮寄服务等。

在本部和分店的专业分工中，重要的不同于独立零售企业的是：本部负责商品采购和管理；分店则负责销售商品，国内理论界多把其归纳为联购分销，批量经营。

配送中心的运作则可解决下列问题。

◇ 商店数目增加引起的总企业对各店之间货物的运送、管理的困难，避免因货物运送不到而导致的销售机会的丧失。

◇ 各店自行作业所产生的采购成本过高，产品种类过少的问题。

◇ 由于加盟店数增加，使得各店之间距离扩大，运输成本上升，不得不提高商品售价的问题。

◇ 各分店商品库存增加，库存费用上升，营业面积减少的问题。

◇ 各分店送货车辆增加，造成各店附近街道交通堵塞的问题。

(二) 水平营销系统

水平营销系统是由两个或两个以上的企业联合开发一个营销机会。这些企业缺乏资本、技能、生产或营销资源来独自进行商业冒险，或者承担风险；或者它发现与其他企业联合可以产生巨大的协同作用。企业间的联合行动可以是暂时性的，也可以是永久性的，也可以创立一个专门企业，所以也称为共生营销。

(三) 多渠道营销系统

多渠道营销系统是指对同一或不同的分市场采用多条渠道营销的系统。这种系统一般分为两种形式：一种是生产企业通过多种渠道销售同一品牌的产品，这种形式易引起不同渠道间激烈的竞争；另一种是生产企业通过多渠道销售不同品牌的产品。越来越多的企业采取多渠道营销系统来进入同样的或者不同的市场。

例如，J. C. 彭尼企业既经营百货商店，也开设大众化商场(名字叫宝库)和专业商店。蒂尔曼把多渠道零售组织称为商业联合集团，并把它们定义为："所有权集中的多种经营商业帝国，通常由几种不同形式的零售组织组成，并在幕后实行分销功能和管理功能的一体化。"

许多企业会采用多渠道营销系统，为两个不同层次的顾客服务。所谓双重分销系统，这种形式可能给倡办企业造成各种矛盾。例如，通用电气企业是通过独立商(百货商店、折扣商店、凭目录邮售的零售商)出售大型家用电器的，同时也直接向大型房地产商出售家用电器，这样就和零售商发生冲突了。独立的经销商希望通用电气企业能够终止向大型房地产商出售产品的业务。通用电气企业则坚持自己的立场，认为制造商和零售商需要的是两种迥然不同的营销方法。

三、物流产品渠道的发展趋势

(一) 零售商的主导地位正在加强

近20年来，世界流通产业迎来了巨大的变革，其主要内容是整个产业链中的主导权发生由生产商向零售商的转移，零售商作为供应链中最接近顾客的一环，在以消费者为中心的市场中占据越来越重要的地位，使原来以制造商为主导的供应链模式转向了以零售商为主导的供应链模式。

供应链是围绕核心企业，通过对信息流、物流、资金流的控制，从采购原材料开始，到制成中间产品以及最终产品，最后由销售终端把产品送到消费者手中的价值增值过程，是由供应商、批发商、零售商直到最终消费者形成的网链结构。零售商主导型供应链就由零售商作为核心并起主导作用的供应链系统，在这个系统中，零售商与供应商之间相互作用、相互影响，共同实现供应链利益最大化的目标。

由于零售商处于渠道的最末端，最能够接近和影响最终消费者，成为产品流向市场的"守门人"。首先，零售商对产品的供货源有较多的选择，生产商对零售商的依赖程度加大，助长了零售商对渠道的权威。其次，激烈的市场竞争促使零售商通过扩张和兼并急剧增大自己的规模，使零售商在营销渠道系统中处于支配地位的势头不断增强，生产商的地位相对下降。最后，市场环境的变化和信息技术的发展推动供应链主导权的转移，最终形成零售商主导的供应链模式。

随着社会经济结构的变化和发展，零售商的地位和作用日益增强并在供应链中逐步占据主导地位，这体现了在信息网络时代社会经济发展的必然趋势和内在要求。但目前零售商主导型供应链在实际运作上还存在许多问题，如零售商滥用市场权力、零售商与供应商之间的利益冲突等。

究其原因，主要是主导零售商没能认清当前市场环境变化，没能摆正自己在市场中的位置，没能和供应商形成相应的协调合作机制。因此，应寻求和建立起主导零售商和其供应商之间新型的合作机制。

（二）渠道成员致力于联合体的建立和发展

渠道关系由交易型关系向伙伴型关系转变。传统的渠道关系是交易型的"我"和"你"的关系，每个渠道成员都是一个独立的经营实体，他们的目标是追求利润最大化，这种关系最大缺陷是渠道成员为了自身利益而不惜牺牲其他成员乃至企业的利益，渠道管理不能在统一规划下进行，管理难度大。

而现代经济非常强调双赢乃至多赢，因此传统的渠道关系必将由交易型的"我"与"你"的关系向伙伴型关系转变，在伙伴型关系中，企业与中间商的关系不再是"我"与"你"的关系，而是"我们"的关系，由原来的"油水"关系变成"鱼水"关系，他们共同经营，使分散的渠道形成一个联合体，渠道成员为共同的目标而努力，在促销、信息共享、培训等方面进行更多、更全面的合作，企业与中间商共同致力于销售网络运行效率的提高，降低费用、管理市场。

（三）信息渠道趋于互动性和双向性

传统营销活动，企业与市场的信息沟通是单向的，而企业依靠各种各样的传媒向顾客提供单向的信息传递，再通过各种各样的调研方法来了解顾客的需求动向，而这两个过程在大多数情况下是分离的，使得信息的传播与反馈间不可避免地存在较为明显的"时滞"，企业因无法及时获得顾客的反馈信息，做出快速的决策和对缺乏营销效率的渠道成员做出即时调整，从而严重影响企业分销效率。

互联网技术的发展为顾客与企业间的双向同步交流提供了可能，潜在的消费者借助互联网直接与企业对话，了解自己感兴趣的产品，进一步提出意见及要求。企业则根据顾客的反馈信息对产品进行即时设计和改进，充分利用互联网的高度互动性使营销管理者在进行市场调研、产品设计、生产到服务等一系列工作时，能始终与顾客保持密切联系，使信息的传递与反馈之间的"时滞"降到最低限度，真正实现同步互动营销。

第二节　物流产品渠道选择

一、物流产品渠道设计

物流产品渠道设计是指物流企业为实现分销目标，对各种备选渠道结构进行评估和选择,从而开发新型的营销渠道或改进现有营销渠道的过程。需要指出的是,广义的营销渠道设计包括在企业创立之时全新的营销渠道设计以及改变或再设计已存在的营销渠道。对于后者,现在也称为营销渠道再造,是市场营销者经常要做的事。

需要说明的是,除了生产商外,制造商、批发商(消费品类与工业品类)以及零售商也都面临着营销渠道设计问题。对零售商来说,营销渠道设计是从生产商与制造商的对立面着手的。为了获得可靠的产品供应,零售商要从渠道的末端向渠道的上游看。而批发商处于渠道的中间位置,对营销渠道设计的决策需要从两个方向着手,既要考虑上游,也需要了解下游渠道成员的情况。

当出现以下十种情况时,应考虑设计新的营销渠道或是对现有营销渠道进行调整。新产品或新产品线出现;出现新的目标市场;企业的市场营销组合出现重大变化;成立新公司,公司兼并或收购;中间商改变策略;中间商不适应公司的要求;地理上发现了新的市场;公司的宏观环境发生重大变化;当前渠道成员中出现矛盾或冲突;常规的监测反映有改变营销渠道结构的必要。

二、影响物流产品渠道设计的因素

(一)产品因素

1. 产品单价

一般而言,产品单价较低的日用品、一般选购品,可以采用较多营销渠道,较长营销路线。而产品单价较高的工业品、耐用消费品、享受品则应减少流通环节,采用较短和较少的营销渠道。

2. 体积与重量

体积过大或过重的产品(如大型设备、重型机械等)装卸和搬运困难,储存和运输的费用高,应选择短而窄的营销渠道,最好采用直接营销渠道;反之,对于体积小、重量轻的产品则可以采用长而宽的分销渠道,利用中间商销售。

3. 时尚性

对式样、款式变化快的时尚产品,消费者的需求容易发生改变,要尽量选择短的分销渠道,以免错过市场商机,给企业造成不必要的损失。

4. 技术性和售后服务

一般来说,技术性能比较高的产品,或是需要经常或特殊的技术进行售后服务的产品,生产者常常直接出售给最终用户,或选择有能力提供较好服务的中间商经销,分销渠道通常是短而窄的。

5. 易损易腐性

如果产品容易腐坏变质(如生鲜农产品)或者容易破损(如陶瓷、名画、玻璃制品),应尽量采用短分销渠道,保证产品使用价值,减少产品损耗。

6. 产品市场寿命周期

在产品市场寿命周期的不同阶段,对营销渠道的选择是不同的。新产品试销时,许多中间商不愿经销或者不能提供相应的服务,为了较快地把新产品投入市场、占领市场,生产企业应选择短而窄的分销渠道,直接向消费者推销或利用原有营销路线进行展销,也可以采用代销策略,以探索市场需求,尽快开辟新产品的销路。

当新产品进入成长期和成熟期后,随着产品销量的增加,市场范围扩大,竞争加剧,分销渠道也呈现为长、宽、多的发展趋势,此时,采用经销策略比代销更为有利。产品衰退期,则需要采用缩减分销渠道的策略来减少损失,如在衰退期的产品就要压缩营销渠道。

(二) 市场因素

1. 潜在顾客的状况

潜在顾客的多少,决定市场的大小。潜在顾客数量越多分布面越广,市场范围越大,越需要较多中间商转售,生产企业就需要利用长、宽、多的渠道分销策略;反之,就可能直接销售。

2. 目标市场的分布状况

如果某种产品的销售市场相对集中,只是分布在某一个或少数几个地区,生产企业可以直接销售,营销渠道的结构可以短些。反之,如果目标市场分布广泛,分散在全国乃至国外的广大地区,就需要采用长、宽、多的渠道分销策略。

3. 消费者的消费习惯

消费者的消费习惯主要指的是以下两点。

(1) 购买习惯。消费者对不同的消费品有不同的购买习惯,这也会影响分销渠道的选择。消费品中的便利品(如香烟、火柴、肥皂、牙膏、大部分杂货、一般糖果、报纸杂志等)的消费者很多(因而其市场很大),而且消费者的购买次数很频繁,希望随时随地买到。所以,制造商只能通过批发商、为数众多的中小零售商转卖给广大消费者。因此,便利品分销渠道是“较长而宽”的。

消费品中的特殊品(如名牌男西服等),消费者在习惯上愿意多花时间和精力去物色,其制造商一般只通过少数几个精心挑选的零售商去推销其产品,甚至在一个地区只通过一家零售商经销其产品,因此其分销渠道是“较短而窄”的。

(2) 购买次数及购买数量。普通消费者购买次数多,每次购买数量小。而产业用户一般都是购买次数少(设备要若干年才买一次,制造商所需要的原材料、零件等都是根据合同一年购买一次或几年购买一次),每次购买量大。这就决定了制造商可以把产品直接销售给产业用户,而一般不能将产品直接销售给消费者,因为多次、小批量销售成本高,收益少。

4. 市场需求性质

消费者市场与生产者市场是两类不同需求性质的市场,其分销渠道有着明显的差异。

消费者人数众多,分布广泛,购买消费品次数多,批量小,需要较多的中间商参与产品分销,才能满足其需求。产业用户相对较少,分布集中,且购买生产资料次数少,批量大,产品多采用直接销售渠道。

5. 竞争者的分销策略

一般地说,企业要尽量避免和竞争者使用一样的分销渠道。美国雅芳(Avon)在选择营销渠道时,不使用传统的分销渠道,而采取避开竞争者的方式,训练漂亮的年轻妇女,挨家挨户上门推销化妆品,结果盈利甚多。另外,由于受消费者的购买模式的影响,有些产品的制造商不得不使用竞争者所使用的渠道。

例如,消费者购买食品往往要比较品牌、价格等,因此,食品制造商就必须将其产品摆在那些经营其竞争者的产品的零售商店里出售,这就是说,不得不使用竞争者所使用的营销渠道。

在研究市场因素时,还要注意商品的用途、商品的定位,这对选择营销渠道结构都是重要的。

(三) 企业因素

1. 企业的产品组合情况

企业的产品组合的宽度和深度,也就是产品的种类、型号规格情况。企业的产品组合情况之所以会影响分销渠道选择,那是因为在客观上存在着这种产销矛盾:从制造商方面说,销售批量要大(假设产品都是单价不高的一般消费品),否则如果销售次数频繁,销售批量小,那就不合算;从零售商方面说,除少数大零售商外,一般中小零售商的进货,要多品种多规格、小批量、勤进快销。

因此,如果制造商的产品组合的宽度和深度大(即产品的种类、型号规格多),制造商可能直接销售给各零售商,这种分销渠道是"较短且窄"的;反之,如果制造商的产品组合的宽度和深度小(即产品的种类、型号规格少),制造商只能通过批发商、零售商转卖给最后消费者,这种分销渠道是"较长且宽"的。

2. 企业的声誉、资金和控制渠道的能力

如果制造商(企业)为了实现其战略目标,在策略上需要控制市场零售价格。需要控制分销渠道,就要加强销售力量,从事直接销售,使用较短的分销渠道。但是,制造商能否这样做,又取决于其声誉、财力、经营管理能力等。

如果制造商的产品质量好,誉满全球,资金雄厚,又有经营管理销售业务的经验和能力,这种大制造商就有可能随心所欲地挑选最适合的分销渠道和中间商,甚至建立自己的销售力量,自己推销产品,而不通过任何中间商,这种分销渠道是"最短而窄"的;反之,如果制造商(企业)财力薄弱,或者缺乏经营管理销售业务的经验和能力,一般只能通过若干中间商推销其产品,这种分销渠道是"较长且宽"的。

3. 企业的销售能力及可提供的服务

企业若是具有丰富的市场销售知识与经验,有足够的销售力量和销售渠道,就可以自己组织产品销售，减少或不用中间商，分销渠道就是“短且窄”的；反之就要通过中间商来营销产品，其渠道就需要“长且宽”。

企业如果对其产品的广告力度大，并且愿意负担中间商的广告费用，并能派出维修服务人员承担中间商技术培训的任务或能提供各项售后服务，中间商就愿意经销其产品，企业就可能建成“长且宽”的分销渠道；反之，则企业难以找到愿意合作的中间商，其分销渠道必然是“短且窄”的。

（四）环境因素

1. 环境因素的内容

营销环境涉及的因素极其广泛，如一个国家的政治、法律、经济、人口、技术、社会文化等因素及其变化，都会不同程度地影响分销渠道的选择。所以说影响营销渠道结构和行为的环境因素既多又复杂，这些因素可以概括为如下几种，即社会文化环境、经济环境、竞争环境等。

(1) 社会文化环境。社会文化环境包括一个国家或地区的思想意识形态、道德规范、社会风气、社会习俗、生活方式、民族特性等许多因素，与之相联系的概念可以具体到消费者的时尚爱好和其他与市场营销有关的一切社会行为。如西方国家以自助服务出售食物为主的超级市场的出现，是以科学技术发展到一定水平，消费者能看懂包装上的说明文字为前提的。

国家有关法律法规的制定，对分销渠道也会造成影响，如国家实行计划控制或专卖的产品，其分销渠道往往长而单一，如烟草；再如《反垄断法》的制定与实施，会限制垄断型分销渠道的发展。科学技术的发展会引起售货方式的革新，比如，在互联网技术的发展下，电商平台的发展，使得很多企业在互联网上直销自己的产品，如小米手机的销售。交通条件的改善，环境保护的需要，也会引起某种产品的生产与销售规模的改变，从而引起分销渠道长度与宽度的改变。

(2) 经济环境。经济环境是指一个国家或地区的经济制度和经济活动水平，它包括经济制度的效率和生产率，与之相联系的概念可以具体到人口分布、资源分布、经济周期、通货膨胀、科学技术发展水平，等等。经济环境对渠道的构成有重大影响，如通货紧缩、市场疲软，企业通常会尽量缩减不必要的环节，降低流通费用，以便降低售价。

(3) 竞争环境。竞争环境是指其他企业对某分销渠道及其成员施加的经济压力，也就是使该渠道的成员面临被夺去市场的压力。竞争会影响渠道行为。任何一个渠道成员在面临竞争时有两种基本选择：一是与竞争对手进行一样的业务活动，但必须比竞争对手做得更好；二是可以采取与竞争对手不同的业务行为。

如日本的手表开始进入美国市场时，不通过百货商店、珠宝商店等传统渠道，而是采用由众多杂货店、折扣商店这种面向广大低收入阶层的销售渠道，取得了成功。日本的小汽车、家用电器、照相机、复印机之所以能成功地进入欧美市场，是与日本企业采取“让中间商先富"的营销渠道策略分不开的。

2. 环境对渠道行为的具体影响

环境对渠道行为的影响一般表现在以下三个方面。

(1) 消费需求变化直接影响渠道行为。环境因素中的消费需求变化因素和社会行为变化因素是直接影响渠道行为的因素,渠道成员应保持敏锐的观察力,从这些因素的变化中寻找市场机会。一般来说,凡能很好地认识和抓住这些机会的企业,其经营都会成功。

例如,随着改革开放的深入,人们改变了过去在衣着打扮方面的行为观念。有些企业抓住机会设计生产了各种多姿多彩的服装和各种各样的化妆品,从而赢得了市场。近年来,组合式家具挤掉了传统式样的家具,是因为消费者对家具的需求偏好有了变化,家具行业的业务行为也就必须随之改变。消费需求变化和社会行为变化是一个渐进过程,渠道成员应在变化处于量变过程时,抓住时机,做出适应这些变化的经营决策。

(2) 社会价值观念时刻影响渠道选择。环境形成的社会价值观念是时时刻刻影响渠道行为的重要因素。社会价值观念所反映的思想观念、道德行为准则、社会习俗和风气,实质上代表了社会的意志和广大消费者的意志,任何渠道成员必须在符合社会价值观念下营运。近几年,有些企业和个体户做虚假广告,缺斤少两,漫天要价或其他欺诈行为,即使得益于一时,最终还是会损害自己甚至给整个行业带来危害,如"三鹿"奶粉事件。

(3) 渠道成员的业务行为决定成败。渠道成员的业务行为符合社会价值观念,就会取得信誉,从而也就会赢得市场。世界上所有成功的大企业都把符合社会价值观念的经营看成建立信誉、取得成功的前提。

很多大企业的经理总是努力遵循以下一些守则:把企业的利益置于个人利益之上;把对社会的责任置于对企业的责任之上,把对企业的责任置于个人的利益之上;在经营活动中,凡个人利益牵连到企业利益,企业利益牵连到社会利益,应增加进程的透明度;利润动机必须在符合社会价值观念的前提下,才能作为企业取得发展的刺激因素。

◆背景资料◆

德邦收费模式新改革试行"可接即可派"

日前,德邦正逐步改变原有的派送收费模式,开始试行"可接即可派"方案。

"可接即可派"方案指的是,只要在德邦可以接货的地方(即有德邦营业网点的地方),不论派送中心距离该地方多远,到达该地方的货物都免收超远派送费。

德邦方面表示,这次试行的新方案主要是为了帮助用户降低物流成本,提升用户收货服务体验。目前为止,该方案已在14个城市试行,包括北京、上海、广州、深圳、重庆、铜川、中山、平凉、衡阳、沈阳、铜川、常州、马鞍山、枣庄。德邦方面称本次方案试行3个月时间后，将把该项新方案陆续在全国推行。

据德邦方面介绍，与快递派送不同，大件重货派送的运输成本、人力成本一直都比较高。在此前，德邦的大件派送服务，按目的地距离远近划分为标准派送和超远派送。以广东顺德枢纽中心的派送网点为例，一票200kg的货物派送到方圆40km之内的地方，收取标准派送费55元，超出范围则需加收超远派送费50元。而在目前试行的方案中，从顺德派送到48km远的广州花都区，只要是有德邦营业网点的地方，收货客户再也不用支付超远派送费。

对于此次新试行的派送收费模式，德邦相关业务负责人表示，因为德邦有些网点只能是客户自提货物，不具备派送的功能，导致部分客户对派送服务产生了误解。"基于对这部分客户的了解，德邦决定优先改良派送服务，以提升客户收货体验，所以才决定试行'可接即可派'，首批覆盖全国不同区域、不同经济水平的城市。"该负责人说道。

据了解，德邦目前已开设直营网点5400多家，服务网络遍及全国，自营运输车辆8000余台，全国转运中心总面积已超过108万平方米。

(资料来源：http://www.chinawuliu.com.cn/xsyj/201508/11/304116.shtml)

第三节　物流产品的渠道管理

一、物流产品渠道的成员管理

(一) 渠道成员选择的定义

渠道成员选择就是从众多的相同类型的分销成员中选出适合企业渠道结构的能有效帮助完成企业分销目标的分销伙伴的过程。

营销渠道设计的最后一步是着手选择营销渠道成员。如果营销渠道设计结果是采用直销的营销方式，就不存在对分销成员的需求，也就无所谓对分销成员进行选择了。

(二) 渠道成员选择的意义

渠道成员选择是非常重要的。因为选择并和渠道成员共事，不是为了一笔生意或一桩买卖，而是要"联姻结亲"，长期携手合作。越来越多的企业重视与渠道成员的关系，有的甚至结成战略伙伴关系，这愈加说明需要对渠道成员慎重进行选择。

渠道成员选择将决定消费者需要的产品是否能及时、准确地转移到消费者手中，影响到分销的成本和顾客服务。因此，对企业战略伙伴的渠道成员选择，意义重大，如果选择不当，可能引起资源投资失误；如果选择得好，则可以锦上添花。

渠道成员选择的重要性与企业的分销密度高度相关。如果企业选择的分销密度越小，其分销成员的选择越重要。处在分销密度小的一端的是独家分销，即只有一个分销成员,那么一旦选择了某个成员,就意味着丧失了使用其他分销成员的机会,同时,企业的分销任务是否能有效实施就完全取决于这个分销成员的表现,所冒的风险很大。

相反,如果分销密度很大,则渠道成员选择的重要性就相应地减小。像营销渠道实践家罗杰·潘格勒姆(Roger Pegram)在关于营销渠道选择实践方面的经典研究中描绘的:"采用密集性分销的企业往往将企业的产品投放到几乎每一个可能的渠道当中去,以便覆盖市场,确保消费者在任何地方都可以得到它们的产品。除了考虑渠道成员的必要信用度外,企业几乎很少严格鉴别这些渠道成员。通常,产品绝大部分是通过广告事先得到卖点,因此费神选择渠道成员显得多此一举。"

如果渠道的结构是突出密集性分销,通常可以根据其是否具有合理的盈利能力来选择中间商。相反,如果渠道的结构突出选择性分销,就应该仔细审查潜在的分销成员的有关情况,包括经商的时间、经营的其他产品、偿付能力、信誉和合作态度等,然后做出合理的选择。

(三)确定渠道成员的数目

对于同一渠道层次的中间商数量的选择,根据企业产品的特点和企业追求的产品展露度,有如下策略可供选用。

1. 密集性分销

密集性分销是指尽可能选择多个中间商分销,使营销渠道尽可能加宽。消费品中的便利品和工业品中的标准件、通用小工具多采用这种策略,为顾客提供购买上的方便。

2. 独家性分销

独家性分销是指在一个地区只选定一家中间商或代理商,实行独家经营。选择独家性分销,要求企业在同一地区不再授权其他中间商销售本企业的产品;对所选中间商,企业要求其不再经营与之竞争的产品。

独家性分销是最极端的形式,是最窄的分销渠道,适用于消费品中的特殊品,尤其是一些名牌产品,以及需要提供特殊服务的产品。独家性分销可以使生产企业提高对销售渠道的控制力,刺激中间商努力为本企业服务。但这种策略对企业来说风险极大,如果中间商选择不当,则有可能失去这一地区的市场份额。

3. 选择性分销

选择性分销介于密集性分销和独家性分销两种形式之间,即有条件地选择几家中间商进行经营。它的营销渠道比独家性分销宽,比密集性分销窄,这是企业较普遍使用的一种策略。它适用于各类商品,尤其是消费品中的选购品、特殊品,工业品中的标准产品和原材料多采用这种策略。与密集性分销策略相比,选择性分销策略可以使生产企业对中间商进行精选,使用效率高的中间商,降低销售成本。另外,这种策略还可使企业增强对营销渠道的控制力。

二、物流产品渠道的评价

（一）服务分配质量评价

服务分配质量评价如下。

（1）物流渠道成员是否具有柔性系统，指的是渠道成员能在对客户的需求做出快速反应的同时，还具有高度的弹性。

（2）协同供应链的各个企业实现最小库存，既维持企业能够满足客户需求及时做出反应的客观要求，又使库存成本维持较低水平，在二者之间找到合理的平衡点。

（3）优化运输。

（二）物流服务的财务绩效评估

物流企业渠道的管理人员可以通过财务指标对渠道的绩效进行评价。一般可以从市场占有率、渠道费用、销售等方面进行评价。

影响渠道结构选择的一个最重要的变量是财务指标。因此，选择一个合适的渠道结构类似于资本预算的一种投资决策。这种决策包括比较使用不同的渠道结构所要求的资本成本，以得出的资本收益来决定最大利润的渠道。并且，用于分销的资本同样要与使用这笔资金用于制造经营相比较。除非企业能够获得的收益大于投入的资本成本，而且大于将该笔资金用于制造时的收益，否则应该考虑由中间商来完成分销功能。

鉴于渠道结构决策往往是长期的，因而这种考虑更有价值。但是，应用这种方法的主要困难在于渠道决策制定过程中的可操作性不大。即使不考虑使用的投资方式（比如，简单的回报率，或者更精确的贴现现金流量方式），要计算不同的渠道结构可产生的未来的利润以及精确的成本是非常困难的，因此这种用于选择渠道结构的财务投资方法在广泛使用前应该等待更合适的预测收益方式的产生。

三、物流产品渠道的协调

（一）物流产品渠道冲突

物流产品渠道冲突指的是物流企业的渠道成员发现其他渠道成员从事的活动阻碍或者不利于本组织实现自身的目标。

渠道管理者都有这样的体会，有很多时间是在和代理商做协调和沟通工作，甚至是和代理商吵架。冲突不仅发生在生产商与代理商之间，还发生在各个代理商之间。因此，导致“价格战”“间谍战”不断，各级渠道之间，特别是各地的经销商之间的冲突很大，纷纷相互投诉，渠道经理经常充当“救火队”角色，但是往往费力不讨好，市场秩序、销售任务都没有达到预期的目的。

(二) 物流产品渠道冲突的原因

1. 物流产品渠道冲突的根本原因

物流产品渠道冲突的根本原因包括以下几点。

(1) 购销业务矛盾。购销业务中本来就存在矛盾,如供货商要以高价出售,并倾向于现金交易,而购买者则要支付低价,并要求优惠的商业信用。矛盾的一个主要原因是生产企业与中间商有不同的目标,生产企业希望占有更大的市场,获得更多的销售增长额及利润;但大多数零售商,尤其是小型零售商,希望在本地市场上维持一种舒适的地位,即当销售额及利润达到满意的水平时,就满足于安逸的生活;制造商希望中间商只销售自己的产品,但中间商只要有销路就不关心销售哪种品牌。

生产企业希望中间商将折扣让给买方,而中间商却宁愿将折扣留给自己;生产企业希望中间商为它的品牌做广告,中间商则要求生产企业负担广告费用。同时,每一个渠道成员都希望自己的库存少一些,对方多保持一些库存。

(2) 渠道成员责权不明确。渠道成员的任务和权利不明确,例如,有些企业由自己的销售队伍向大客户供货,同时它的授权经销商也努力向大客户推销。地区边界、销售信贷等方面的模糊和混乱会导致诸多冲突。冲突还可能来自渠道成员的市场知觉差异。例如,生产企业预测近期经济前景良好,要求经销商的存货水平高一些,而经销商却可能认为经济前景不容乐观,不愿保留较多的存货。

(3) 中间商对生产企业的依赖过高。例如,汽车制造商的独家经销商的利益及发展前途直接受制造商产品设计和定价决策的影响,这也是产生冲突的隐患。

所有这些都可能使渠道成员之间的关系因相互缺乏沟通而趋于紧张。

2. 物流产品渠道冲突的直接原因

物流产品渠道冲突的直接原因如下。

(1) 价格原因。各级批发价的价差常是渠道冲突的诱因。制造者常抱怨分销商的销售价格过高或过低,从而影响其产品形象与定位。而分销商则抱怨给其的折扣过低而无利可图。

(2) 存货水平。制造商和分销商为了自身的经济效益,都希望把存货水平控制在最低。而存货水平过低又会导致分销商无法及时向用户提供产品而丧失销售机会。同时,分销商的低存货水平往往会导致制造商的高存货水平,从而影响制造商的经济效益。此外,存货过多还会产生产品过时的风险。因此,存货水平也是容易产生渠道冲突的问题。

(3) 大客户原因。制造商与分销商之间存在的持续不断的矛盾来源是制造商与最终用户建立直接购销关系,这些直接用户通常是大用户,是"厂家宁愿直接交易而把余下的市场领域交给渠道中间商的客户(通常是因为其购买量大或有特殊的服务要求)"。由于工业品市场需求的80/20规则非常明显,分销商担心其大客户直接向制造商购买而威胁其生存。

(4) 争占对方资金。制造商希望分销商先付款、再发货,而分销商则希望能先发货、后付款。尤其是在市场需求不确定的情况下，分销商希望采用代销等方式，即货卖出去后再付款。而这种方式增加制造商的资金占用，加大其财务费用支出。

（5）技术咨询与服务问题。分销商不能提供良好的技术咨询和服务，常被制造商作为采用直接销售方式的重要理由。对某些用户来说，甚至一些技术标准比较固定的产品，仍需要通过技术咨询来选择最适合其产品性能的产品以满足生产过程的需要。

（6）分销商经营竞争对手产品。一方面，制造商显然不希望他的分销商同时经营竞争企业同样的产品线。尤其在工业品市场上，用户对品牌的忠诚度并不高，经营第二产品线会给制造商带来较大的竞争压力。另一方面，分销商通常希望经营第二产品线甚至第三产品线，以扩大其经营规模，并免受制造商的控制。

3. 渠道冲突的协调

事实上，对于渠道管理者而言，必须对渠道冲突有明确、理智的认识。存在渠道冲突是非常正常的，有渠道就有冲突。渠道冲突没有危害，只不过是商业竞争中的必然要素。渠道之间的竞争也免不了适者生存的自然法则，那些过时的，或不符合客户要求的渠道将被新的或能给最终客户带来真正价值的渠道所代替。但是，确实有些渠道冲突是相当危险的，这些危险的渠道冲突会侵蚀生产商的经济利益，即使对拥有最好的产品的生产商也不例外。

物流产品渠道冲突的协调办法多种多样，大多数渠道中解决问题的方法或多或少地依赖于权力或领导。

（1）目标管理。当企业面临竞争时，树立超级目标是团结渠道各成员的根本。超级目标是指渠道的成员共同努力，以达到单个成员所不能实现的目标，其内容包括渠道生存、市场份额、高品质和顾客满意。从根本上讲，超级目标是单个企业不能承担，只能通过合作才可能实现的目标。一般只有当渠道受到威胁时，共同实现超级目标才会有助于冲突的解决，才有建立超级目标的必要。

对于垂直性冲突，一种有效的处理方法是在两个或两个以上的渠道层次上实行人员互换。比如，让制造商的一些销售主管去部分经销商处工作一段时间，有些经销商负责人可以在制造商制定有关经销商政策的领域内工作。经过互换人员，可以提供一个设身处地为对方考虑问题的位置，便于在确定共同目标的基础上处理一些垂直性冲突。

（2）沟通。通过沟通来解决冲突其实就是在利用领导力。从本质上说，沟通是为存在冲突的渠道成员提供交流机会，强调通过沟通来影响其行为而非信息共享，也是为了减少有关职能分工引起的冲突。既然大家已通过超级目标结成利益共同体，沟通可帮助成员解决有关各自的领域、功能和对顾客的不同理解的问题。沟通的重要性在于使各成员履行自己曾经做出的关于超级目标的承诺。

（3）协商谈判。谈判的目标在于停止成员间的冲突。妥协也许会避免冲突爆发，但不能解决导致冲突的根本原因。只要压力继续存在，终究会导致冲突产生。其实，谈判是渠道成员讨价还价的一种方法。

在谈判过程中,每个成员会放弃一些东西,从而避免冲突产生,但利用谈判或劝说要看成员的沟通能力。事实上,用上述方法解决冲突时,需要每一位成员形成一个独立的战略方法以确保能解决问题。

(4) 诉讼。冲突有时要通过政府来解决,诉诸法律也是借助外力来解决问题的方法。对于这种方法的采用也意味着渠道中的领导力不起作用,即通过谈判、沟通等途径已没有效果。

(5) 退出。解决冲突的最后一种方法就是退出该营销渠道。事实上,退出某一营销渠道是解决冲突的普遍方法。一个企图退出营销渠道的企业应该要么为自己留条后路,要么愿意改变其根本不能实现的业务目标。

若一个企业想继续从事原行业,必须有其他可供选择的营销渠道。对于该企业而言,可供选择的营销渠道成本至少不应比现在大,或者它愿意花更大的成本避免现有矛盾。

当水平性或垂直性冲突处在不可调和的情况下时,退出是一种可取的办法。从现有渠道中退出可能意味着中断与某个或某些渠道成员的合同关系。

第四节　网络分销

一、什么是网络分销

网络分销是企业基于网络开展的分销行为,通过网络来完成铺货、渠道建设、分销商管理。有人预言,互联网商业的出现,使得渠道中间商的地位变得岌岌可危,因为电子化渠道使得供应商和客户之间的直接交易成为可能。

20世纪90年代初期,在国内渠道刚刚萌芽时,渠道市场为产品主导型,分销商若能获得一个比较好的产品的总代理权,凭借其在某区域市场的本地优势,就可以打开局面。这一时期的分销商不强调全国性,大多地处一隅,依靠区域优势,因此数量颇为可观,素质也是良莠不齐。随着国内网络市场渐趋成熟,到1996年,分销商开始淘汰,管理规范、能适应市场发展的有实力的分销商纷纷扩展地盘,在全国各地设立分公司,从区域分销商转化为全国性的分销商,国内大的分销商队伍减少到十家左右。

到1998年,随着国内网络渠道体系的成熟,客户为中心成为焦点。伴随着越来越多的国外厂商转向客户型销售,分销商也纷纷转向客户型经营,专业化分销成为主流。这一时期分销商开始用内部网整合自身的渠道资源,以追求“大者恒大”,超级分销商开始出现,活跃的超级分销商队伍开始缩减到只有五家左右。

当然,这一时期分销商最典型的特征是应用ERP,佳能国际总裁刘伟说:“未来的一切属于互联网,电子商务的竞争不但是企业的竞争,而且是供应链管理的竞争。现代企业管理要求企业以客户为核心，实现贯穿整个商业周期的厂商、分销商、经销商、最终用户之间的双向数据信息流。因此，未来供应链管理最优化将是分销商或电子商务运营商经营成功的关键之一。”

马云说过：“不做电子商务，五年之后你会后悔，十年之后，你再做电子商务的话，你将无商可务。”近些年随着网购的发展，对大部分企业来说，网络分销是企业的战略，网络分销可以向更多的用户传递自己的产品和服务，又多了一个促进销售的平台，如果在网络分销上能快人一步，无疑将在未来的竞争中获得先发制人的优势，这已成为企业家的共识。

数据分析表明，网络分销作为网络营销的重要手法，也正是当前做好网络营销的极佳突破口。比如，通过模型估算，当前果酱网络市场的规模在 3 亿～4 亿元，值得关注的是，购买果酱的客户同时购买零食、滋补营养品、保健品等高达 70 多个类目的产品，也就是说，这 70 多个类目的客户都是果酱产品的潜在消费者。

保守统计，这些类目总市场成交额至少在 2000 亿元以上。若果酱产品通过网络分销，经营以上关联类目，销量将会获得大幅度提升，不用过多的佐证，单从这一个例子就可以看到，网络分销有着极为广阔的前景。

二、网络分销的形式

网络分销是指充分利用互联网的渠道特性，在网上建立产品分销体系，通过网络把产品分销到全国各地，网络分销可分为网络代理、网络代销和网络批发三种形式。

（一）网络代理

网络代理一般面向企业网店。网络供应商建立自己的网络批发商城，展示自己的产品，代理商通过与供应商建立分销关系，在代理商自己的网店上也展示供应商的产品，顾客在代理商处下单，代理商直接让供应商发货。供应商收取成本价，代理商收取代理费或获取差价利润。

（二）网络代销

网络代销一般面向个人网店。网络分销商把货品通过自己创建的网上分销平台展示，分销会员把相中的产品的图片和信息添加到自己开设的网店里，当有顾客需要时，分销会员负责介绍产品并促进交易，然后通知网络分销商代为发货。分销会员主要靠差价获得收入，对个人来说，这是一种零风险的创业模式。

（三）网络批发

网络批发一般面向个人网商、实体店铺、网上专业店铺等。网络批发与传统的货品批发形式一样，只不过是通过网络的形式。网络分销商把货品通过自己创建的网上分销平台展示，分销会员把相中的商品直接在网上订购规定数量，付款拿货或压款经销。

网络分销的实现方式一般有两种。一种是供应商通过自己的批发电子商城展示产品,待批发代销商浏览并下单,以批发价格购买其产品,然后销售;或者是批发代销商直接取用产品图片,顾客在批发代销商处下单后,批发代销商再去供应商处下订单,然后供应商发货。另一种是通过网络分销系统实现。

这种方式也需要由具备批发功能的电子商城展示产品,然后通过分销系统软件,把供应商的商城与批发代销商的网店直接链接起来,可以直接控制批发代销商网店商品的上下架,顾客在批发代销商处下订单直接反馈到供应商网络分销系统,供应商直接出单,省去了批发代销商二次下单的麻烦。

相比较而言,第一种方式比较烦琐,并且不方便统计,费时费力,而第二种方式把供应商和分销商的网店打通,信息流直接同步,销售信息直接统计,分销商管理也变得简单和容易操作,节省人力、物力和时间。

三、网络分销的优势

(一)网络分销的用户优势

网络分销可以向更多的用户销售产品和服务。近年来,中国的网民数量激增,目前已经突破了6亿,而且增长势头不减,通过网络分销可以向更多的人销售产品和服务。

例如,航空公司与电子商务网站深度合作,华为等手机厂商建立电子商务平台销售产品,虽然方式不同,但殊途同归,其目的都要是借助互联网平台去捕获更多的用户。对大部分企业而言,如果在网络分销上能快人一步,无疑将在未来的竞争中获得先发制人的优势。

(二)网络分销的成本优势

在企业最关心的成本问题上,网络分销同传统分销相比具有突出的优势。网络分销省去了店面租用成本,人员雇用成本,以及分给中间商的提成。以航空公司为例,传统的线下网点一般销售一张机票提成5元,如采用网络分销,这部分支出就省了,企业可以减轻财务负担,或者回馈消费者以扩大市场。

(三)网络分销的效率优势

在有效地控制成本之后,企业将诉求转移到效率上,首先,效率会直接影响用户体验,对于客户而言,在最短的时间用最便捷的方式获得服务是重要的;其次,高效的运作方式能让企业在相同时间内销售更多的产品和服务,获得更多的收益,提升企业的运作效率。网络分销的优势在于:它打破了时间和空间的束缚,有网络服务的地方24小时都可以完成交易。

(四)网络分销的效果优势

尽管互联网发展的历程不长,但网络分销的效果优势不容小觑,这不仅是因为网络分销以互联网为载体,拥有传统分销无法匹敌的优势,更重要的是,这几年电子商务的发展催生了一批比较好的分销平台。

基于以上因素，网络分销已在很多行业开展起来，无论是钢铁、纺织、建材还是食品、汽车、服装都在通过网络分销去拓展各自的市场。总体而言，网络分销在多方面具有无可比拟的优势，更是互联网时代企业发展的必由之路，网络分销必然会成为企业下一轮角逐的竞争热点。

本章小结

一、知识点

物流产品渠道是指物流服务从生产者向消费者移动时取得这种服务的所有权或帮助转移其所有权的所有企业和个人。

物流企业的分销渠道系统是渠道成员之间形成的相互联系的统一体系，这一体系的形成是物流运作一体化的产物。

物流产品渠道系统主要包括垂直营销系统和水平营销系统。

影响物流产品渠道设计的因素有产品因素、市场因素、企业因素、环境因素。

渠道成员的选择就是从众多的相同类型的分销成员中选出适合企业渠道结构的能有效帮助完成企业分销目标的分销伙伴的过程。

同一渠道层次的中间商数量的选择策略有密集性分销、独家性分销、选择性分销。

物流产品渠道冲突的协调办法有目标管理、沟通、协商谈判、诉讼、退出。

二、关键概念

物流产品渠道、物流产品渠道选择、物流产品渠道冲突、网络分销

思考题

1. 如何理解物流产品渠道与其他产品渠道的不同？
2. 影响物流产品渠道设计的因素有哪些？
3. 谈谈你对渠道管理的认识和看法。
4. 网络营销如何影响消费者的购买行为？

案例分析

获益“一带一路”战略“海尔模式”走向世界

作为中国最早“走出去”的企业之一，海尔借力国家“一带一路”战略东风，在海外市场的开拓过程中探索了“海尔模式”输出新路径，实现了从“产品出口”到“模式出口”的跨越，

创新出中国企业"走出去"的新方式

"三位一体"布局海外

与一些企业单纯出口定牌或"国内加工,国外销售"的模式不同,海尔从一开始就坚持本土化研发、制造、销售"三位一体"的海外布局,在"一带一路"战略辐射到的主要国家和地区,海尔已初步完成"三位一体"的本土化布局。例如,在海尔海外已建成的8个工业园中,就有6个是在"一带一路"战略沿线,另外,海尔在海外有18个制造基地,产能突破1000万台/年,能够有效满足当地市场需求。

在"一带一路"桥头堡巴基斯坦,海尔通过十余年的发展,品牌知名度达到99%,已成为名副其实的本土化知名家电品牌。早在2006年,海尔在巴基斯坦投资兴建的"海尔鲁巴经济区"就成为中国首个揭牌的国家级境外经济合作区,海尔为广大巴基斯坦消费者提供了数以百万台符合本土化需求的冰箱、空调和洗衣机,大大改善了当地群众的生活品质。

与此同时,在"一带一路"国家战略的背景下,海尔依托在巴基斯坦较丰富的经营和人力资源经验,吸引其他企业入驻"海尔鲁巴经济区"工业园,为其他"走出去"的中国企业提供经营平台和相关服务。

2016年4月海尔冰箱在"一带一路"的另一重镇俄罗斯首个制造基地"卡玛大师"工业园正式投产,项目总投资额5500万美元,第一阶段产能25万台,第二阶段产能50万台,产品全部销往俄罗斯和附近国家。海尔冰箱制造基地是第一个非能源领域的中俄大型合作项目,将助力海尔为俄罗斯及周边国家提供高质量的产品和服务。

借助"三位一体"的布局,海尔精准把握用户痛点,进入当地主流渠道,销售差异化主流产品,有效地满足了海外用户的个性化需求。目前,海尔已经成功进入100多个国家和地区,成为当地主流品牌。据消费市场权威调查机构数据,至2015年,海尔连续七年蝉联全球大型家电第一品牌。

探索实现"模式出口"

海尔在海外十分注意与当地文化的融合,最终形成海尔"人单合一双赢"模式。例如,在海外海尔以国家为单位将海外公司划分为小微企业,小微自负盈亏,逐步向"人单合一双赢"模式追求的按单聚散、用户付薪过渡。例如,目前俄罗斯小微已在探索从做客户模式转型为做用户模式,直接与用户交互,提升用户黏度。通过小微模式的探索,在去年俄罗斯整体家电市场下降30%的情况下,海尔俄罗斯取得了美元收入同比增长8.2%,本币收入同比增长79%的好成绩,成为"人单合一双赢"模式激活团队活力的典范。

在海外并购方面,海尔更侧重用户资源的获取,而不只是资本层面的收购,海尔的海外并购均在文化层面实现了海尔的互联网管理模式与国外品牌的有机叠合,创新出海尔管理模式"出口海外"的成功案例。例如,海尔并购日本三洋并引入创客小微机制后,亏损八年的三洋八个月就止亏盈利;海尔并购新西兰国宝级家电品牌斐雪派克扩大了全球影响力，使斐雪派克用 18 个月成为澳大利亚滚筒洗衣机市场第一。

今年海尔又进一步与美国通用电气(GE)达成战略合作，整合 GE 家电业务，不仅树立了中美大企业合作的新典范，而且形成大企业之间超越价格交易的新联盟模式，被《华尔街日报》形容为创造了“中国惊喜”。

打造开放式创新平台和跨境电商平台

在“走出去”的同时，海尔也积极“引进来”，开放整合全球优质资源，让“世界就是我的研发部”，持续产出颠覆性创新成果。在线下，海尔构建了中国、美国、亚洲、欧洲、澳洲五大研发中心，通过内部 1150 名接口人，紧密对接 10 万多家一流资源、120 多万名科学家和工程师，组成一流资源的创新生态圈。在线上，海尔 HOPE 平台搭建线上开放创新平台，致力于打造全球最大的创新生态系统和全流程创新交互社区。

目前，HOPE 平台可触及全球一流资源达 320 万，注册用户 37 多万，平均每年产生创意超 6000 个，累计成功孵化 220 个创新项目。包括天樽空调、NOCO 传奇热水器、干湿分储冰箱、海尔魔镜、免清洗洗衣机、净水洗热水器等创新产品都是得益于这一开放式创新模式。

海尔不只利用全球资源打造开放式创新平台，更探索跨境电商平台模式创新，助力更多中小企业“走出去”。例如，海尔日日顺搭建了帮助中小企业提升外贸能力的 B2B 类跨境电商平台，致力于帮助中小企业实现共创共赢。依托海外渠道网络、外贸订单管理、外贸供应链管理等方面优势，日日顺跨境电商平台从真订单竞拍、外贸综合服务、能力提升服务方面搭建三大核心能力体系，帮助解决找不到真订单、外贸流程复杂、能力或资源不足的行业痛点。

目前，海尔打造的海贸云商平台已成为青岛跨境电商平台发展的一个典型案例。海贸云商以“互联网＋外贸”思维重构进出口产业组织形式，提供免费的外贸订单管理工具；集成物流、金融、监管部门等外贸资源，自 2015 年 5 月开始运行以来，上线仅 1 个月平台用户破 1200 家，如今注册用户已经超过 5000 家。2015 年，平台实现出口 2 亿美元。

“一带一路”战略不仅仅是传统意义上的企业“走出去”战略，更是中国企业借助国家政策扶持，实现由加工型出口模式向创新型出口模式转变的重要历史契机。从这个意义上说，海尔实践本土化的“三位一体”海外发展策略，并积极探索管理模式“出口海外”，无疑为中国企业在“一带一路”战略中的探索树立了实践典范。

(资料来源：http://finance.dzwww.com/sdcj/201606/t20160606_14416514.html)

【案例讨论题】

1. 海尔借助“一带一路”战略取得了哪些成果？
2. “一带一路”可以在哪些方面为企业带来新机遇？

第八章 物流产品促销策略

学习目标

◆ 知识目标 ◆

(1) 了解现代促销活动的一般客观规律；

(2) 掌握物流产品促销的特点和方法；

(3) 学习不同广告媒体的特点。

◆ 能力目标 ◆

熟悉不同的促销工具和技巧，正确区分和选择媒介。

◆ 引导案例 ◆

联邦快递的网络促销

联邦快递公司(FedEx)是全球快运业的巨头之一，它仅用25年时间，从零起步，在联合包裹服务公司和美国运通公司等同行巨头的前后夹击下迅速成长壮大起来，发展为在小件包裹速递、普通递送、非整车运输、集成化调查运营管理系统等领域占据大量市场份额的行业领袖，并跃入世界500强。

这家公司每月提供两次机会供人参观，一批批客人愿意支付每人250美元的票价来到其位于田纳西州孟菲斯的超级调运中心，亲身感受它的恢宏、高速、繁忙而精确的作业现场，领略其非凡的竞争力。

FedEx能在短期内迅速崛起原因有很多，其中之一是它开创了快递产业中的“基地源泉”，独创性地将智能化系统引入该行业中。FedEx在Internet上构建了智能化运输管理系统，FedEx主推“服务、技术、与顾客协同拓展市场”的营业理念，是当今快速、竞争、全球一体化市场上，唯一能向顾客提供其需要的“综合性物资调运解决方案”的企业。其核心威力是对企业用户和个体用户的吸引力。

对于企业用户，FedEx将其卖点建立在智能化服务体系上，其智能系统能与用户企业网无缝链接，或通过Web页面深度介入客户的物资调运业务中去，提供能与之协同运作的“整体解决方案”。这样做的结果是，任何公司在逻辑上都可以直接将FedEx庞大的空运阵容和陆地车队当作自己的运输资源；而且FedEx的智能系统还告诉他们，一切最快并且是一切最佳、最明智的运输方案应是各种待运物质在送抵目的地总体等待时间最短或最实时的解决方案。

对于个人用户，FedEx网站的规范化作业流程能使它们方便地进行自我服务，可以自助接发订单、提交运输业务、跟踪包裹、收集信息和开账单等。在FedEx主页上最引以为傲的服务案例是其在母亲节这一天中为成千上万的家庭送去充满人情的FedEx之盒。因为这是全美餐馆最繁忙的一天，也是无数家庭表达其亲情与和睦的一天，但许多家庭却临时找不到餐馆空位，FedEx与一家全美最大的餐馆调查公司联手，运用其智能系统，根据各餐馆订座、距离、就餐人数等情况，为客户编排出应去哪家餐馆使用哪个餐位的计划，将其连同公司祝贺词一起录在FedEx之盒中，递送到千家万户，体现了“礼轻情意重”的服务要旨。

公众已经把“交给联邦快递”这句话同遵守诺言等同起来。无论顾客是通过电话、亲自上门还是通过国际互联网，FedEx的目标都是要保持百分百的顾客满意。

FedEx的促销手段有哪些启示？

（资料来源：百度文库，有改动）

第一节 物流产品促销概述

物流企业不但可以凭借适销对路的物流产品与服务，制定适当的价格，选择合适的分销渠道进行市场营销，而且能运用其促销组合来联系中间商、消费者。物流企业通过促销组合，即广告、销售促进、宣传与人员推销、公共关系等方式，传递信息给以上各方，促进物流企业产品的销售,从而达到企业的营销目标。

一、物流产品促销的含义

促销是指物流企业在经营过程中,为了获得更多的客户,利用各种措施和手段把企业所能提供的一切有用信息,如物流服务的内容、方式、特色、价位等信息,传递给客户的一种经营活动,其重点是要引起客户的注意和兴趣,激发目标客户的购买欲望和购买行为,以达到扩大销售的目的。促销包含以下三层含义。

首先,促销的核心是沟通信息。物流企业与物流服务需求者之间达成交易的基本条件是信息沟通。只有将企业提供的物流服务等信息传递给客户,才能引起物流服务需求者的注意,并有可能使其产生购买欲望。

其次,促销的目的是引发、刺激客户产生购买行为。在客户可支配收入既定的条件下,客户是否产生购买行为主要取决于客户的购买欲望,而客户的购买欲望又与外界的刺激、诱导密不可分。促销正是针对这一特点,通过各种传播方式把物流服务的相关信息传递给客户,以激发其购买欲望,使其产生购买行为。

企业将合适的物流服务在适当地点以适当的价格出售的信息传递到物流目标市场,一般通过两种方式:一是人员推销,又称直接促销,即推销员向客户面对面地进行物流服务推销,主要适合于客户数量少,分布比较集中的情况;二是非人员推销,又称间接促销,即企业通过一定的媒体或活动传递有关物流服务的信息,以促使客户产生欲望,发生购买行为的一系列促销方式,主要包括广告、公共关系和营业推广等多种方式。它适用于客户数量较多、分布比较分散的情况。这两种推销方式各有利弊,起着相互补充的作用,物流企业在促销活动中常将两种方式结合起来使用。

最后,目录、通告、赠品、店标、陈列、示范、展销等也都属于促销策略范围。一个好的促销策略,往往能起到多方面作用,如提供信息,引导消费;激发购买欲望,扩大产品需求;突出产品特点,树立产品形象;维持市场份额,巩固市场地位,等等。

二、物流产品促销的作用

物流服务本身是一种无形产品,使物流客户真正感受到企业所提供的服务是物流产品促销的主要任务。物流服务的独特性,使得物流服务的促销作用与其他产品促销的作用有所不同。

(一) 传递信息,强化认知

销售产品是物流市场营销活动的中心任务,信息传递是产品顺利销售的保证。信息的传递有单向和双向之分。在促销过程中,一方面,物流企业必须积极地把信息及时而准确地传播出来,让客户尽量全面地了解企业经营的业务项目、费用水平以及在各地的分支机构、代理网络等信息,吸引客户的注意并诱导客户产生购买欲望,进而采取购买行为。

另一方面,通过客户向物流企业反馈物流服务的价格、质量和服务内容、方式是否满意等相关信息,促使物流企业取长补短,改进物流服务,从而更好地满足客户的需求。

（二）突出特点,刺激需求

在激烈的市场竞争中,不同物流公司所提供的物流服务往往差别微小,客户不容易分辨。在这种情况下,物流企业通过促销活动宣传、说明企业服务的特点,使客户认识到企业提供的物流服务能够满足客户的特殊需要,有助于客户加深对企业的了解并实现交易。物流企业通过促销向客户介绍物流产品,侧重宣传其作业活动,能够刺激需求,并通过为客户提供增值服务,创造附加价值。

（三）指导消费,扩大销售

物流企业在促销活动中,通过阐述企业新颖的经营理念,引导消费潮流,创造需求,改变消费观念;而且通过物流服务介绍,在一定程度上对客户起到了教育指导作用,从而有利于激发客户的需求欲望,扩大销售。

（四）产生客户偏爱,稳定销售

在激烈的市场竞争中,物流企业产品的市场地位常常不稳定,有些物流企业的服务销售波动较大。物流企业通过运用适当的促销方式,开展促销活动,可以加深客户对企业的感情,提高企业在客户心中的信誉和知名度,使客户对企业的产品产生偏爱,稳住已占领的市场,达到稳定销售的目的。

三、物流产品促销的目标

任何促销的目标都在于通过沟通、说明和提醒等方法增加产品的销售,物流企业促销的目标也不例外。为此,企业需要将自己的产品、服务信息进行分类、整理、编辑,通过广告、公共关系、人员推销、业务推广及中间商的帮助,把这些经过加工整理后的信息准确地传递给目标市场的顾客,刺激购买欲望,调动购买积极性,达到宣传企业及产品、树立企业形象的目的。顾客的口碑宣传在一定意义上也会对企业产品的推广起到广而告之的作用。物流企业的促销目标如表 8-1 所示。

表 8-1　物流企业的促销目标

目标层次与细分目标	目标内容
基本目标	提高对物流服务及物流企业的认识和理解
	使物流企业与竞争者服务内容具有差异
	沟通并描述所提供产品或服务的种种利益
	建立并维持物流企业的整体形象和信誉
	说服顾客购买或使用该物流产品
	建立持久的顾客关系

续表

目标层次与细分目标		目标内容
具体目标	顾客目标	增进对原有物流产品和新开发的物流产品的认识,鼓励试用物流服务
		说服现有顾客继续购买物流服务而不终止使用或转向竞争者
		促进与客户发展战略伙伴关系
		加强物流服务的广告效果,吸引消费者的注意
		获得与物流服务相关的市场信息和技术信息
	中间商目标	说服中间商递送新服务
		说服现有中间商努力销售更多的服务
		防止中间商在销售场所与顾客谈判价格
	竞争目标	识别竞争者
		判断竞争者的战略及目标
		评估竞争者的实力及反应
		对一个或多个竞争者发起攻势或进行防御

物流企业的促销目标会随着物流服务的性质不同而有所差异,而且任何服务的特定目标在不同的物流服务及特定的市场竞争状况下都会有所改变。

四、影响物流产品促销策略选择因素

促销策略的选择恰当与否是促销成果好坏的决定性因素之一,影响物流产品促销策略选择因素主要有七个方面。

(一)促销目标

促销目标是影响促销策略选择的首要因素,每种促销工具都有各自独有的特性和成本。相同的促销工具在实现不同的促销目标上,其成本效益也会有所不同。因此,物流营销人员要根据企业具体的促销目标,选择合适的促销手段,或是促销手段的组合。

(二)服务对象的特点

服务对象的特点也是影响促销决策的重要因素之一。物流企业在选择促销方式时,一要考虑服务对象是个体消费者、分销商,还是机构组织。广告是针对个体消费者最好的方式;如果服务对象是机构组织,就要了解实际的决策权由谁掌握,谁最有影响力,对这些人采取的最好办法就是人员销售。二要考虑服务客户的数量。如果潜在客户的数量比较少,最有效的手段是人员销售;如果服务客户的数量多,广告还是最行之有效的方式。三要考虑服务对象的分布。如果服务对象集中在一个有限地区内,可以靠人员销售;如果分散在较广泛的区域内,还是用广告和直接发信函比较适宜。

(三)物流服务的性质

由于产品性质的不同,消费者及用户具有不同的购买行为和购买习惯,因而企业所采取的促销决策也会有所差异。如果物流企业提供的服务比较复杂，最好的方式是靠人员销售；如果服务简单，则可以采用广告方式。针对机构组织的物流服务促销，需要面对面的接触，通常人员推销是最有效的，同时也可以靠广告进一步加强。

（四）物流产品生命周期

产品生命周期也是影响促销决策的重要因素之一。物流服务产品在生命周期的不同阶段，其促销目标会有差异，故而在促销策略的选择和配置上也会有相应的变化。

在投入期，产品刚刚面世，鲜为人知，企业的促销目标是提高客户和潜在客户对产品的知晓程度。因此，这一阶段应以广告宣传和人员推销为主要促销方式；在成长期，产品畅销，但竞争者开始出现，物流企业的促销目标是如何进一步吸引潜在客户，力求与老客户建立稳定的业务关系，此阶段可以继续加强广告和公共宣传，减少促销活动。

在成熟期，需求趋向饱和，竞争日益激烈，物流企业的目标是尽量维持现有客户的业务联系，维持市场份额，因此在成熟期，需要采用起提醒作用水平的广告，以提高企业和服务产品的声誉；在衰退期，物流企业的促销目标主要是使一些老客户仍然信任本企业及产品，坚持购买，因此，要坚持采用广告促销，减少公共宣传，但销售促进仍要继续加强。

（五）促销费用

任何一种促销方式或促销组合都要支付一定的费用，促销费用常常影响着促销决策。各种促销方式的费用也不尽相同，不同促销方式的组合费用相差很大。物流企业在选择促销方式和制定促销组合策略时，应全面衡量、综合比较各种促销方式的费用与效益，以尽可能低的促销费用取得尽可能高的促销效益。

（六）竞争对手

促销方式的选择还会受到竞争对手的战略制约。如果在市场上占主导地位的物流企业采取了一种促销方式，而新进入该市场的物流企业也需要采用这种促销方式，因为各个行业都有传统方式和行业标准，新进入者在创新的同时，也不能忽略传统方式。

（七）服务产品的推广模式

物流企业产品主要以直销方式推广还是以中间代理商方式推广，也会影响到企业促销方式的选择。

五、物流产品促销策略的方式

物流产品促销策略一共有三种方式：推式策略、拉式策略、推拉结合策略。物流企业选择何种策略进行促销或者是促销组合对物流企业的发展具有重要影响。

推式策略是指物流企业利用推销人员与中间商共同促销将服务产品推入渠道。推式策略适用于价格高、专业性强、项目多而复杂、目标市场集中、销售渠道短的物流服务产品以及规模小或没有足够资金来完善广告计划的物流企业。一般来说，比较基本的物流服务形式,比如,传统的运输服务、配送服务、仓储服务等,由于存在的时间较长,而且运作起来有一定的基础,因此对于这类服务形式可以采用推式策略。

拉式策略是指物流企业针对货主从事广告等促销活动,使货主和中间商主动要求物流企业提供物流服务,从而拉动整个渠道系统。拉式策略适用于专业性相对较弱、销售面广、目标市场分散的物流服务产品;具有优良服务品质,有独具特色的服务项目;物流服务通过宣传可以引起潜在客户的购买兴趣,从而引发更多的客户产生购买行为。

物流企业服务规模大,有能力推行广告宣传计划,特别是对于一些可以突出自己企业运营特色的服务形式,因其更能满足客户个性化的需求,物流企业会更多地采用拉式策略。如一些个性化的创新式服务、通过数据库和咨询服务提供以管理为基础的物流服务、物流战略计划服务等。

影响促销方式决策的因素是复杂的,除上述因素外,物流企业的营销风格、销售人员素质、整体发展策略、社会环境和竞争环境等都不同程度地影响促销方式的决策,物流企业需要综合考虑各方面的因素,做出合理的选择。

第二节 物流产品促销手段

物流企业为实现扩大销售的目的,通过多种促销手段的组合,使企业全部促销活动互相配合,协调一致。最大限度地发挥整体效果,从而顺利实现企业目标。常用的促销手段主要有物流人员推销、物流广告促销、物流营业推广和公共关系促销。

一、物流人员推销

(一) 人员推销的概念

人员推销又称人员销售,是指物流企业派出推销人员或委派专职推销机构向目标市场的客户及潜在客户介绍、推广、宣传物流产品,以促进物流产品销售的促销形式。人员推销既是一种古老的售货方式,也是现代产品销售的一种重要方式。在物流企业中,人员推销又称"揽货",是一种最直接的推销方式。

(二) 人员推销的特点

人员推销与其他促销手段相比具有不可替代的作用。人员推销具有以下特点。

1. 双向的信息传递

双向的信息传递是人员推销区别于其他推销手段的重要标志。在推销过程中,一方面,推销人员与推销对象直接对话,可以根据各类潜在用户的需求、动机及购买行为,有针对性地进行推销,可以面对面地观察对方的态度,了解对方的需求,也可以立即获知顾客的反应,并据此适时地调整推销策略和方法,并及时采用适当的措施和语言来澄清顾客的疑问，使潜在客户产生信任感，达到促进服务产品销售的目的。

另一方面，推销人员可以把了解到的客户或潜在客户对于服务产品的意见和要求，对企业的态度及产品市场占有率等信息及时反馈给企业，以利于企业开发出更好地满足客户需求的产品，从而取得好的营销效果。

2. 灵活的推销方式

在人员推销过程中，买卖双方直接联系，现场洽谈，互动灵活，反应迅速。推销人员可以根据客户的态度和反应，把握对方的心理，从客户感兴趣的角度介绍产品以吸引其注意。推销人员可以根据不同顾客的购买动机和行为，采取相应的通报、解说言辞及推荐不同的商品，以适应他们的不同需要。同时客户如提出相反意见，可及时给予答复，可以抓住有利时机促成客户的购买行为。即便未能成交，推销人员也可以与客户建立和保持良好的人际关系，为今后的合作奠定基础。

3. 双重的推销目的

在人员推销活动中，推销人员不仅通过交往、鼓励、讨价还价，将物流服务推销出去，还通过宣传、答疑、微笑、参谋、承诺来促使客户实施购买行为，并在购买中获得满意。人员推销不是单纯意义的买卖关系，它一方面推介企业，推销服务产品；另一方面满足客户需要，建立同客户的情感友谊和良好关系。

在长期的、反复的接触中，客户会对企业的推销人员形成好感，人员推销通过其经常性的促销活动，有可能把单纯的买卖关系变成一种友谊，以此和顾客建立长期的合作关系，利于开展"关系营销"，而这种感情也会使顾客产生爱屋及乌的效果，稳定企业的商品销售。其双重目的相辅相成、相互联系。

4. 多样地满足需求

人员推销可以满足客户多种需求。通过推销人员有针对性的宣传、介绍，满足客户对物流服务产品信息的需求；通过直接销售方式，满足客户方便购买的需求；通过为客户提供售前、售中、售后服务，满足客户在物流技术服务方面的需求；通过推销人员礼貌、真诚、热情的服务，满足客户消费心理上的需求；最重要的是，还通过物流服务的提供满足客户对物流服务的需求。

5. 完整的推销过程

人员推销过程是从市场调查开始，经过选择目标客户、当面洽谈、说服客户购买、提供服务、最后促成交易，反馈客户对服务产品及物流企业的信息，这也是物流产品销售的完整过程。人员推销的完整性是其他促销方式所不具备的。因此，人员推销在收集、传递、反馈市场信息、指导市场营销、开拓新的市场领域等方面具有特殊的地位和作用。

6. 成本高，效益差

人员推销的开支较大，特别是当企业的市场广大而分散时，因此人员推销更适合价高、大宗的生产资料及需求量较大的商品。由于人员推销的销售费用开支较大，当企业的市场范围不是足够大,且无力建立有效的推销队伍分散到广大地区去推销时,企业就需考虑其他的促销方式。

7. 成功率高,效率差

人员推销可以对潜在客户进行事先的研究,以利于实际推销时获得成功。非人员推销(如广告活动等)花费不少时间和金钱,但看到和听到该广告的人,不一定都是该产品的客户,而真正需要购买该产品的客户又不一定接触到该广告。人员推销更适合产品刚刚面世,进行早期推广时使用,可以做到有的放矢。

人员推销的基本形式主要有上门推销和柜台推销两种方式。上门推销是由推销人员携带说明书、订货单等相关资料走访客户,推销物流产品的经营活动。主要有两个特点:推销员积极主动地向客户靠拢;增进了推销员和客户之间的情感联系。柜台推销是指推销员向来访客户销售产品。这是一种非常普遍的"等客上门"式的推销方式。推销员的职能是与客户面对面交谈,介绍产品,解答疑问,进而促成销售。其主要特点:客户寻求所需服务,主动向推销员靠拢;物流企业现有产品项目繁多,便于客户挑选和比较。

(三)物流人员推销的步骤

1. 选择推销对象

通过"市场调查—确定企业产品的目标市场—寻找客户"是物流人员推销工作的第一步。寻找客户即寻找可能购买的顾客,包括有支付能力的现实购买者和未来可能成为企业产品购买者的消费者与用户。

寻找客户的方法有很多,既可以先分析产品的准目标客户,然后去走访他们;也可以通过个人直接努力,诸如在社交活动中观察、访问或者查阅工商企业名录、电话号码簿等发掘潜在客户;还可以通过广告宣传开拓市场,或利用朋友介绍、老客户推荐,或通过社会团体与推销员之间的协作等间接寻找。

因推销环境与商品不同,推销人员寻找客户的方式不尽一致。成功的推销员都有自己独特的寻找客户的方法,很多都是在实践中不断摸索总结的结果。

2. 建立数据库

客户的资料是企业的财富,企业应当将所有的客户资料整理、归类、编辑入库,形成完整的客户数据库资料。因为在营销工作中,向现有客户推销所需成本远远低于发掘新客户所需的成本,同一客户还可能购买企业的其他产品。这个数据库应该是一个包含客户的个人资料、购买行为,如果合适,还应当包含过去服务的电话记录、从事的职业及其他资料的数据库。

对企业来说,留住客户所能做的主要工作之一是收集有关客户的资料,并明智地使用这些资料。这个数据库及数据库的使用与企业的直接营销有关,因为客户数据库里的姓名、地址及其他信息均可以用来销售产品。客户数据库的资料还被用来分析和确定目标市场。而为企业的关系营销而建立基础数据库的运用,不仅可以将信息作为销售的基础,它还可以为企业整体的市场营销战略的制定提供支持。推销人员也应该建立自己的数据库，对自己的推销对象做到心中有数。

3. 制订推销工作计划

推销工作计划是开展推销工作的行动指南，同时也是考核推销人员工作的尺度。推销计划由推销人员的业务量、推销队伍的人员组成、时间安排、资金分配等构成。在推销计划中要明确推销对象、推销产品、推销工具的使用与搭配，推销效果的考核方式及奖惩办法等。

4. 售后服务

记录推销工作内容、对客户进行回访、总结每一次推销的经验教训是推销工作必不可少的内容。任何一家公司都必须对业务活动加以记录和分析，完整准确的客户资料库对公司、对推销员都是极为重要的，这是销售人员必须做的工作。

每日客户联络记录的内容对推销人员而言是判断该客户是否值得去谈、怎样去谈的必需信息；对客户的回访可以加强和客户的联系，联络彼此的感情，诱发新的需求，还可以获得改进企业产品设计的相关资料。成功的推销是企业的精神财富，对此应该进行必要的总结，以便以后更好地开展推销活动。

二、物流广告促销

（一）物流广告的概念

在营销活动中，广告是指由特定的广告主有偿使用一定的媒体传播商品和服务信息给目标受众的行为。在这个定义中表达了以下意义。

1. 广告是一种经济行为

广告是一种由广告主付费的经济行为，这是广告与其他宣传方式的根本区别。企业为了扩大知名度，推广其产品，都需要利用一定的大众传播媒介，传播企业及产品的信息；而由新闻媒体进行的新闻宣传报道则是无偿的，企业通过传播媒介进行的广告宣传活动是要付出代价的（即支付一定的宣传费用）。

2. 广告是传播工具

广告是属于企业的传播工具，广告是企业营销活动的重要组成部分。广告的真正目的是为增加商品销售做有效的传播，因而它的最后效果在于修正消费者的态度和行为。

3. 广告以非人员方式进行

广告是以非人员方式进行的，广告活动必须通过一定的媒体，它是一种系统活动，包括广告计划、准备和构思创意、制作、发布、广告效果的监控，等等。

4. 广告的范围组成

广告的范围主要包括商品和服务两大部分，商品与服务构成市场经济活动的物质基础，广告活动与市场经济紧密结合。通过广告活动，企业能够唤起消费者对有关商品与服务的需求,诱导和促进他们购买动机的产生。

物流广告是由物流企业支付费用,通过电视、广播、报纸、杂志、直接信函、交通工具、张贴画、网络、立柱等媒体向公众传达物流产品的存在、特征和购买者所能得到的利益、物流消费观念等信息,以增加客户的了解和信任感,激起客户的注意力和兴趣进而促进销售的工具。在现代社会中,广告已经成为物流企业促销必不可少的手段。

(二)物流广告的定位

产品(服务)定位是广告的灵魂。广告的真实性和个性化是其生命力,但这些却来源于产品本身,来源于产品(服务)的实体定位。在现代市场经济的条件下,人们对于产品(服务)的认识,往往是根据自己的了解和需要对产品(服务)在心目中进行排序,通过横向纵向对比,显示其差别。

位置越高的产品(服务)或占有特定位置的产品(服务),最容易受到消费者的注意,使之产生兴趣,并促成销售。产品(服务)定位通常是从以下角度进行的。

1. 功能定位

产品功能定位就是在广告活动中突出产品的特异功效,使该产品在同类产品中有明显区别,以增强选择性需求。功能定位是以同类产品的定位为基准,选择有别于同类产品的优异性为宣传重点,以增强产品的竞争力。如江西的草珊瑚牙膏,突出防止牙疼的功效;广州的洁银牙膏的广告突出防止牙周炎的功能;高露洁牙膏则强调防止蛀牙及牙菌斑,使牙齿更持久美白、健康闪亮的功效。

2. 品质定位

品质定位就是强调产品的良好品质,使消费者对本产品感到安全与放心,以增强产品的吸引力。“立邦漆,处处放光彩”表现在立邦漆的“小屁股篇”中,八个不同肤色孩子的屁股上涂上了五颜六色的油漆,伴随着欢乐的音乐怡然自得。让人禁不住想摸摸那彩色的小屁股。

颜色变换世界。立邦漆广告简直就像只变色龙,可以把大楼变个颜色、汽车变个颜色,色彩缤纷,让人的心情也跟着变得轻快起来。它的广告语言平和,信息也非常明确,不像其他企业一样称王称霸。在它的广告中其利益点非常明确,那就是优质的外墙漆。

3. 价格定位

价格定位是指因产品的品质、性能、造型等方面与同类产品相近似,没有什么特殊的地方可以吸引消费者,在这种情况下,广告定位可以运用价格定位策略,使产品具有竞争性,从而击败竞争对手。如通用汽车公司的雪铁龙汽车广告:“全球最豪华的低价汽车”和“用最低的价格买最好的汽车”。

4. 包装造型定位

包装造型定位就是通过产品造型和包装设计向消费者传递生产者的情感与意识信

息。产品中的造型和包装定位涉及人们通过视觉和知觉所获得的信息，会引起人们在心理上做出不同的反应。在广告设计中通过准确的造型和包装定位，可以激发人们的购买欲望。

5. 服务定位

当企业的产品在实体上与竞争产品没有明显的差别时，可以从服务的差别方面进行定位，形成消费者购买的诱因。如定位于与众不同的优质服务和特色服务等。

（三）物流广告媒体的选择

1. 广告媒体的种类

由于广告媒体不断发展，对广告媒体的分类也日趋复杂，最为常见的分类方法就是按照媒体物质的自然属性分类：即印刷体媒体、电子媒体、邮政媒体、户外媒体、销售现场媒体、珍惜品（礼品）媒体和其他等。

印刷体媒体：如报纸、杂志、书籍、传单等。

电子媒体：如电视、广播、有线传播、网络传播等。

邮政媒体：如样本、商品目录和产品说明书、工商企业名录等。

户外媒体：如广告牌、招贴、交通工具、橱窗陈列等。

销售现场媒体：如店内灯箱广告、货架陈列、实物演示等。

珍惜品（礼品）媒体：如年历、手册、小工艺品、精美印刷品等。

其他：如气球、建筑物广告等。

2. 广告媒体的选择

广告是通过广告媒体进行传播的。在整个传播过程中，不同的媒体具有不同的特点。广告媒体的选择就是要根据不同广告媒体的特点，有针对性地选择广告媒体，使广告目标能顺利实现。这是企业进行广告宣传时必须解决的问题。

在广告媒体的选择决策中必须考虑五个基本目标要素：即针对什么人？在什么地方发布？何时推出广告？以什么方式推出？推出多少广告？这些目标要素形成了广告媒介的综合效应。具体而言，广告媒体的选择应与企业与产品的市场定位相适应。

（1）报纸。以报纸为例，适应知识理性人群。因为报纸传阅性好，传播范围比较明确，报纸的读者对象比较明确，特别是各类行业专业性报纸的读者群更是明确，而各地的晚报、各种消费者报等，个人订户较多，这些订户生活比较稳定，收入水平中等或中等以上，因此这部分读者的文化层次较高。

（2）杂志。杂志的读者都有一定的文化水平和专业知识，购买力属于中等以上，对某一类商品有特殊爱好和知识。因此，如选择正确，往往效果极佳。

（3）广告牌。广告牌有立体柱、广告商亭、公路上的拱门形广告牌、电动旋转广告牌、喷绘广告牌等形式，它们有强烈的色彩、美丽的图案、突出的造型以及准确而生动的语言，对吸引消费者、唤起消费者的潜在购买意识特别有效。广告牌比较吸引情绪化、感性人群。

(4) 其他媒体。其他媒体如店面广告中的柜台广告、地面广告、墙面广告、悬挂广告、动态广告、商品包装广告和展示卡等,以其形式多样、美观、大方、新颖、独特而吸引消费者,它们能更快地帮助消费者了解商品的性质、用途、价格及使用方法;能增强销售现场的装饰效果;能制造热烈的销售气氛;能补充报纸、杂志、广播、电视广告的不足。

利用这些广告形式做促销对感性消费者、情绪化的消费者最有利,他们最易被销售现场的氛围所打动,同时其购买行为带有相当程度的冲动性。

(5) 电视。电视是一种兼有听觉和视觉的现代化广告媒介,它能集众家广告艺术之长,综合运用文字、图像、色彩、声音和活动等丰富多彩的艺术表现手法,而且能配上现场实物表演的生动画面,能使人产生亲临其境的艺术效果。

电视广告以其独特的技巧,集声色之美,兼视听之乐,以一定的知识性、故事性和趣味性,生动地反映商品的特点,而且其强烈的表现力和感染力,深深地打动着消费者,在给人们以美的享受的同时,让人们在不知不觉中被说服。电视广告从它诞生的那时起就显示其勃勃生机。它适合以声、形、色、动的形式表现商品需求内容。

(6) 网络

网络广告是利用计算机联结而形成的信息通信网络作为广告媒体,采用相关的多媒体技术设计制作,并通过计算机网络传播的广告形式。网络广告是一种全新的媒体,有广告主与广告受众双向互动的功能。消费者可以主动获取他们认为有用的信息,可以直接填写并提交在线订单。网络消费者一般具有较高的文化层次和较高的收入水平。

常用媒体主要特点比较如表8-2所示。

表8-2 常用媒体主要特点比较

媒体	覆盖范围	反应程度	可信度	寿命	保存价值	信息容量	制作费用	吸引力
报纸	广	好、快	好	较短	较好	大而全	较低	一般
杂志	较窄	慢、差	好	长	好	大而全	较低	好
广播	广	好、快	较好	很短	差	较小	低廉	较差
电视	广	好 快	好	短	差	较小	很高	好
邮寄	很窄	较慢	较差	较长	较好	大而全	高	一般
户外	较窄	较差	较差	较长	较好	一般	低	较好
网络	广	较好	较好	短	差	大而全	高	一般

◆ **背景资料** ◆

微信营销(WeChat Marketing)是网络经济时代企业营销模式的一种创新,是伴随着微信的火热而兴起的一种网络营销方式。微信营销具有立体化、高速度、便捷性、广泛性的特点及高到达率、高曝光率、高接收率、高精准度、高便利性的优势。

微信不存在距离的限制,用户注册微信后,可与周围同样注册的“朋友”形成一种联系，用户订阅自己所需的信息，商家通过提供用户需要的信息，推广自己的产品，从而实现点对点的营销。优质互动的微信营销，包括微信平台基础内容搭建、微官网开发、营销功能扩展；另外，还有微信会员卡以及针对不同行业，还有微餐饮、微外卖、微房产、微汽车、微电商、微婚庆、微酒店、微服务等个性化功能开发。

先看一个微信营销的成功案例

小米手机的微信账号后台客服人员有9名，这9名员工最大工作量时每天回复100万粉丝的留言。

每天早上，当9名小米微信运营工作人员在计算机上打开小米手机的微信账号后台，看到后台用户的留言，他们一天的工作也就开始了。其实小米自己开发的微信后台可以自动抓取关键词回复，但小米微信的客服人员还是会进行一对一的回复，小米也是通过这样的方式大大提升用户的品牌忠诚度。相较于在微信上开个淘宝店，对于类似小米这样的品牌微信用户来说，做客服显然比卖掉一两部手机更让人期待。

当然，除了提升用户的忠诚度外，微信做客服也给小米带来了实实在在的益处。黎万强表示，微信同样使得小米的营销策略方案、CRM成本开始降低，过去小米做活动通常会群发短信，100万条短信发出去，就是4万元的成本，微信做客服的作用可见一斑。

微信营销有哪些优势呢？

(1) 高到达率。营销效果很大程度上取决于信息的到达率，这也是所有营销工具最关注的地方。与手机短信群发和邮件群发被大量过滤不同，微信公众账号所群发的每一条信息都能完整无误地发送到终端手机，到达率高达100%。

(2) 高曝光率。曝光率是衡量信息发布效果的另外一个指标，信息曝光率和到达率完全是两码事，与微博相比，微信信息拥有更高的曝光率。在微博营销过程中，除了少数一些技巧性非常强的文案和关注度比较高的事件被大量转发后获得较高曝光率之外，直接发布的广告微博很快就淹没在了微博滚动的动态中了，除非你是刷屏发广告或者用户刷屏看微博。

而微信是由移动即时通信工具衍生而来，天生具有很强的提醒力度，比如，铃声、通知中心消息停驻、角标等，随时提醒用户收到未阅读的信息，曝光率高达100%。

(3) 高接收率。正如上文提到的，微信用户已达3亿之众，微信已经成为或者超过类似于手机短信和电子邮件的主流信息接收工具，其广泛性和普及性成为营销的基础。那些微信大号拥有动辄数万甚至十数万粉丝，除此之外，由于公众账号的粉丝都是主动订阅，信息也是主动获取，完全不存在垃圾信息遭抵触的情况。

(4) 高精准度。事实上，那些拥有粉丝数量庞大且用户群体高度集中的垂直行业微信账号，才是真正炙手可热的营销资源和推广渠道。比如，酒类行业知名媒体佳酿网旗下的酒水招商公众账号，拥有近万名由酒厂、酒类营销机构和酒类经销商构成粉丝，这些精准用户粉丝相当于一个盛大的在线糖酒会，每一个粉丝都是潜在客户。

(5) 高便利性。移动终端的便利性再次增加了微信营销的高效性。相对于PC而言，未来的智能手机不仅能够拥有PC所能拥有的任何功能，而且携带方便，用户可以随时随地获取信息，而这会给商家的营销带来极大的方便。

(资料来源：http://baike.sogou.com/v55821520.htm)

三、物流营销推广

物流营销推广主要是指物流企业在特定的目标市场中，为了迅速刺激需求和鼓励消费而采取的一些刺激措施，鼓励购买或销售物流企业产品或服务的促销方式。营业推广在物流服务过程中的各个阶段都是有效的，和广告、人员推销一起构成促销活动。

(一) 对经销商营销推广的形式

对经销商营销推广的形式常用的有下列五种。

1. 业务会议和贸易展览

在举办行业年会、技术交流会、产品展销会时，邀请经销商参加，这样可以开拓新的客户，保持和发展与经销商的关系，促进合作和购买。

2. 采购点的商品陈列与宣传

许多企业在与经销商洽谈交易现场，加强企业及产品宣传，造成浓厚的交易气氛，促进经销商购买。其主要方式有：①产品橱窗陈列和场地布置，如用橱窗陈列样品、产品模型、放大照片、技术资料、获奖证书、用户使用产品情况照片等。②对现场进行工艺装饰，设置特殊的光照、图案、旗帜和广告画面等。

3. 现场表演

提供产品样品供经销商做现场表演或技术示范，吸引客户参观和购买，调动经销商经营本企业产品的积极性。

4. 广告技术协助

通过与零售商合作做广告，提供详细的产品技术宣传资料，帮助经销商培训销售技术人员，帮助设计和装修店面，帮助经销商建立有效的管理制度等，促进经销商更好地推销本企业的产品。例如，P&G的产品广告中出现连锁店Kmart的购物场景、商标，体现在Kmart购物之乐，就是生产企业与零售商合作做广告的成功例子。

5. 交易推广

通过折扣或赠品形式，鼓励中间商更多地进货。如对季节性商品在销售淡季，或库存量过大的商品，在某一时期规定较大的购货折扣，使其享受一定的优惠。对为本企业做专题广告的批发商给予广告折扣。

对为本企业产品或产品中某个品牌搞专柜或专题陈列的零售商给予专柜折扣或陈列折扣。此外，对进货较大的批发商，免费赠送一些商品，对批发商或代理商推销本企业产品有显著成绩时，给予一定数量的奖励资金。

（二）对经销商营销推广的效果评估

1. 评估的标准

对经销商营销推广的效果可从以下三方面衡量：

(1) 与本企业签订贸易协议的经销商数；

(2) 贸易协议中所包含的履行规定的内容；

(3) 贸易协议中规定内容的履行程度。

所谓履行规定，是指经销商能够从协议中取得的利益，以及对消费者减价，提供商店内的展示空间，开展当地广告或提供其他推销支持等。

2. 评估的方法

对经销商营销推广效果的评估方法有两类：事后评估和事前测试。所谓事后评估，是指在营销推广结束后，按效果评估标准进行测量。在前述三项标准中，前两项在营销推广结束后是很容易测量的。第三项是要检查零售商是否真正地履行了协议中所规定的推销支持和对消费者促销的努力。

所谓事前测试，是指在营销推广活动进行之前，预测该项营销推广活动对经销商的吸引力。在营销推广活动结束之后再得出推广活动是否成功的数据就为时已晚了。对于管理而言，了解贸易协议应如何安排才对经销商有吸引力且能够获得高的接受水平，这是十分重要的。

这种预测不仅可以提高经销商的接受水平，也可以促使推广活动的全面成功，因为如果经销商觉得推广活动很有吸引力，那么他们就会充分地执行推销支持的各项规定。市场研究方法对于预测对经销商营销推广的吸引力是很有效的。

（三）对经销商营销推广的事前测试

下面介绍三种对经销商营销推广的事前测试方法。

1. 经销商小组座谈会和深度访问

经销商小组座谈会和深度访问可以知道怎样才能使营销推广活动具有吸引力，贸易协议中哪些是经销商欢迎的，哪些不是，以及如何使企业的推广活动相对于竞争者更易被接受。这些信息将使生产企业能够更好地安排推广活动，增加经销商接受以及履行贸易协议中规定内容的可能性。

2. 联合分析

联合分析也可以用来研究如何使针对经销商营销推广活动更具吸引力，下面用一个例子来说明。某一生产企业想研究品牌特性和协议特性对经销商接受贸易协议的影响，品牌特性有市场占有率、存货周转天数、零售商的边际收益（每销售一个单位所获得的利润），协议特性有价格折扣的大小、要求履行规定的类型。

对上述五个特性指标中的每一个指标，给出若干水平，将这五个特性指标的每一水平组合成一个剖面，然后让经销商说出他们对每一剖面的偏好。通过偏好资料，联合分析就可以告诉你：哪一个指标的水平组合最受经销商偏爱；每一个指标的相对重要性如何，哪一个指标对经销商的偏好影响最大。

对上述问题既可以综合全部被访经销商的看法，也可以给出每一个经销商的看法。而利用后者还可以将经销商进行细分，每个细分组中的经销商对上述问题的看法比较一致。

在上述例子中，分析结果表明：对品牌特性而言，经销商最关心的是边际收益的高低，而不是品牌的市场占有率以及是否处于领导地位和销货的快慢。对协议特性而言，经销商最关心的是价格折扣的高低以及要履行规定的数量。因此品牌具有高边际收益，协议中有高价格折扣和较少履行规定的营销推广活动将最容易获得经销商的接受。

3. 对比市场测试法

如果能够向零售商显示协议规定对他们的好处，那将促使他们接受贸易协议。例如，如果能证明所要求做的当地广告或在商店内进行的促销活动所增加的销售量，足以抵消所花的费用，那么他们就更可能会接受贸易协议的规定。

因此生产企业常用对消费者营销推广事前测试的对比市场测试法，在实验商店内（或在实验市场内）进行上述推广活动，而在控制商店内（或在控制市场内）则不进行上述推广活动。通过比较两者的销售量以证明所做推广活动的效果，以此来说服零售商接受贸易协议。

四、公共关系促销

公共关系是指物流企业通过改善与社会公众关系，促进公众对企业的认识、理解、信任及支持，树立良好形象，创造良好的社会环境而采取的一系列措施和行为，促进物流产品的销售，包括组织、传播和公众三个要素。

1. 公共关系的特点

公共关系是社会关系的一种表现形态，其特点表现在以下几个方面。

(1) 以公众为对象。公共关系是物流企业与其相关的社会公众之间的相互关系。物流企业必须着眼自己的公众，才能生存和发展。公共关系活动的策划者和实施者必须始终坚持以公众利益为导向。

(2) 以美誉为目标。塑造形象是公共关系的核心问题。物流企业形象的基本目标有两个，即知名度和美誉度。在公众中树立美好形象是物流企业公共关系活动的根本目的。

(3) 以互惠为原则。公共关系是以一定的利益关系为基础的。一个企业发展过程中要得到相关组织和公众的长久支持与合作，就要奉行互惠原则，既要实现企业目标，又要让公众得益。

(4) 以长远为方针。企业要想给公众留下不可磨灭的企业形象，需要企业经过长期、有计划、有目的的艰苦努力和积累。

(5) 以真诚为信条。以事实为基础是公共关系活动必须切实遵循的基本原则之一。企业必须为自己塑造一个诚实的形象，才能取信于公众。唯有真诚，才能赢得合作。

(6) 以沟通为手段。物流企业进行公共关系活动，就是要一方面将有关产品及企业的各种信息及时、准确、有效地传播给公众，争取公众对企业的认识和了解，提高企业的知名度和美誉度；另一方面还要从广大公众中收集有关市场需求方向的信息、价格信息、产品及企业形象信息、竞争对手信息及其他有关的信息，为协调企业与公众的关系打下基础。要将公共关系目标和计划付诸实施，只有双向沟通的过程，才是公共关系的完整过程。

2. 公共关系的作用

(1) 树立企业信誉，建立良好的企业形象。树立良好的企业信誉，不仅是企业自身发展的需要，也是现代社会对企业日益强烈的要求。公众对企业社会价值的评价范围由对产品质量和服务扩大到企业生产经营和社会活动的各个方面，这使公众对企业产生更大的影响力。公共关系的根本目的是通过深入细致、持之以恒的具体工作树立物流企业的良好形象和信誉，以取得公众理解、支持、信任，从而有利于企业推出新产品，有利于创造"消费信心"，有利于政府和管理部门对企业产生信任感，最终促进企业营销目标的实现。

(2) 搜集信息，为企业决策提供科学保证。美国管理学家西蒙说："管理就是决策，而决策的前提是信息。"物流企业在发展过程中会遇到大量的问题，物流企业需要通过公共关系活动利用各种渠道和网络搜集有关产品质量、产品开发、新技术方向、竞争者动向、潜在危险、企业形象等方面的信息，不断传递给企业，为企业做出及时而有效的决策提供强有力的保证。

(3) 协调纠纷，化解企业信任危机。随着生产社会化强度不断提高，任何组织都处于复杂的关系网络之中，而且这种关系处于动态的发展之中。由于企业与公众存在具体利益的差别，故必然会存在摩擦和误会，企业与公众的许多矛盾都是缺乏信息交流而形成的不了解或误解。物流企业通过开展公共关系活动，增加企业与公众之间的相互了解，将由于信任危机所造成的组织信誉、形象损失降到最低，因势利导，使坏事变好事。这种功能是广告、人员推销、营业推广所不具有的。

3. 公共关系活动的形式

(1) 借助新闻媒介扩大企业宣传。物流企业可以广泛地借助新闻媒介对目标市场进行宣传和影响。物流企业应尽可能争取机会和新闻媒体建立联系，及时将有新闻价值的信息提供给报纸、杂志、电台、电视台、新闻网站等新闻媒介，借以扩大企业影响，加深客户印象。由于新闻媒体对大部分公众都具有亲和力，而关于企业产品的正面新闻报道的可信度远远高于广告，因此能取得有效的宣传效果，但是新闻宣传的重要条件是所宣传的事实必须具有新闻价值。

另外，物流企业可以通过发行企业刊物，如年度报告、宣传手册、卡片、文章、音像制品、企业简报和企业杂志等,吸引消费者对企业及其产品的注意,加强对企业的宣传。

(2) 支持公益活动。物流企业可以通过赞助如体育赛事、文化教育、社会福利等社会公益事业,使公众感到企业不但是一个经济实体,而且能主动肩负社会责任,为社会的公益事业做贡献,这样必然会扩大和提高企业在社会公众当中的声誉与地位。

(3) 组织专题公关活动。物流企业可以通过组织或举办展览会和展销会,通过实物、文字、图表来展现企业的成效、风貌和特征。物流企业通过借助举办有影响力的活动,如演讲比赛、合办晚会、开放参观、参与体育活动等,引起公众对企业的关注,从而间接达到公共关系的目的。

物流企业还可以借助举办有特殊纪念意义的活动,如开业庆典、周年纪念日、产品获奖、新产品上市等,借机造势,介绍企业情况,沟通感情,增进了解,扩大宣传,树立形象。

(4) 建立企业形象识别系统。物流企业为赢得公众的注意,在公众心目中创造独特的企业形象和较高认知率,可以通过周密的策划设计,确定一个统一的、易为公众认出的视觉标识,如企业的商标、文具、宣传手册、招牌、业务表格、名片、建筑物、制服、服饰等。

4. 公共关系促销的基本步骤

公共关系促销的基本步骤如图8-1所示。

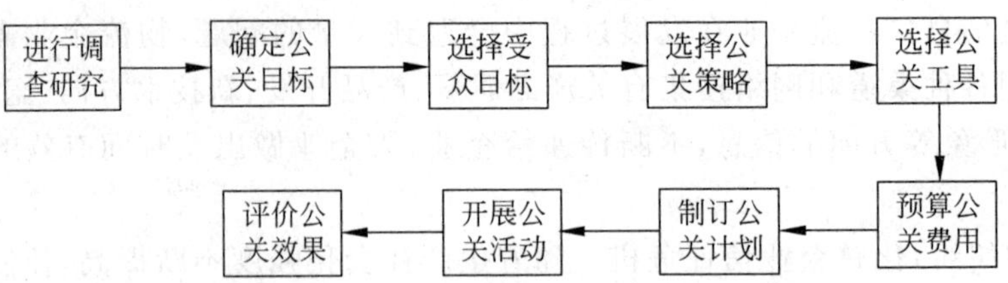

图8-1 公共关系促销的基本步骤

(1) 进行调查研究。调查研究是开展公共关系工作的基础和起点。通过调查物流企业,可以了解和掌握社会公众对企业决策与行为的意见。据此,可以基本确定企业的形象和地位。

(2) 确定公关目标。公关目标包括建立知名度、增进信誉度、激励推销队伍和经销商,常见的公共关系目标有提高品牌知名度、加深大众对企业服务于公众的理解、建立信息网络、消除公众误解、提高企业的声誉、降低企业的促销成本等。

(3) 选择受众目标。结合调查中所发现的问题,分析问题来自哪些群体,这些群体就是最需要公关的对象。物流企业需要特别针对这些群体开展公关活动。

(4) 选择公关策略。物流企业的公关策略分为三个层次:公共关系宣传,即通过各种传播手段向社会公众进行宣传,以扩大影响、提高企业的知名度;公共关系活动,即通过举办各种类型的公关专题活动来赢得公众的好感,提高企业的美誉度;公关意识,即企业员工在日常的生产经营活动中，要形成树立和维护企业整体形象的思想意识。

物流企业要根据营销目标制定公关关系活动的目标。围绕物流产品营销的不同阶段，确定公关活动的阶段目标。

(5) 选择公关工具。公关工具可以是参与或组织社区活动、举办新闻发布会、散发传单、制作并播放宣传片；也可以是举办重大学术会议、邀请名人演讲、邀请明星演出等。物流企业能否根据营销目标选择合适的公关工具，对公共关系活动能否取得预期效果起着至关重要的作用。

(6) 预算公关费用。根据公关范围、人数、方式、时间，大致预测需要的公关费用。

(7) 制订公关计划。公共关系是一项整体活动，它本身是由一系列活动项目组成的。制订公关计划要以公关调查为前提，依据一定的原则来确定公关工作的目标，并制订科学、合理而可行的工作方案，如具体的公关项目、公关策略等。

(8) 开展公关活动。根据公关方案实施、管理控制公关计划，确保公共关系实施的最佳效果。

(9) 评价公关效果。公关计划实施效果的检测，主要依据社会公众的评价。评价公关效果的指标之一是曝光频率；衡量公共关系效果最简易的方法是计算出现在媒体上的曝光次数、大众反响；分析由公共关系活动而引起公众对产品的知名度、理解、态度方面的变化，调查这些变动前后变化水平；销售额和利润的影响也是最令人满意的一种衡量方法。

本章小结

一、知识点

促销策略是物流营销策略的重要组成部分。物流产品促销是指物流企业向目标顾客传递其产品信息，或者树立本企业形象，促使目标顾客做出购买行为，或者影响目标顾客购买态度而进行的一系列说服性沟通活动。

物流企业促销策略有物流人员推销、物流广告促销、物流营业推广、公共关系促销四种方式，各有特点、作用、适用范围和具体的方法、步骤及程序，但是，促销的不同方式的核心是把企业所能提供的一切有用信息，如物流产品的内容、方式、特色、价位等信息，快速、准确地传递给客户，重点是引起客户的注意和兴趣，激发其购买欲望和购买行为，以达到扩大销售的目的。

促销策略恰当与否是促销成果好坏的决定性因素之一，物流企业为实现扩大销售的目的，通过多种促销手段的结合，使企业的全部促销活动相互配合，协调一致，最大限度发挥整体效果，从而能顺利实现企业目标。所以物流企业应结合实际，灵活运用促销方式。

二、关键概念

物流产品促销、物流人员推销、物流广告促销、物流营业推广、公共关系促销

思考题

1. 如何根据不同媒体的特点进行促销广告的投放选择?
2. 谈谈你对不同物流产品促销策略的认识,你认为最为有效的促销方式是什么。

案例分析

苏宁美的借"熟人生意"演练转型战术

"我是美的合伙人,求10个粉""新店开张,新品特价"……一句句来自朋友圈的自我推销外加一条店铺链接,"苏宁易购微店""美的合伙人"就这样出现在了大家的微信朋友圈中。而这些"朋友"中,大部分人此前的本职工作并不是销售。美的、苏宁究竟在做什么?为什么大家身边的朋友被他们变成了一个个狂热的推销员?这表面看似"微商2.0"的产物实则传递出什么信号?

"这是在新形势下国内制造业势在必行的方式。"Gfk董事总经理周群指出,以往所有的制造业,尤其是家电,都是以产品设计为发端,而现在,消费者主权时代已经来临,企业需要掌握更多的消费者数据。但是传统的渠道都是单向的,企业需要搭建新的通道,获得消费者数据。在周群看来,这是国内制造业的一次集体战略转身。

不论是苏宁微店,还是美的合伙人,都属于"微商2.0",即货物、物流、售后服务等都由平台/厂家提供,店主只负责向他的熟人推销产品,卖出产品能够获得不菲的佣金,即提成。除了制造业企业外,美妆生产企业也对这种模式"青睐有加"。3月初,香港花都国际美容集团召开微商合伙人启动会。不同的是,美的、香港花都国际美容集团向全社会开放,而苏宁目前暂时在员工内部进行内测,50%以上的苏宁员工已经开通微店。

"过了创业期之后,如何调动员工的工作积极性?这是很多企业老板头疼的难题。"AWE"中国家电发展高峰论坛上",创维集团董事长杨东文直言,市场越来越难做,利润越来越薄,效率越来越低;过了创业期后,热情减退,人越来越难管。

而"微商2.0"目前似乎被当作一个激励员工的新途径,因为这样的方式能够极大地激发员工的工作热情和培养品牌忠实粉丝。

2015年2月13日,卢大东第一次在朋友圈分享了他的"合伙人特权"——"买美的电器可得最低价"。这位被大家称为"最帅总裁"朋友,除了在朋友圈上为美的净水器"吆喝"外,在朋友聚会的时候也不断地游说大家成为他的"粉丝",通过他购买美的电器。2月16日,

李小清也在朋友圈"晒"出了他的微店。尽管李小清日常工作很忙,但他每天仍会花20多分钟打理微店,每天根据热点和需求来调整店铺内的商品,比如,情人节、春节、三八妇女节等,然后"定向"将微店的产品推荐给他的朋友。

奥维云网战略咨询部研究总监李潭清分析指出,微店突破了很多限制,在很大程度上解放了苏宁的员工,佣金提成是很大的动力。比如,很多员工原来是8小时工作制,销售员只能在卖场内销售特定品类的产品,但是员工在自己的"苏宁易购微店"上的销售就突破销售场地、销售品类和时间的限制,可以随时随地卖任何产品。

实际上,将微信这个工具拿掉之后来分析,这种"熟人"营销方式并不是特别"新鲜"。北京昭邑零售商管理咨询有限公司首席顾问刘晖分析指出,员工级的营销也就是"四级营销",一向是零售业比较倚重的。比如,房地产公司的所有员工都可以向亲戚朋友卖房子。而现在通过微信进行"四级营销",销售动作更简单、更标准化,更能够充分调动大家的积极性。

另一个显而易见的结果是,通过微信进行"四级营销"的长尾效应更加明显,即通过提升入口的流量等,以便带来增量市场。李潭清认为,从战术层面来讲,这是一种渠道拓展的方式,能提升苏宁易购的入口流量,"蚂蚁虽小,但最终能够汇聚成很大的流量"。

倍智人才总裁许锋也表示,与传统的电商渠道不同,不管是苏宁易购微店还是美的合伙人,都是在朋友圈营销,做的是"熟人生意",这种模式带来的是不同于传统电商渠道的增量市场。

有鉴于目前的"熟人生意",为此,业内还有一种普遍观点认为,标准化的产品虽然都适合在"微商"上线,但这种方式对制造业来说只能是在现有零售渠道基础上的补充。一位不愿具名的业内人士认为:"因为熟人销售的范围有限,而经过多年市场教育,消费者已形成较固定的消费习惯,即选择移动端和PC端入口。"

不过,苏宁云商表示,就内测反馈来看,苏宁微店的整体效果良好,未来将对全社会免费开放微店功能。而美的合伙人自上线之日起就已经对全社会免费开放。在业内人士看来,如果微商向全社会免费开放,或许有可能产生"颠覆",但同样面临需要解决的问题。按照许锋的说法,"熟人生意"如果向全社会开放,可能在未来会面临监管方面的不确定性,比如,税收问题。苏宁易购在内部测试的时候,员工与企业有劳动关系,不存在这方面的问题。但社会人士成为苏宁的微店店主之后,那么从中获得的收入是否要纳税呢?此外,向社会开放要考虑准入门槛等问题,以确保服务质量。

然而,不容否认的是,从家电企业面临的市场环境和长远规划来看,"微商"是企业摸索搭建新"通道",也是掌握更精确用户数据的一种战略手段、战略转型。作为家电行业的风向标,去年的AWE上话题还是很传统,但今年"互联网化"这个问题已成为主流。京东副总裁兼事业部总经理闫小兵在一场论坛上提到,很多家电厂商都在探讨"工业4.0,以消费者需求为中心"。

以往,所有的制造业尤其是家电业,都是以产品设计为发端的,“我做出东西,卖给你用”;而现在,“消费者主权时代已经来临,随着人们购物方式的改变,多样化的平台、碎片化的时间、快节奏的生活、金融支付工具的发展、售后体系的完善、法律法规的健全、消费者需求的提升,迎来了零售渠道的多元化,传统企业需要跟上步伐,整合线上线下资源”。

Gfk董事总经理周群也指出,实际上,厂家希望能够以“需”定产,“需”是对产品的特定需求而不是量的需求。但现在,很多渠道都是单向的,厂家不能直接获得关于消费者的详细数据,中间还隔着多重销售渠道。为此,“搭建新通道,获得消费者数据,这是在新形势下国内制造业势在必行的方式”。

同样,零售平台也希望能够获得更准确的用户需求信息。苏宁云商表示,希望借助微店实现准确的数据分析,比如,流量、销售转化、实时数据查询,以便后期基于大数据分析,为微店店主和顾客提供精准与个性商品推荐。相比之下,美的合伙人的上线多少显得有些低调。业内人士指出,“很多家电企业都准备自建通道,但态度往往很低调,但你会看到他们会慢慢往前‘拱’”。

周群认为,一方面,从产品制造企业来说,企业收到很多的用户数据反馈,但不知道哪一条能真正带来销售规模。另一方面,大数据需要生成结构化的东西才能使用,而拥有大数据的一方往往不具备行业专业知识,不能给企业提供一个具备逻辑的数据结构。比如,很多企业将访问率、成交率、点赞率等数据放在一起进行综合分析,但实际上,这些在决策流里面代表的是完全不同的意义。周群说,“这是一个两头碰的过程,需要时间耐心,也需要第三方合作机构的介入,否则很难产生商业价值”。

(资料来源: http://www.chinawuliu.com.cn/xsyj/201503/13/299407.shtml)

【案例讨论题】

1. 你了解微信营销吗?你的朋友圈中的“微商”主要经营的产品有哪些?

2. 谈谈你对熟人开微店的看法。

第九章

物流市场营销计划的实施与控制

学习目标

◆ 知识目标 ◆

（1）掌握物流企业营销计划的概念；

（2）学习物流企业营销计划的制订与实施步骤；

（3）了解物流企业营销计划的控制方法。

◆ 能力目标 ◆

具备制订和实施物流企业营销计划所应有的素质与能力。

◆ 引导案例 ◆

华贸物流斥资 2 亿元控股德祥集团　布局进口分拨业务

华贸物流 10 月 31 日晚间公告称，公司拟收购上海德祥国际货运代理有限公司、上海德祥物流有限公司、上海德祥船务有限公司、上海德祥集装箱运输有限公司各 65%股权，并间接控股上述公司的子公司上海德祥物流营销有限公司和上海德祥国际航空货运代理有限公司（以上六家公司合称“目标公司”“德祥集团”），股权转让款总计 20 509 万元。

据介绍,目标公司为上海地区经海关批准具有专营进口分拨业务特殊监管区资质的仅有六家专业公司之一,主营海运进口分拨业务,连续多年保持了上海口岸进口分拨排名领先的行业地位。2013年度汇总营业收入2.55亿元、净利润2416.89万元;期末汇总总资产2.05亿元、净资产1.64亿元。

值得一提的是,交易对方同时给出了标的公司的业绩承诺。根据公告,出让方以2014年预测及承诺的净利润2200万元为基础,目标公司2015—2016年度的净利润年复合增长率不低于10%,2017年度同比2016年度的净利润年复合增长率不低于7%,即2015年承诺净利润不低于2420万元;2016年承诺净利润不低于2662万元;2017年承诺净利润不低于2848万元。

华贸物流表示,公司至今尚未获得开展进口分拨业务的仓储特许经营资质。本次收购完成后,意味着公司以跨境物流为核心,进入了新的市场领域,在完善跨境综合物流服务能力的同时,与公司已有的业务资源开展整合,进一步做大这项业务的市场占有率,增强公司的盈利能力。

同时公司称,随着跨境电商的迅猛发展和上海自由贸易规模的扩大,以及跨境电商快件海关集中监管政策的落地,跨境散小货件的物流规模将持续快速增长,该业务的市场前景广阔。凭借目标公司的核心竞争力和公司整合跨境电商产业的物流规划,本次收购将有助于提升公司的盈利能力。

(资料来源:http://finance.eastmoney.com/news/1354,20141031440702410.html)

随着经济发展和高新信息技术的运用,物流活动从理论到实践都跃出了传统的模式,以新的理念、新的方式、新的服务展现在人们的面前,以服务为核心的物流市场营销也空前活跃,为广大客户提供了丰富、方便、快捷的服务。

物流市场营销管理是指为了实现物流企业或组织的目标,建立和保持与目标市场之间互利的交换关系,对物流市场营销活动进行的系统性的计划、实施和控制。

为了有效地对各种营销活动进行组织和控制,协调各种营销活动之间的关系以及营销活动与企业的生产、科研、财务等活动的关系,保证实现物流企业的经营目标,就必须科学地制订营销计划,加强对营销工作的计划管理。

第一节 物流企业营销计划概述

一、物流企业营销计划

物流企业营销计划通常包括战略营销计划和战术营销计划,其中战略营销计划一般覆盖企业未来 3～5 年的时间，而战术营销计划是为实现战略营销计划中每一年的目标所需要采取行动的具体安排。

（一）物流市场营销计划的含义

物流市场营销计划是指物流企业对选择的营销战略与计划决策方案加以具体化，对方案的实施所进行的统筹安排，是物流企业为了实现营销目标而制订的一系列的方案。它体现了物流企业未来要达到的目标和如何达到这些目标所进行的一系列的统筹安排。

计划包括目标和实现目标的手段两方面内容。营销计划必须从企业的整体出发，从而确定企业发展方向与目标。因此合理的营销计划的制订对企业营销战略和策略及其预期目标起着落实作用，对计划期内资源分配起着导向作用，对营销部门起着纲领作用，同时对各部门、各环节的工作起着协调作用。

物流市场营销计划是物流企业总体计划的一个组成部分，它在企业各项计划的制订与实施过程中扮演着重要角色。

（二）物流市场营销计划的特点

1. 物流市场营销计划是物流企业计划的中心

物流市场营销计划是企业诸多职能计划之一，同时又是最重要的一个。在物流企业发展战略的指导下，物流市场营销计划就成了企业各种职能计划制订的起点，甚至被认为是公司发展战略体系中重要的一部分。

2. 物流市场营销计划涉及公司各部门

物流企业市场营销的内部支持环境中包含了其他所有主要职能部门，如操作部、市场部、业务部、仓储部、财务部、人力资源部等，它们的业务活动都与市场营销部门的业务活动密切关联。所以，营销部门在拟订市场营销计划时必须考虑到其他部门活动的情况，需要得到各部门的密切配合。

3. 物流市场营销计划的内容日趋复杂

传统的物流企业往往以销售计划作为营销计划的核心，各分子公司销售计划的汇总构成公司总体的市场营销计划。而随着市场营销理念的不断演进，除了销售计划外，传播计划、渠道计划、公关计划、品牌计划等已成为物流市场营销计划的有机组成部分。

二、物流市场营销计划的类型

按计划时期的长短，可以把物流市场营销计划分为短期计划、长期计划和专项计划。

1. 短期计划

短期计划以年度计划为主。

2. 长期计划

长期计划的期限各公司不尽相同，有 3 年、5 年、10 年或更长时间，但通常是 5 年。

3. 专项计划

专项计划指的是为解决某种特殊问题或营销某种产品或服务而制订的单项计划。这种计划在一个特定时期里反映企业的主要任务,但该项计划一经完成,往往就不再持续。这种计划具有战术性、灵活性及针对性的特点。

例如,企业为实现市场战略需开拓某一目标市场,就需要编制市场开拓计划。这就是属于一种特殊类型的短期计划。由于专项计划具有针对性强、一事一议的特点,所以作为短期计划或长期计划的补充形式,日益受到企业的重视并被广泛应用。

三、制订物流企业营销计划的原则

由于物流企业营销属于市场营销的一部分,所以营销计划的制订应遵循市场规律,循序渐进。首先要对整个物流市场进行调查,这是营销计划迈出的第一步,只有更好地了解市场才能顺应市场的发展,做好充分的准备去面对竞争对手。市场调研部分做得越完善越细致,营销计划的制订就越有可依性与说服性。

如果跳跃市场调研而直接进入制订阶段,那么制订的计划就没有依据,经不起市场的考验,从而使企业的发展方向失去控制,这也是企业资源的一种浪费。因此营销计划须从点滴做起,从基础做起,严格按照市场的经济发展规律行事;反之则必然遭到市场竞争的残酷报复。完成市场调研后则进入下一阶段,也就是计划的制订阶段,作为企业整体发展的一部分,计划的制订关系到企业发展方向的成败。因此营销计划的制订也要循序渐进,不可急于求成,需做好如下工作。

(一)知己知彼,百战不殆

在制订计划之前要对自身企业的实际情况有充分的了解,做到“知己”,然后结合市场调研的“知彼”,根据竞争对手的营销开支来确定本企业营销预算,而做出适应企业营销发展的计划,所谓“知己知彼,百战不殆”,在物流市场营销中更是得到了充分的验证。

(二)“手表理论”贯穿始终

决定企业未来发展方向的计划应该贯穿整个企业,自始至终。企业的营销计划作为企业实现发展目标的工作指南,涉及企业的各个部门,而且一旦确定并执行,就要求整个企业的各个部门严格按照计划工作,齐心协力实施、完成,因此计划实施需要决策高层的支持和企业各部门的全力配合。

由此可见,计划是贯穿整个企业的命脉,应该广泛听取各部门意见,采纳合理的意见,在计划初拟后应该反复征询各方意见,对有问题的部分及时更正,从而更好地适应企业发展目标,反映营销市场的发展规律。如果把各部门比喻成手表中的某个零件,为了让手表准时运行,就要求各个零件配合自己周围零件的运行,从而带动机心的正常运行,任何一个零部件的怠慢都会影响整块手表计时的准确与质量。由此可见,经典的“手表理论”对于企业计划的制订具有指导意义。

（三）由远及近，先长后短

按照企业不同发展时期制定不同的发展目标，任何企业都有一个长远目标作为公司发展的动力，而任何长远目标不是在一个短时间内就可以完成的，它需要有一个长时间的反复的摸索、实验、分析，最后得到验证的过程。那么我们首先就要确定企业短期内的目标，短期目标实现后再制定发展中期目标，短期目标是后期的基础，中短期计划的制订应该秉承长期计划的精神，分担长期计划的工作任务。只有一步一步循序渐进地完成各阶段的目标任务，才能为后期发展做好准备。

四、物流企业营销计划的内容

（一）物流营销战略计划

一般来说，物流营销战略计划包括以下一些内容。

（1）时间期限：战略计划是企业的长期计划，年限不等。

（2）环境分析：物流市场发展趋势、高新技术发展、竞争者的发展状况等，特别要分析环境中的机遇和威胁。

（3）公司本身分析：对人力资源结构、产品结构、资本结构和市场竞争力等进行分析，明确自身企业的优势、劣势。

（4）拟定目标：以市场为导向，要有可行性和挑战性的方针措施。

（5）制定具体战略：增长战略、产品战略、市场战略和客户战略等。

（二）物流营销作业计划

物流营销作业计划是实现战略计划的具体步骤，主要包括以下几个方面。

1. 计划概要

计划书一开始，便应对本计划的目的及实施方法和措施作以简要说明，目的是让主管部门尽快掌握计划的核心，进而加以评定研究。

2. 当前市场营销状况内容

提供有关市场的数据，对产品情况进行阐述，明确竞争对手的规模、目标、市场份额、服务质量及其他行为，对有关各分销渠道提供数据，分析法律因素、经济因素、技术因素等的发展趋势。

3. 威胁与机会

营销管理人员应尽可能列出可以想象得到的市场机会和威胁，以便加以分析、检验，使企业管理人员可预见到那些将影响企业兴衰的重大事态的发展变化，以便采取相应的营销手段或策略，趋利避害，求得更顺畅的发展。

4. 营销目标

确定企业营销目标，并对影响这些目标的因素加以考虑和论证。计划应建立财务目标和营销目标，目标要用数量化指标表达出来，要注意目标的实际、合理，并应有一定的开拓性。

(1) 财务目标。财务目标即确定每一个战略业务单位的财务报酬目标，包括投资报酬率、利润率、利润额等指标。

(2) 营销目标。财务目标必须转化为营销目标。营销目标可以由以下指标构成，如销售收入、销售增长率、销售量、市场份额、品牌知名度、分销范围等。

5. 营销策略

营销策略是指物流企业为达到营销目标所采用的市场营销策略，主要包括目标市场(找到正确为之服务的对象，并要了解细分市场的特征、机会以及所对应的相关策略)、营销因素组合(产品策略、价格策略、分销策略和促销策略等，并说明策略运用理由)、营销费用(确定科学的营销费用，费用的高低同销售额应成正比，但不同的服务产品是存在差异的)等各种具体策略。

6. 行动方案

实施的具体方案，完成每项活动都需要列出详细的行动方案，以便于执行和检查，使行动方案循序渐进地执行。

对各种营销策略的实施制订详细的行动方案，即阐述以下问题：将做什么？何时开始？何时完成？谁来做？成本是多少？整个行动计划可以列表加以说明，表中具体说明每一时期应执行和完成的活动时间安排、任务要求和费用开支等。使整个营销战略落实于行动，并能循序渐进地贯彻执行。

7. 营销预算

营销预算即开列一张实质性的预计损益表。在收益的一方要说明预计的销售量及平均实现价格，预计出销售收入总额；在支出的一方要说明生产成本、实体分销成本和营销费用，以及再细分的明细支出，预计出支出总额。最后得出预计利润，即收入和支出的差额。企业的业务单位编制出营销预算后，送上层主管审批。经批准后，该预算就是材料采购、生产调度、劳动人事以及各项营销活动的依据。

8. 控制

对营销计划执行进行检查和控制，用以监督计划的进程。为便于监督检查，具体做法是将计划规定的营销目标和预算分别按月或季制定，营销主管每期都要审查营销各部门的业务实绩，检查是否实现了预期的营销目标。凡未完成计划的部门，应分析问题原因，并提出改进措施，以争取实现预期目标，使企业营销计划的目标任务都能落实。

◆ **背景资料** ◆

普洛斯的供应链思维

(2015年5月)在物流界，无论是物流设施提供商，还是新进入物流设施领域的传统开发商、电子商务企业、物流企业甚至是快递企业，都把Global Logistic Properties（普洛斯）作为世界范围内最专注、最优秀的物流设施提供商之一。普洛斯自2003年进入中国市场后就一直牢牢占据市场第一的宝座。为什么普洛斯成了行业老大？《航运交易公报》记者经过多方面梳理，发现了一些蛛丝马迹。

快速发展轨迹

回顾普洛斯发展的脉络：2002—2004年，普洛斯创始团队成员司马景瀚和梅志明在中国与日本开始运作项目，陆续进入五大市场——苏州、上海、广州、东京和名古屋。

2005—2007年，普洛斯在中国进入18个主要城市，在日本市场扩展到大阪、仙台、福冈。

2008年，中国奥组委将普洛斯指定为“2008奥运会”物流配送中心唯一提供商，同时普洛斯在日本资产管理规模超过500亿日元(5.3亿美元)。

2009—2010年，普洛斯管理的新加坡政府投资公司（GIC）与母公司American Prologis剥离，收购了在中国的美国普洛斯集团资产和其日本财产基金股份，并于2010年10月18日在新加坡证券交易所挂牌上市，目前股票市值1203亿新元。

2011—2012年，普洛斯入股中国第二大现代物流设施提供商宝湾的母公司宝湾物流控股有限公司；收购中国航港发展有限公司大部分股份（该企业是位于北京首都国际机场内货物处理和保税物流园区的唯一开发商）；与加拿大退休金计划投资委员会以5∶50持股比例成立日本开发基金和中国投资有限责任公司；获得传化物流的多数股权以改善中国物流基础设施；收购中国重要的物流地产开发商——维龙股份。

2013—2014年，普洛斯与海尔集团建立战略合作伙伴关系；进一步拓展与中国第二大客户德邦物流的合作，德邦物流与普洛斯目前在中国14个城市合约租赁面积达31.9万平方米；推出世界上最大的专注于中国物流基础设施建设的基金，该基金联合全球6大投资机构，引入25亿美元投资，今年已完成与中资财团的战略合作协议，使基金管理平台资金额增至132亿美元；通过注资81亿美元设立普洛斯美国稳定收益基金，将业务网络扩展到美国。

目前，普洛斯的业务遍及中国、日本、巴西和美国等国家的261个主要城市，拥有并管理约4090万平方米（约合4.40亿平方英尺）的物流基础设施，形成了一个服务于4000余家客户的高效物流网络。中国项目分布于35个主要城市，物业总建筑面积约2070万平方米。其中，完工物业约1060万平方米；计划开发约1000万平方米；土地储备约1290万平方米。在中国的基金管理平台资金额增长61%，达到213亿美元。

破解成功之道

普洛斯中国区总裁杨传德曾公开表示，本地化战略是取得成功的关键因素。普洛斯中国市场的管理团队基本上都是中国人，对市场有深层次的认识，做出的决策准确地把握住了市场机遇。

从为客户服务角度看,因为都是了解市场的当地人,能够从客户的立场出发,为客户制订优化的仓储解决方案,帮助客户在提高物流效率的同时,最大限度地节约物流成本。通过高品质的服务,与客户建立长期合作关系。

普洛斯对自身的角色定位是“资源整合者”,而非单纯的“出租仓库”,这是它最有亮点的地方。普洛斯将客户、投资人、政府、合作伙伴都聚集在自己创造的增值服务平台上,为客户提供“一站式”供应链服务和整合性的解决方案,以满足客户在运营和财务方面等各种需求。如为客户做方案设计、选址、设施设计与开发建设、物业管理、联合营销、定制化服务,在不同的市场,为客户提供高质量的物流设施网络平台等,各种优化服务大大增加了客户的黏度。

据观察,物流地产与金融的结合是普洛斯实现扩张的最大法宝。通过物流地产基金模式,普洛斯将投资回收期从10年以上缩短到2～3年。同时,快速回笼的资金被用于新项目开发,项目成熟后再置入基金,从而形成物业开发、物业管理与基金管理部门间的闭合循环,这种资产和现金的加速循环推动了普洛斯的内生规模扩张,并实现轻资产、高周转运营。

普洛斯拥有一流的基金管理平台,通过基金管理平台与全球投资机构合作,持有高品质的地产资产。同时加强网络化效应,提高服务全球化客户的能力,在建立更强的客户关系的同时保持整个财务状况的良好。基金管理平台使普洛斯能从更多的渠道获得收益,如资产管理费、基金管理费、租赁费、物业管理费和长期激励费用等。

正是基于与全球众多机构长期合作关系以及多年资本管理经验,普洛斯通过发展广泛的业务和使用来自第三方的资本杠杆保持稳定的资产增长。目前,普洛斯拥有800家以上的优质客户,其中跨国企业客户约占60%,主要是第三方物流、制造业和零售业企业。

未来布局重点

普洛斯目前在中国35个主要城市投资、建设并管理着172个物流园,基本形成了覆盖中国主要空港、海港、高速公路、加工基地和消费城市的物流配送网络。

尽管普洛斯高层在接受《航运交易公报》记者采访时对未来市场规划三缄其口,表示不便透露,但随着国家战略和电商的快速发展,可以看到普洛斯正在很多领域加紧布局。自2015年1月6日至4月29日,普洛斯与苏宁云商、京东等电商企业以及第三方物流商、零售商签署了总计60万平方米的租赁协议。

普洛斯网络拓展联盟和共同发展部经理张思宁向《航运交易公报》记者表示,目前普洛斯在上海自贸试验区有两个项目,分别位于上海外高桥保税区(收购项目,建筑面积9万平方米,目前满租)和上海外高桥保税物流园区(在建项目,建筑面积21万平方米,三季度完工)。随着上海自贸试验区的扩围,仓库面临紧缺,未来的需求与租金还会进一步增长。

从现有设施来看，中国国内大部分仓库过小和陈旧，无法与普洛斯现代化的物流设施相媲美。资料显示，中国人均仓库面积只有美国的1/12，中国物流地产市场总供应量为5.5亿平方米，预计2029年可达到24亿平方米，人均仓储面积达到美国的1/3。“一带一路”战略和自贸试验区建设对物流地产的拉动空间可见一斑。

（资料来源：节选 http://info.10000link.com/newsdetail.aspx? doc＝2015051990011）

第二节　物流企业营销计划的实施

物流企业营销计划的实施就是把营销策略和计划落实为具体的营销行动，实现营销计划的既定目标。物流营销实施包括动员公司全部的人力和资源，实施每日或每月的例行营销活动，通过这些活动来有效地实现营销计划。

一、物流企业营销计划实施方案的制订

物流企业营销计划实施过程具体包括相互联系的五项内容。

（一）制订行动方案

制订行动方案应该明确营销战略实施的关键性决策和任务，并将执行这些决策和任务的责任落实到个人、小组或部门。此外，还应包括具体的时间表、行动的确切时间等。

（二）调整组织结构

物流企业的正式组织在营销计划的实施过程中发挥着决定性的作用，组织将计划实施的任务分配给具体的部门和人员，规定明确的职责权限与信息沟通渠道，协调企业内部的各项决策和行动。组织结构具有两大职能。

1. 提供明确的分工

将全部的工作分解成便于管理的几大部分，再将它们分配给各有关部门和人员。

2. 发挥协调的作用

通过正式的组织联系和信息沟通渠道，统一协调各部门和人员的行动。

（三）健全绩效考评制度

绩效考评制度直接关系到战略实施的成败。企业对管理者的评估和薪酬制度，如果以短期经营利润为标准，则各部门管理人员和公司员工的行为必定趋于短期化，他们就不会为公司的长期目标而努力。

（四）开发人力资源

开发人力资源涉及人员的考核、选拔、培训和激励等问题。在考核、选拔管理人员时，要注意将适当的工作分配给合适的人员，做到人尽其才。为了激励员工的积极性，必须建

立完善的工资、福利和激励制度。

（五）建设企业文化

企业文化是指一个企业内部全体人员共同持有和遵守的价值标准、基本信念和行为准则。企业文化对企业经营思想和领导风格，对职工的工作态度和作风，均起到决定性作用。企业文化和企业管理风格一旦形成，就具有相对稳定性和连续性，不易改变。因此，企业战略通常是为适应企业文化和管理风格的要求而制定的，不宜轻易改变企业原有的文化和风格。

上述五个方面必须协调一致，相互配合，企业营销目标才可能实现。

二、物流企业营销组织的结构

物流企业营销组织是制订和实施市场营销计划的职能部门。每个企业都应根据市场竞争的特点和自身的实际情况，建立起富有成效的营销部门体系，使之面向市场担负起组织和实施企业各项营销活动的任务，成为联结企业内部其他职能部门实现整个企业经营的核心。

物流营销组织设计是指对企业内部涉及营销活动的各个职位、部门及其相互关系所做的设计。物流营销组织的任务就是在明确营销目标的基础上，根据人员、环境和任务的具体要求，进行工作任务的分类及相应部门、职务结构的设计，并通过组织内信息沟通、协调与配合提高组织的工作效率，使整个物流营销组织形成一个严密而有活力的整体，以保证企业营销目标的顺利实现。

（一）物流营销组织的设置原则

1. 整体协调和主导性原则

(1) 设置的营销机构能够有利于企业与外部环境，尤其是与市场、顾客之间关系的协调。

(2) 设置的营销机构能够与企业的其他机构相互协调。

(3) 市场营销组织内部的人员结构、职位层次设置要相互协调。

2. 精简及适当的管理幅度和层次原则

管理幅度又称管理宽度或管理跨度，是指领导者能够有效地直接指挥部门或员工的数量，这是一个“横向”的概念。管理层次又称管理梯度，是指一个组织下属等级的数目，这是一个“纵向”的概念。

一般来说，若管理层次过多，易造成信息传递失真和传递速度过慢，从而影响决策的及时性与正确性；若管理跨度过大，甚至超出领导者能管辖的限度，又会造成整个企业内部的不协调、不平衡。因此，企业须选择适当的管理跨度和管理层次，既能满足工作的要求，又能“精兵简政”，使所设的市场营销机构既能完成工作任务，又使组织形式最为简单。

3. 有效性原则

物流营销机构要根据有效性原则达到工作的高效率，必须具备一些基本条件。

（1）物流营销部门要有与完成自身任务相一致的权力，包括人权、物权、财权、发言权和处理事务权。

（2）物流营销部门要有畅通的内外部信息沟通渠道。

（3）善于用人，各司其职。

（二）物流企业营销组织的结构

1. 职能型组织形式

职能型组织是最常见的市场营销组织形式，是按照营销职能划分企业的营销活动，继而设置对应的管理部门，归市场营销副总经理领导。在企业内部则设立营销各专业领域的职能部门和职能主管，由他们各自负责某一范围具体的营销业务。市场营销主管负责协调各个市场营销职能科室、人员之间的关系。

职能型组织形式的主要优点是机构简单、分工明确、管理集权、避免部门重叠，主要适用于服务品种单一、规模较小、市场地域范围集中、市场类型单一的企业。

其主要缺点：首先，可能缺少按服务产品或市场制订的完整计划，使得有些服务产品或市场被忽略；其次，各个职能科室之间为了争取更多预算，为了得到比其他部门更高的地位，相互之间进行竞争，市场营销副总经理可能经常处于调解纠纷的困扰之中。

2. 地区型组织形式

地区型组织是按照目标市场地域的分散化程度划分企业的营销活动，继而设置对应的地区性综合营销管理部门，在地区营销经理领导下，进一步设立营销各专业领域的职能部门和职能主管，由他们各自负责具体的某一地区市场范围的营销业务。业务涉及全国甚至更大范围的企业，可以按照地理区域组织、管理销售人员。

3. 产品型组织形式

产品型组织是指在企业内部建立产品经理组织制度，以协调职能型组织中的部门冲突。在企业提供多种服务产品或拥有多个品牌时，以致按职能设置的市场营销组织无法处理的情况下，建立产品经理组织制度是适宜的。

产品型组织需要建立服务产品经销经理制度，即设置服务产品专职经理来负责业务，包括制定物流服务产品的长期发展战略、年度销售计划、应急措施、奖惩制度以及销售鼓励等，通过市场调研关注物流市场变化的需求，随时掌握了解新情况，以便及时满足客户需求占有市场。

采用这种模式的优点是可以协调开发服务产品市场的各方面力量，并对市场的变化做出快速反应。缺点是由于服务产品经理的职权受到限制，必须依靠其他部门的辅助才能完成作业，因而对于综合能力的提高存在一定的弊端。此外，高额的费用也为该模式带来不足之处。

4. 市场管理型组织

由专人负责管理不同市场的营销业务,按不同顾客需求细分市场,建立市场管理型组织。

市场管理型组织的优点是可以全方位了解市场需求,了解客户及市场的动态变化、紧俏服务产品的走势,市场的细分有利于开发新市场,扩大市场的覆盖面。其缺点类似于产品型组织形式,权力受限,容易造成冲突。

5. 事业部型组织

事业部型组织形式比较适合营销规模较大的物流企业。企业通过设立不同的事业部,将其营销职能也分散到各事业部,各事业部再根据自身部门的发展方向与职责设置自己的职能部门。

6. 网络型虚拟营销组织

网络型虚拟营销组织是一种以市场需求为导向,以营销组织为龙头,以契约为联结纽带,借助现代信息技术,以盈利为共同目的,跨越空间约束,把相互独立的生产组织、广告公司、产品研发组织、物流配送组织、销售组织等联结在一起,把分布在不同企业内的各种资源组织起来,去完成特定的营销任务的组织形式。其主要特点:功能虚拟化、地域虚拟化、组织虚拟化。

采用网络型虚拟营销组织,它们所做的就是创设一个"关系"的网络,与独立的制造商、销售代理商及其他机构达成长期协作协议,使它们按照契约要求执行相应的生产经营功能。由于网络型虚拟营销组织的大部分活动都是外包、外协的,因此,公司的管理机构就只是一个精干的经理班子,负责监管公司内部开展的活动,同时协调和控制与外部协作机构之间的关系。

三、物流企业营销计划实施中的问题

物流企业在实施市场营销战略和市场营销计划过程中,可能面临的主要问题及原因如下。

1. 计划脱离实际

物流企业的营销战略和营销计划通常是由上层的专业计划人员制订的,而实施则要依靠营销管理人员,由于这两类人员之间往往缺少必要的沟通和协调,导致了下列问题的出现。

(1) 物流企业的专业人员只考虑总体战略而忽视实施中的细节,结果使计划过于笼统和流于形式。

(2) 专业计划人员往往不了解计划实施过程中的具体问题,使所订计划脱离实际。

(3) 专业计划人员和营销管理人员之间由于缺乏充分的沟通交流,致使营销管理人员在实施过程中经常遇到困难,因为他们并不完全理解需要他们去实施的战略。

(4) 脱离实际的战略可导致计划人员和营销管理人员相互对立与不信任。

2. 长期目标和短期目标的冲突

物流营销战略通常着眼于企业的长期目标，涉及今后三至五年的经营活动。但具体实施这些战略的营销人员通常是根据他们的短期工作绩效，如销售量、市场占有率或利润率等指标来评估和奖励。因此，营销管理人员往往会选择短期行为。所以，公司必须采取适当措施，克服这种长期目标和短期目标之间的矛盾，保证两者之间的协调。

3. 抗拒变革

物流企业当前的经营活动往往是为了实现既定的战略目标，新的战略目标如果不符合企业的传统和习惯就会遭到抵制。新旧战略的差异越大，实施新战略可能遇到的阻力也就越大。要实施与旧战略截然不同的新战略，常常需要打破企业传统的组织机构和供销关系。

4. 缺乏具体明确的实施方案

许多物流企业面临的困境，只是因为缺乏一个能够使企业内部各有关部门协调一致作战的具体实施方案。管理层应当制订详尽的实施方案，规定和协调各部门的活动，编制详细周密的项目工作时间表，明确各部门经理应负的责任。

5. 市场环境的变化出人意料

支持物流企业计划的市场环境常常发生突然的改变，从而影响企业营销计划的实施。例如，竞争者强有力竞争的标志就是他们能够根据其自身特点灵活而又迅速地采取行动，他们往往会针对本企业的营销行动采取相应的对策，而这种对策可能会对本企业实现既定的营销计划目标造成很大的影响。

6. 执行的结果与计划目标产生较大偏差

当执行中出现偏差时，我们首先要判断其大小。如果偏差不大，执行者可以自行调整；如果偏差较大，就应该请专家进行诊断，找出偏差产生的原因，然后对症下药解决问题。尤其当环境发生较大变化时，计划执行者更应该寻求管理专家的帮助，尽可能避免出现更大的失误。国际上许多大公司在其历史转折关头都曾有过寻求管理咨询公司帮助的经历。现在国内的一些公司也开始接受这种观点，进而采取类似的措施。

7. 资源不足

计划执行中出现资源不足，可能是计划不周导致的，但大多数情况是由于执行者欠缺协调能力，更严重的是执行者的指导思想不正确。他们没有把自己的主要资源配置在起主要作用的矛盾方面，而是平均分配资源。

其结果是，由于缺乏科技人才、管理人才和销售人才，限制了企业核心竞争力的提高。其实，企业的资源都是有限的，关键就看执行者如何分配有限的资源，突出重点，确保计划目标的顺利实现。

第三节　物流企业营销计划的控制

物流企业市场营销控制是市场营销管理的重要步骤,营销计划在实施过程中会发生许多不确定因素,因此正确认识营销控制含义对于加强营销管理,维护资金安全,提高经济效益,具有十分重要的现实意义。在物流营销计划的实施过程中,必须严格控制各项营销活动,以确保企业目标的实现。

一、物流企业市场营销控制的含义

物流企业市场营销控制是指衡量和评估物流营销策略与计划的成果,以及采取纠正措施以确定营销目标的完成,即物流营销经理经常检查市场营销计划的执行情况,看看计划目标与实际业绩是否一致,如果不一致或没有完成计划,就要找出原因所在,并采取适当措施和正确行动,以保证物流营销计划的顺利完成。

物流企业市场营销控制有四种主要类型,即年度计划控制、盈利能力控制、效率控制和战略控制。

二、物流企业市场营销控制的程序

物流企业市场营销控制是营销管理的主要职能之一,是物流营销管理过程中不可缺少的一个环节,它具有动态性和系统性,包含以下七个程序。

(一)确定评价的营销业务范围

物流企业通常要评价市场营销业务的各个方面,包括人员、计划、职能等,甚至市场营销全部工作的执行效果。在界定的范围内,再根据具体需要有所侧重。

(二)确定控制目标

企业目标决定了物流营销的发展方向与目标,各负责人对所管辖业务进行控制,让实现目标所要涉及的工作人员准确无误地领会目标精神。

(三)建立一套能测定营销结果的衡量尺度

在很多情况下,企业的营销目标就决定了它的控制衡量尺度。衡量营销工作状况的尺度可根据企业自身情况来定,衡量的标准是企业的主要战略目标,以及为此而规定的战术目标,如利润、销售量、市场占有率、顾客满意度等指标。当然这些指标不是一成不变的,同一企业不同时期标准可能会不一样;不同的企业有不同的标准。

(四)明确责任

为了更好地落实企业营销目标,企业必须明确各部门及负责人的职责范围,且对于各自的职责认真负责，严格履行。

（五）信息沟通

良好的信息沟通可以及时发现问题进而改正，沟通是任何组织内部人与人之间相互了解和信任、实现组织目标的基础。

（六）分析偏差原因采取改进措施

当实际工作成果与预定目标出现偏差时，要及时更正，并且找出出现偏差的原因以及补救措施。

（七）工作业绩评估

当实际工作完成时要对工作绩效进行差异分析、对比分析等评估，评估的目的在于通过分析前期的得与失，为后期工作的顺利开展做铺垫。

三、物流企业市场营销控制的内容与方法

物流企业市场营销控制主要包括年度计划控制、盈利能力控制、效率控制和战略控制，它们之间的区别比较如表 9-1 所示。

表 9-1　物流企业市场营销控制的内容与方法

控制类型	主要负责人	控制目的	方法
年度计划控制	高层管理人员 中层管理人员	检查计划目标是否实现	销售分析、市场份额分析、费用与销售分析、财务分析等
盈利能力控制	营销主管人员	检查公司盈亏情况	盈利情况：产品、地区、顾客群、细分市场、销售渠道、订单大小
效率控制	营销主管人员	评价和提高经费开支效率及营销开支效果	效率：销售队伍、广告、促销、分销
战略控制	高层管理人员 营销审计人员	检查公司是否正在市场、产品和渠道等方面寻找最佳机会	营销效率等级评价，营销审计，营销杰出表现，公司道德与社会责任评价

（一）年度计划控制

年度计划控制是指营销人员随时检查营业绩效与年度计划的差异，同时在必要时采取修正行动。年度计划控制是为了确保计划中所确定的销售、利润和其他目标的实现。年度计划控制的核心是目标管理。

1. 年度计划控制的步骤

(1) 管理者要确定年度计划中的月份目标或季度目标。

(2) 管理者要监督营销计划的实施情况。

(3) 如果营销计划在实施中有较大的偏差，则要找出发生的原因。

(4) 采取必要的补救或调整措施,以缩小计划与实际之间的差距。发现问题,则应在计划实施过程中查找原因,并加以纠正。

2. 年度计划控制的内容

(1) 销售分析。销售分析主要用于衡量和评估所制订的计划销售额与实际销售额之间的关系。这种关系的衡量和评估有两种主要方法。

① 销售差距分析:主要用来衡量造成销售差距的不同因素的影响程度。

例如,某物流公司计划要求其下属运输部门第一季度完成的货运量为 2×10 000t. km,报价为 3 元/(t. km),当第一季度结束后业务部的实际业务报告显示:第一季度实际销售业绩为 1.5×10 000t. km。单价为 2.5 元/(t. km),实际完成量为 3.75 万元,比实际少了 2.25 万元,分析如下。

由于货运量减少造成的影响为

$$(2\times10\,000-1.5\times10\,000)\times3=15\,000(\text{元})$$

由于价格降低造成的影响为

$$(3-2.5)\times1.5\times10\,000=7500(\text{元})$$

通过分析算出,2/3 的差距是由于货运量没有按照计划完成造成的。

② 地区销售量分析:用来衡量导致销售差距的具体产品和地区。

例如,某物流公司的计划为 A:完成 2×10 000t. km;B:完成 1.5×10 000t. km;C:完成 3×10 000t. km,而三个地点的实际完成量则为 A:1.5×10 000t. km;B:2.0×10 000t. km;C:2.5×10 000t. km。由此可见,造成的销售差距主要是因为 A、C 两地没有按计划完成任务。因此,有必要进一步查明原因,加强 A、C 两个地区的市场销售管理。

(2) 市场份额分析。企业的销售绩效并未反映出相对于其竞争者,企业的经营状况如何。如果企业销售额增加了,可能是由于企业所处的整个经济环境的发展,或可能是因为其市场营销工作较之其竞争者有相对改善。通过对市场份额的分析可以考察出企业在竞争中的营销业绩,以及与竞争对手之间的关系,当市场占有略升高时,意味着企业的营销优于竞争对手;反之,则说明同竞争对手相比较业绩就差一些。

一般地,市场份额有四种不同的度量方法:①全部市场份额,它是以企业的销售额占全行业销售额的百分比来表示。②服务市场份额,它是以其销售额占企业所服务市场的百分比来表示。③相对市场份额(相对于三个最大竞争者),它是以企业销售额对最大的三个竞争者的销售额总和的百分比来表示的。④相对市场份额(相对于最大竞争者),它是把企业销售额与市场最大竞争者的销售额相比。

(3) 市场营销费用率分析。年度计划控制还要检查与销售有关的市场营销费用,以确定企业在达到销售目标时的费用支出。市场营销费与销售额之比是一个主要的检查比率,其中包括销售队伍对销售额之比、广告对销售额之比、促销费对销售额之比、营销调研费对销售额之比；销售管理费对销售额之比。

营销管理人员的工作就是密切注意这些比率，以发现是否有任何比率失去控制。当一项费用对销售额比率失去控制时，就必须认真查找问题产生的原因。

（二）盈利能力控制

除了年度计划控制之外，企业还需要进行利润控制。通过盈利能力控制所获取的信息，有助于管理人员决定各种产品或市场营销活动是扩展、减少还是取消。

进行盈利能力分析的步骤如下：

(1) 将损益表中的有关营销费用转化为各营销职能费用，如广告、市场调研、包装、运输、仓储等；

(2) 将已划分的各营销职能费用按分析目标，如产品、地区、客户、销售人员等分别计算；

(3) 拟定分析目标的损益表。

盈利能力分析的目的是为了找出影响获利的原因，以便采取相应措施，排除或削弱不利因素。

（三）效率控制

如果盈利能力分析显示出企业某一产品或地区所得的利润很差，那么企业就应该考虑该产品或地区在销售人员、广告、分销等环节的管理效率问题。

1. 销售人员效率

物流企业各地区的销售经理要记录本地区内销售人员效率的几项主要指标，具体如下：

(1) 每个销售人员每天平均销售访问的次数；

(2) 每次会客的平均访问时间；

(3) 每次销售访问的平均收益；

(4) 每次销售访问的平均成本；

(5) 每次访问的招待成本；

(6) 每百次销售访问而成交的百分比；

(7) 每期间新增顾客数；

(8) 每期间丧失顾客数；

(9) 销售成本对总销售额的百分比。

2. 广告效率

物流企业应该做好如下统计：

(1) 每一媒体类型、每一媒体工具接触每千名购买者所花费的广告成本；

(2) 客户对每一媒体工具注意、联想和阅读的百分比；

(3) 客户对广告内容和效果的意见；

(4) 广告前后客户对产品态度的衡量;

(5) 受广告刺激而引起的询问次数。

物流企业高层管理者可以采取若干步骤来改进广告效率,包括进行更加有效的服务产品定位;确定服务广告目标;利用计算机来指导广告媒体的选择;寻找较佳的媒体以及进行广告后的效果测定等。

3. 促销效率

为了提高促销效率,企业管理者应该对每一促销的成本和销售影响做记录,做好如下统计:

(1) 由于优惠而销售的百分比;

(2) 每一销售额的陈列成本;

(3) 赠券收回的百分比;

(4) 因示范而引起的询问次数。同时企业应观察不同促销手段的效果,并使用最有效果的促销手段。

4. 分销效率

分销效率主要是对企业存货水平、仓库位置及运输方式进行分析和改进,以达到最佳配置并寻找最佳运输方式和途径。

效率控制的目的在于提高人员推销、广告、促销和分销等市场营销活动的效率,市场营销经理必须关注若干关键比率,这些比率表明上述市场营销职能执行的有效性,显示出应该如何采取措施改进执行情况。

(四) 战略控制

物流营销环境变化很快,往往会使物流企业制定的目标、策略、方案失去作用。因此,在物流企业市场营销战略实施过程中必然会出现战略控制问题。战略控制是指市场营销经理采取一系列行动,使实际物流营销工作与原规划尽可能一致,在控制中通过不断评审和信息反馈,对战略不断修正。

四、市场营销审计

各个企业都有财务会计审核,在一定期间客观地对审核的财务资料或事项进行考察、询问、检查、分析,最后根据所获得的数据按照专业标准进行判断,做出结论,并提出报告。这种财务会计的控制制度有一套标准的理论、做法。但是市场营销审计尚未建立一套规范的控制系统,有些企业往往只是在遇到危急情况时才进行,其目的是为了解决一些临时性的问题。目前,在国外越来越多的企业运用市场营销审计进行战略控制。

(一) 市场营销审计的意义

市场营销审计是对一个企业市场营销环境、目标、战略、组织、方法等方面进行的综合的、系统的、独立的和定期性的检查评比。通过审计发现营销中的不足并对其加以改进和弥补。市场营销审计实际上是在一定时期对企业整个市场营销业务进行总的成果评价。

（二）市场营销审计的内容

市场营销审计的内容包括对营销环境、战略、组织、职能、功能、生产力、信息的计划和控制，对营销年度计划和营销盈利水平的审计。

（三）市场营销审计的程序

1. 计划

拟订审计计划，并将详细的计划书交由职能部门开会研究，详细的计划书要包括审计目标、时间、地点、人员、审计方式、预算等。

2. 调查

这一阶段主要是事实取证，可通过收集信息和数据分析获得调查结果。

3. 发现问题

通过调查结果发现问题所在，这一阶段要求审计人员心思缜密，头脑清晰，对任何一个可疑的环节都不错过，不忽略。

4. 提出改进方法

通过合理化建议对发现的问题进行及时的更改，促进企业营销工作的进行。

5. 呈报审计报告书

主要是把整个营销审计过程和对所发现问题的原因与整改意见上报给企业的相关部门。

本章小结

一、知识点

物流企业营销计划是物流企业为物流营销活动目标所制定的一系列对未来营销活动的安排和打算。

职能型组织是最常见的市场营销组织形式，其组织结构设计是按照营销职能划分企业的营销活动，继而设置对应的管理部门，归市场营销副总经理领导。

地区型组织是按照目标市场地域的分散化程度划分企业的营销活动，继而设置对应的地区性综合营销管理部门，在地区营销经理领导下，进一步设立营销各专业领域的职能部门和职能主管，由他们各自负责具体的某一地区市场范围的营销业务。

物流企业市场营销控制是指衡量和评估物流营销策略与计划的成果，以及采取纠正措施以确定营销目标的完成，即物流营销经理经常检查市场营销计划的执行情况，看看计划与实绩是否一致，如果不一致或没有完成计划，就要找出原因所在，并采取适当措施和正确行动，以保证物流营销计划的完成。物流企业市场营销控制有四种主要类型，即年度计划控制、盈利能力控制、效率控制和战略控制。

二、关键概念

物流企业营销计划、职能型组织、网络型虚拟营销组织、物流企业市场营销控制

思考题

1. 如何理解物流市场营销计划的含义及其重要性?
2. 物流市场营销计划实施中常见的问题有哪些?如何解决?
3. 物流营销控制的内容和方法有哪些?

案例分析

"双十一"背后隐藏的快递问题

一、问题的产生

"双十一"即指每年的11月11日。从2009年开始,以天猫、京东为代表的大型电子商务网站一般会利用这一天来进行一些大规模的打折促销活动,以提高销售额度。"双十一"已经成为中国互联网最大规模的商业活动。

当时的天猫(淘宝商城)开始在11月11日"光棍节"举办促销活动,最早的出发点只是想做一个属于淘宝商城的节日,让大家能够记住淘宝商城。至于选择11月11日,也是一个有点冒险的举动,因为这天刚好处于传统零售业十一黄金周和圣诞促销季中间。但这时候天气变化正是人们添置冬装的时候,看网上的促销活动有没有可能成为一个对消费者有吸引力的窗口。结果一发不可收拾,"双十一"成为电商消费节的代名词,甚至对非网购人群、线下商城也产生了一定影响力。

围绕这个日子,线上天猫、京东、易迅、当当、国美网上商城、苏宁易购等电商提前热身,线下家电连锁卖场、商场也打得不可开交。2012年"双十一"服务于这次狂欢节的商家、快递业、支付行业、第三方服务业以及电商平台等相关行业从业者达到百万。

通过查找资料得到"双十一"当天天猫(支付宝)交易额如图9-1所示。

二、问题产生原因

从图9-1可知电商发展迅速,交易量巨大,这就给快递行业带来了机遇,同时也是一个非常大的挑战,面对这一系列的问题,如何使得顾客下单后,包裹能够以正常的配送速度送达顾客手中,变得尤为关键。为此需要找出影响问题的原因,然后通过分析得出合理的解决方案。

(1) 市场需求激增。与淘宝网以及天猫商城等电商长期合作的快递公司日常业务的

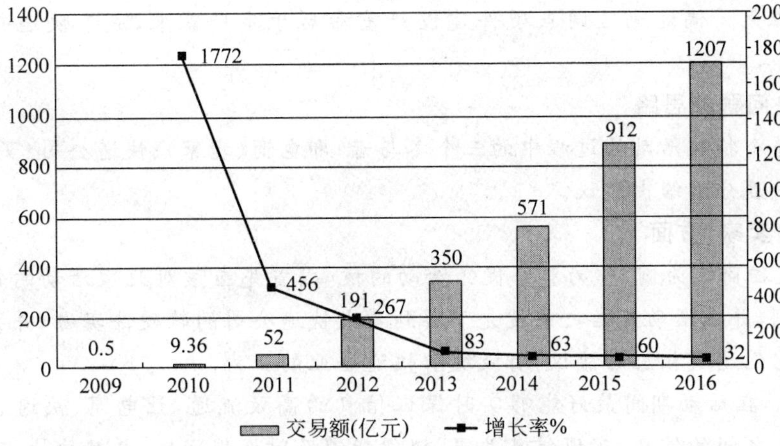

图 9-1　2009—2014 年淘宝"双十一"成交额变化情况(单位：亿元,%)

主要来源是C2C电子商务企业。所以每当电商进行促销活动,快递公司接单量会大幅增加,何况是"双十一"这个电商促销的盛大节日,这就必然导致了快递公司仓储紧张。与此同时,各快递公司对日接单量预估不足,运输分配不到位,是造成网购高峰期全国性连锁爆仓的直接原因,不过相信经历过"双十一"的都应该有点谱,经过几次的爆仓,各大快递公司应该都会做好相应的预测和准备。

(2) 物流供应能力难以短期剧增。面对"双十一"的快递量,很多人都难以估计,而且就算做出了最为正确的预估也很难有快递公司敢承诺短期内在软硬件上得到很大的提高。因为"双十一"是全网电商的一个促销日,一年仅此一次,在这一次时间段里快递量会急剧增长,但是全年其他时间的快递量却远远没有达到这样的水平,考虑到场地和设施的投入产出比,快递行业的软硬件设施只能按照平均业务量或略高于平均业务量的水平设置,这很难让快递公司为了能够满足这几天的快递量而全面提高自己的软硬件实力,而快递公司在场地、设施、车辆等硬件方面很难弹性应对。所以有限的物流供应能力难以在短期内满足突增的市场需求,是爆仓的根本原因。

(3) 配送网络中,资源分布不均、各级网点的衔接问题往往导致仓库爆仓。快递在配送过程中会形成一个流通的网络,而网络上的一些节点和特殊点就是构成整个网络的网点,比如,一般的省市都会有一个大型的中转中心,而下面的每个城市也都会有一个集散中心,直至快递最后被送达顾客手中,所以在全国这个快递的流通网络上存在着无数个的点,但是这些点又大部分集中分布在东部沿海地区,中西部分布较少,这些资源的分布不均导致的问题在平时可能很难表现出来,但是在面对"双十一"的巨大快递量的时候,中西部地区的仓库爆仓就成了频发现象,大量的中转网点快件积压,而小网点的调配不足。比如,像西安、兰州、成都、昆明、贵阳等省会城市作为中转网点的日常业务量巨大,不仅要接件也要发件。但一些二三线城市的网点设施较为落后,无法保证紧凑的接件与配送。加之网点仓储水平有限,一旦快件滞留就会导致快件不断积压,加重仓储和配送的负荷,爆仓也就在所难免。偏远地区网点硬件建设严重滞后于市场需求,成了快递行业发展的短板。

三、解决问题的思路

考虑到整个物流活动的过程中的三个参与者,即电商(卖家)、快递公司、买家,我们可以从这三个角度分别给出建议。

1. 电商(卖家)方面

(1) 以天猫商城为例,作为整个促销活动的核心,首先应该对此次活动的销售额和销售量做好预测,并在活动开始之前就先了解到各大快递公司的软硬件实力,并且根据它们的实力来和它们达成相应的协议,有效缓解快递企业的压力。

(2) 同时,在活动期间最好能够实时保证信息的高效流通,让电商、快递企业能够实时了解到相互之间的信息,实现信息共享,以便能够及时发现问题,并且快速、有效地解决问题。

(3) 卖家也应该避免发货太过于集中,应该根据下单的时间分阶段发货,适当减缓快递行业的压力。

2. 快递公司方面

(1) 作为买家与卖家连通的桥梁,快递公司在其中无疑扮演了一个至关重要的角色,承接快递并送达买家手中,同样也是问题最多的一方,在应对即将到来的“双十一”,快递企业首先应该要根据历年的情况,对此次活动的销量做出预测,然后根据预测的水平合理调整软硬件设施,比如,适当增派人手,雇用临时工、租赁运输车辆、租赁仓库,等等。

(2) 然后是实时和电商信息共享,从电商处及时得到订单量信息,并且把配送情况及时反馈给客户。

(3) 快递企业应当致力于自动分拣系统的建设,目前我国的民营快递企业尚未实现较为自动化的分拣操作,基本上还是依靠人工来实现,人工拣货既效率低下又容易出错,随着业务量的增加还得增加更多的人手,所以自动分拣系统的建设是民营快递发展的必然方向,同时也是缓解电商促销活动的有效方法。

(4) 优化快递配送网络,提高流通效率。前面也提到过因为资源的分布不均导致中西部地区的配送出现较多的问题,各级仓库也经常爆仓,除此之外,网点较多的发达地区的配送速度同样也很慢,有的过了十多天才收到快递,所以优化配送网络变得至关重要。对于部分偏远地区可以适当增加一些网点,加快货物的集散能力,使货物能够尽快送达消费者手中,同时也减缓仓库的压力;部分网点集中的地区可以适当合并部分定位相同的网点,因为相距不是很远,所以对于快递集散并没有太大的影响,相反可以集中优势力量来更加规范化的处理,同时也减少了由于分级太多而导致的信息不畅问题,减缓“牛鞭效应”。另外,如果条件允许也可以考虑跨级的网点合并。

(5) 快递企业应该加强自身服务的建设,而不是单纯地为了市场份额而进行的价格战，本身快递行业利润就是一个积少成多的过程，如果为了市场份额而大肆降价，从而导致企业本身利润减少，这样一来用于企业软硬件改善的资金也会相应减少，最终导致本身服务效率的低下，这将不是消费者希望看到的局面，所以改善企业本身软硬件设施，提高服务水平和效率，是企业发展的必要条件。而跳出价格战的方法可以是通过对快递企业进行形如酒店的星级改革，根据其提供服务的不同，将快递企业分为不同的星级，而整个星级系统共用一套相同的收费标准，这样一来顾客可以根据自己的情况选择相应星级的快递企业提供服务，这样既解决了企业间的价格战，同时也能有效促进企业本身服务的改善，实现资源的优化配置。

3. 买家方面

买家作为消费者，既是“双十一”活动的受益者，也是受害者。根据对消费者“双十一”活动满意度的调查，造成消费者不满意的原因有几项是跟物流配送有关的，如图 9-2 所示。当然除了物流配送原因外，其中占比重较大的原因还是商品与图片不符，即消费者感觉网店商家商品宣传夸大其词，言过其实了。而造成这一现象的根本原因就在于“双十一”活动期间网店促销力度大，利润较低，为了扩大销量，提升利润，难免夸张宣传，更有甚者还卖假冒产品或者伪劣残次商品，从而使消费者受到伤害。实践也说明，消费者在“双十一”活动中的非理性消费，最终对消费者并不见得有利。

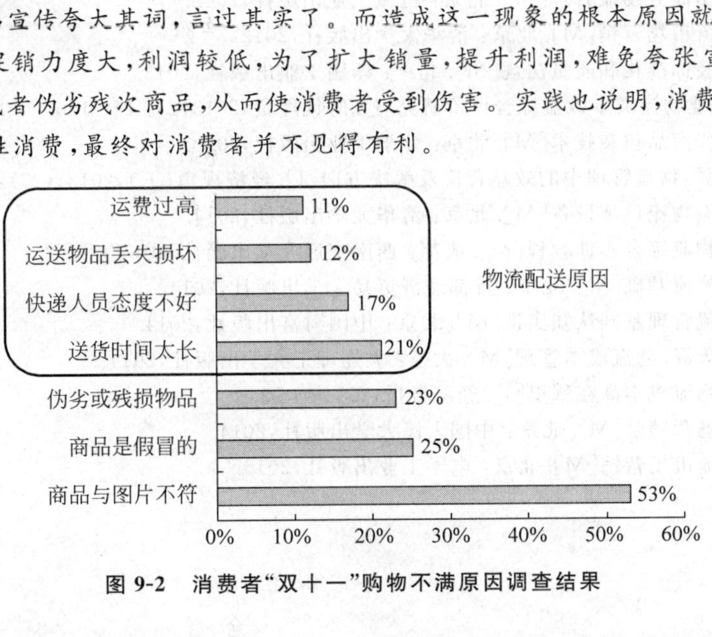

图 9-2　消费者“双十一”购物不满原因调查结果

因此，对于消费者的非理性消费，我们应该予以理性引导，减少因抢购风潮产生的不必要的损失。

（根据资料改编，资料来源：http://wenku.baidu.com）

【案例讨论题】

1. 淘宝天猫网店在“双十一”活动中的销售物流策略有何创新？
2. 结合物流营销控制的理论，谈谈你对“双十一”活动电商销售物流发展的看法。

参考文献

[1] 王桂姣.物流营销[M].重庆：重庆大学出版社，2009.
[2] 刘华.现代物流管理概论[M].北京：清华大学出版社，2010.
[3] 李静.配送作业的组织与实施[M].北京：北京理工大学出版社，2010.
[4] 刘凯.现代物流技术基础[M].北京：清华大学出版社，北京交通大学出版社，2010.
[5] 孟于群.第三方物流法律实务及案例[M].北京：中国商务出版社，2010.
[6] 罗松涛.物流包装[M].北京：清华大学出版社，2010.
[7] 董千里.物流市场营销学[M].北京：电子工业出版社，2010.
[8] 詹春燕.物流营销基础与实务[M].北京：机械工业出版社，2010.
[9] 董铁.物流电子商务[M].北京：清华大学出版社，2011.
[10] 王丽亚.物流信息系统与应用案例[M].北京：科学出版社，2011.
[11] 屈冠银.电子商务物流管理[M].北京：机械工业出版社，2012.
[12] 李耀华.物流市场营销[M].北京：清华大学出版社，2012.
[13] 陆佳平.包装标准化和质量法规[M].北京：印刷工业出版社，2013.
[14] 秦晓辉. 企业物流成本效益综合评价研究[J].时代经贸，2013(2)：119-120.
[15] 黄俊彦.现代商品包装技术[M].北京：化学工业出版社，2013.
[16] 郝静怡，王磊.物流管理中的效益背反及解决方向[J].经济视角(下)，2013，(27)：41-42.
[17] 王海文.新编物流设施设备[M].北京：清华大学出版社，2014.
[18] 彭影.现代物流综合实训教程[M].成都：西南交通大学出版社，2014.
[19] 王爽.现代物流基础[M].北京：首都经济贸易大学出版社，2014.
[20] 孙学农.物流管理基础认知实训[M].北京：中国财富出版社，2014.
[21] 曹霁霞，任天舒.物流成本管理[M].大连：大连理工大学出版社，2014.
[22] 墨林.中国物流成本高在哪里[J].经济日报，2014-04-22.
[23] 柳兴国.市场营销学[M].北京：中国人民大学出版社，2014.
[24] 旷健玲.物流市场营销[M].北京：电子工业出版社，2016.

附录

相关法律法规及部门规章

一、法律

1. 中华人民共和国合同法
2. 中华人民共和国公司法
3. 中华人民共和国中外合资经营企业法
4. 中华人民共和国反不正当竞争法
5. 中华人民共和国消费者权益保护法
6. 中华人民共和国电子签名法
7. 中华人民共和国反垄断法
8. 中华人民共和国个人所得税法(2011)
9. 中华人民共和国保险法
10. 中华人民共和国担保法
11. 中华人民共和国票据法
12. 全国人民代表大会常务委员会关于维护互联网安全的决定

二、行政法规

1. 国务院关于深化流通体制改革加快流通产业发展的意见(国发〔2012〕39号)

2. 国务院办公厅关于促进物流业健康发展政策措施的意见(国办发〔2011〕38号)
3. 中华人民共和国海关进出口货物报关单修改和撤销管理办法(海关总署令第220号)
4. 国务院关于印发物流业调整和振兴规划的通知(国发〔2009〕8号)
5. 国务院关于加快发展服务贸易的若干意见(国发〔2015〕8号)
6. 交通运输部　公安部　商务部关于加强城市配送运输与车辆通行管理工作的通知(交运发〔2014〕35号)
7. 中华人民共和国海关对保税物流中心(B型)的暂行管理办法(海关总署令第130号)
8. 国务院关于印发物流业发展中长期规划(2014—2020年)的通知
9. 国务院办公厅关于成立减轻企业负担专项治理工作领导小组的通知
10. 商业特许经营管理条例
11. 公司登记管理条例
12. 外国企业或者个人在中国境内设立合伙企业管理办法(2009)
13. 国务院关于改进口岸工作支持外贸发展的若干意见(国发〔2015〕16号)
14. 个人所得税法实施条例(2011)

三、部门规章及规范性文件

1. 财政部、国家税务总局关于国际运输劳务免征营业税的通知
2. 财政部、国家税务总局关于邮政企业代办邮政速递物流业务免征营业税的通知
3. 第三方电子商务交易平台服务规范
4. 电子认证服务管理办法
5. 互联网信息服务管理办法
6. 支付结算办法